本书得到上海市 2023 年度"科技创新行动计划"软科学研究项目的资助

港口经营人的法律属性

——国有企业承担公共职能的公法学透视

THE LEGAL NATURE OF PORT OPERATORS

PUBLIC FUNCTIONS UNDERTAKEN BY STATE-OWNED ENTERPRISES FROM A PUBLIC LAW PERSPECTIVE

荆 鸣 著

上海人民出版社

目　录

序　一

　　本书在荆鸣博士的学位论文基础上产生，提出了一个重要的行政法理论问题——"如何解决港口经营人在政企分开后仍要承担公共职能，甚至代履行政府部门职责的身份问题；其从事经营活动时的市场主体身份与其履行公共职能时的身份是否存在冲突。"这一问题既涉及行政主体这一概念的内涵和外延，也关涉公权与私权的边界在何处，具有强大的学术挑战性，也具有很强的研究难度。荆鸣博士在写作中经历重重压力，还是比较圆满地回答了上述问题。她创新性地提出了"特殊主体"的理论构想，并对其做了较为深入细腻的论证。"特殊主体"不同于行政主体，因为它还具有较强的私法属性；"特殊主体"更不同于一般意义上的商事主体，因为它承担了事关国民经济命脉的公共职能。这一概念对港口经营人兼具公法和私法属性的特征实现了比较贴切地结构性覆盖，而非简单地量化叠加。在本书第六章，她还提出了一套系统的测试方法，来判断"特殊主体"在何种情况下能够成立，具有较强的创新意义。

　　荆鸣博士的毕业院校大连海事大学法学院素以海商法见长。近年来，在多位优秀同仁的引领下，该学院也在涉海公法（包括海事行政法）上逐渐发力。荆鸣的导师阎铁毅教授就擅长海事行政法，在海事行政体制改革、海警法等领域颇有建树，对海事系统改革发表过独特见解。本人曾撰文提出，经过三十余年法治政府建设，我们对行政法总论的研究已经取得较为宏观、全面的成果，总则涉及的多部立法也基本完成。之后，我国必然会进入部门行政法的研究。因为行政法理论的进一步深化必然要触及具体的部门行政法领域；惟有如此，行政法才有可能在更广阔的行政领域中驰骋，在更深的层面上发挥更大的作用。海事行政法就是一个充满学术魅力、有待进一步开发的学术领域。荆鸣博士是大连海事大学的一位十分优秀的毕业生，也是这支越来越发展壮大的开拓者队伍中的一员。她在本书中提出的对港口改革的独特见解，对海事行政法作为一个部门行政法的发展具有鲜明的学术贡献。

　　本人也长期致力于部门行政法的研究，特别是警察法。在多次学术会议和科研活动中，与铁毅教授和荆鸣博士逐渐熟悉，并不时地一起切磋学问。荆鸣博士对人工智能在海上执法中的应用也颇有见解，在本人的研究课题下发表了相关论文成果。铁毅教授曾多次邀请我到大连海事大学参加学术活动，那个美丽的校园给我留下了许多珍贵的回忆。本人很喜欢大连这个北方的海滨城市，海事大学周围的高新区风景恬静秀美，很适合做学问。我有一次到大连海事大学法学院开会时，不慎崴脚，铁毅教授放心不下，特意嘱咐荆鸣送我到中医院拍片治疗。

本人还参与了荆鸣博士的学位论文答辩，很高兴看到她在书稿中对我在答辩中提出的问题作出有针对性的回应。在多年的教学科研工作中，我接触过诸多优秀的学生，荆鸣博士严谨踏实的科研态度给我留下了极深的印象。收到邀请为荆鸣博士出版的第一部专著作序，我十分欢喜，也祝她在未来的科研工作中前程似锦。

余凌云

2023 年 3 月 3 日于法律图书馆

序 二

在我研究法国行政法与涉海特别行政法的过程中,与我指导的荆鸣博士商就了博士论文题目《港口经营人的法律属性》。

在指导她历经四年的博士阶段学习过程中,我见证了她的博士论文从开题到中期答辩、预答辩、最终答辩的完整过程。

该选题富有挑战性,这期间她多次修改论文,有答辩委员会多轮评议之后的修改,也有我们共同讨论、认真思考、反复论证后的修改。如今,我很高兴看到她最终顺利毕业,并将学位论文付梓。这是她人生中第一部专著,她邀请我为其作序,我欣然接受。相信本专著将成为她学术生涯的新起点。

本书主要解决港口经营人及其他承担公共职能的国有企业的法律属性问题,进一步说,在经历社会主义市场经济体制全面改革后,我国体量巨大的国有企业仍然承担公共职能的情形该如何定性? 若因其承担公共职能将这些国有企业定性为"公共机构",看似能够解释其公法属性,但却违背国有企业作为经营性主体的商业属性,也与建设社会主义市场经济,做优、做强、做大国有企业的初衷存在偏差。因此,荆鸣博士引入"特殊主体"的概念,以求在国有企业的公共职能与其经营性之间架设逻辑桥梁。"架桥"的努力非常艰难,因为这不仅是一个简单地折中,而是需要将公法主体和私法主体各自具有的、独立的甚至矛盾的属性集中到一个主体上。在完成"架桥"工作后,本书还用相当的篇幅来解释其中可能存在的矛盾,并逐个解决,实现"特殊主体"这一概念的理论自洽性。

港口作为大型关键基础设施,在我国国民经济发展全局中具有多方面重大意义。

在港口这一重要基础设施中,港口经营人的功能、作用,与我国承担公共职能的其他国有企业既有相通之处,也有差异。其差异主要表现为港口坐落于某个特定的省级、市级行政单位辖区内,与它服务于国民经济发展全局的内在矛盾。这一矛盾在其他行业中也有些许表现,但不及港口这般明显。港口经营人不仅需要解决国有企业的公共性与逐利性矛盾

1

的法律属性难题,还需要解决中央和地方的条块关系难题。荆鸣博士在著作中对这部分关系也有较为深入地思考,做出了一些理论贡献。

本书对公物法人、特许经营等一般行政法理论和制度均有相应的贡献,将港口和航运这一具有实践特殊性的问题与一般行政法理论结合,实现一般行政法与特别行政法的统一,体现了博士授予单位——大连海事大学的研究特色。

荆鸣博士还致力于行政法与国际法的跨学科研究。围绕国有企业的公平竞争问题,她有一组具有影响力的论文成果。进入新单位后,她致力于将国有企业、港口的研究与"一带一路"倡议相结合。在"一带一路"倡议下,中国企业"走出去",在海外收购大量港口。本书第四章第三节中,她将港口经营人的省级单位整合改革,还有我国众多大型国有企业在国际经贸交往中的所谓"不公平竞争"问题,与中国体量巨大的国有企业引起的市场导向标准争议结合,发表了独特的观点。

本书仍存在一些不足,诸如对我国的港口经营人的经营模式究竟属于特许经营中的哪种具体类型,未来港口发展应按照何种特许方式展开制度设计,尚未进行深入的分析。本书第六章第二、三节中提出的针对性建议具有一定的实践指导意义,但真正效果如何,也有待实践的检验。

期待她日后在复旦大学一带一路及全球治理研究院的工作中,将本书的研究继续下去。

阎铁毅

2023 年 3 月 4 日于大连

引　言

一、选题背景

港口在交通运输、海上经贸往来中扮演极为重要的角色。港口经营人提供的公共服务,承担的公共职能关乎国计民生。以明确的法律规则保障其合法权益,才能始终维持港口领域持续稳定的公共产品供给。承担关键公用事业的企业一旦滥用其职责,造成的不良后果非其他企业能同日而语。港口法既要保障港口经营人的合法权益,也对要其经营行为、其承担的公共职能进行合理的限制。港口法律关系专业性极强,与其他涉海法律、陆上交通运输法律在约束对象和范围、立法目的和宗旨等方面均存在较大差异。①因此,港口法律关系需要以明确合理的专门法律规则进行调整,才能实现对港口经营人专业、有效的规范和约束。

2003 年《港口法》颁布之前,我国实行计划经济体制。彼时,港口法律关系和航运管理关系一同受水路运输法律调整,这一现象也被称为"港航合一"。②这一阶段我国港口经营人和承运人都是国家运输计划的重要组成部分,其经营活动以完成计划为目的,只体现公法属性,不体现私法属性。20 世纪 90 年代,建设社会主义市场经济政策开始推行,各领域的企业在经济体制改革、建设现代企业过程中开始具备一定的经营自主性。1995 年交通部新《水路货物运输规则》与《水路货物运输管理规则》(二者合称"两规",现已废止)标志着港口经营人与承运人的分离。此后,港口经营人逐步具备一些经营自主性,开始呈现私法属性。《港口法》严格遵循政企分开的改革思路,将港口经营人从港务局中分离,纳入国有企业的

---

① 海商法、海洋环境保护法、海上交通安全法等有关海洋的法律法规在规范重点方面各有侧重,对港口较少涉猎。而道路交通安全法更是与港口基本没有关系。

② 上海地方志办公室:《上海沿海运输志》,载上海地方志办公室网站 http://www.shtong.gov.cn/dfz_web/DFZ/Info?idnode=67462&tableName=userobject1a&id=64428,2021 年 12 月 1 日。

序列。然而,该法对港口经营人的规定并不明确,以该法为依据的港口领域的政企分开改革也并不彻底,遗留了诸多问题。

首先,该法并未明确港口经营人的概念,仅对港口经营活动作了泛泛的列举。其中,第 22 条第 3 款对港口经营行为作出初步的界定。①至于"码头和其他港口设施的经营"中何为其他港口设施,港口拖轮经营是否包含引航和救捞行为中的拖航经营,货代经营是否可以为最后的"等"所覆盖,该条款均无法给出明确答案。港口经营人的一些经营活动具有明显的商业性,还有一些职能(如拖轮)的设定与港口安全具有密切的联系,带有一定的公共性。该法未从法律上明确港口经营人的概念,便无从真正确定其内涵和外延。这为从理论上对港口经营人的各类经营活动依营利性、公共性进行分类,明确港口经营人的法律属性带来一些障碍。该法至今经三次修正。②整体上,有关各类港口经营活动的规定逐渐明确。但港口经营人究竟包括哪些,各类港口经营人的内涵和外延仍然不明确。

2009 年交通运输部的第二部《港口经营管理规定》(简称《规定》)对各类港口经营活动从行政管理角度作出了更细致的规范,后经六次修正。在《规定》中,港口经营人从事经营活动、提供公共服务的行为等均是港口行政管理部门监管的对象。港口经营人从事的经营活动与其提供的公共服务,在《港口法》和《规定》中并未界分。由于港口是社会基础设施,使用港口的人群是不确定的社会公众,港口经营人提供的服务具有天然的公共性。有关政府部门以港口经营人提供服务的公共性为由,令其承担超出其天然的服务范围的公共职能的情形屡见不鲜。以港口建设为例,《港口法》将港口建设作为港口规划的一部分,归入政府的职责范畴。但港口建设活动仅是港口经营人日后从事经营活动的前置程序,不直接体现其作为市场主体谋求商业利润的特征。这种只能体现港口经营人公共服务特征的活动与严格政企分开后港口经营人理应为纯粹市场主体的地位并不契合。此为政企分开的改革"后遗症"表现之一。

---

① 2003 年《港口法》第 22 条第 3 款:"港口经营包括码头和其他港口设施的经营,港口旅客运输服务经营,在港区内从事货物的装卸、驳运、仓储的经营和港口拖轮经营等。"

② 2015 年、2017 年两次修正调整了港口行政管理部门的职责划分,降低了从事港口建设经营活动的门槛;2018 年第三次修正明确了港口理货业务经营人的概念,并赋予其法律地位和职责。

引　言

一些在政企分开初期由港口经营人承担的公共服务职能在后续的改革中逐渐规范化。引航、救捞等职能被明确地划入行政机关。①这为在港口领域进一步深化改革，厘清港口经营人的内涵、外延及职责创造了有利条件。然而，"一城一港"情况下，各地纷纷制定港口条例，将安全检查权、紧急情况下的处置权等公权力交由港口经营人。②港口经营人在实际履行这些职能时，临时充当了行政机关的代理人，这与其纯粹市场主体的身份更不相符。此为政企分开的改革"后遗症"之二。

《行政诉讼法》中"法律、法规授权的组织"可以作为行政主体，担任行政诉讼中的被告。这一概念在实践中能够涵盖我国的事业单位，如大学做出的学位授予决定等。但这一概念是否也能涵盖承担公共职能的国有企业，则仍然存在理论争议。③大规模集中建设中的港口经营人角色已是历史问题，但大型港口经营人在实际承担安全检查等职责时的身份危机仍是现实问题。缉毒是安全检查的重要内容，港口经营人事实上还在履行部分依法由海关负责的缉毒职责。港口经营人从事这些职能，虽有各个港口条例作为法律依据，但条例仅概括地赋予其相应职责，并未规定该职责履行不力、不当的后果，也未赋予其履行该职责时的行政主体的身份。这既使得港口经营人在行使该类权力时师出无名，也使得使用港口服务的社会公众在权利受到港口经营人行使该职责的侵害时投诉无门。港口经营人在履行这些公共职能时，是否能够成为适格的行政主体，关系到被履行这些公共职能的受众能否成为适格的行政相对人。港口经营人在行使相关职责时师出无名，也导致使用港口经营人提供的服务的社会公众的一些权益无从保障。此为政企分开的改革"后遗症"之三。

如何解决港口经营人在政企分开后仍要承担公共职能，甚至代履行部分政府部门职责的身份问题？其从事经营活动时的市场主体身份与其

---

① 引航业务改革后，按各地情况归属有差。上海港的引航由港务局引航站负责，是港务局下属事业单位，在实践中被当作行政主体对待。秦皇岛港的引航由海洋局的下属部门负责。其他地区的引航大多由交通局下设单位负责。但多数情况下，引航员的过失由接受引航的船东承担责任。救捞问题上，我国成立北海、东海、南海救捞局，按照地理界限划分辖区，分别对我国领海的相应辖区内的事故提供救捞服务。

② 除江苏省、福建省，其余各沿海省份（直辖市）或港口城市的条例都将安全检查、生产事故的应急处置等权力授予港口经营人，详细条款见本书第二章中表1。

③ 铁路运输企业、邮政企业承担审批权等明显的公共职能，城市轨道交通公司还在一定范围内享有处罚权。但这些企业的行政主体地位并不明确。

履行公共职能时的身份是否存在冲突？大陆法系国家基本遵循公法、私法区分的传统。[①]我国也深受大陆法系传统的影响。如何在传统法律框架中为承担双重职能的主体寻求恰当的属性定位？我国大型港口经营人的主体为国有企业,港口经营人的身份危机可一般化为承担公共职能的国有企业的市场主体角色与其公共服务提供者身份的冲突问题。传统意义上,大陆法系中公法人、私法人的分类依据是其成立的法律依据是公法还是私法。[②]但这一分类依据是静态的,无法应对一个特定的主体在成立后出现的新问题。只有观察该主体承担的职能,才能对该主体的法律属性进行动态的评估。本书引入大陆法系国家行政法学中的公法人理论,以求解决港口经营人为代表的承担公共职能的国有企业的身份危机,而且比直接使用行政主体理论更为圆融,具有更强大的解释力。

特许经营制度是行政民营化的重要表现,在世界各国都有较为成熟的实践。我国大型港口经营人的投资、建设,有相当多的内容也在特许经营制度下进行。2014年4月,国务院批准,由国家发展改革委、财政部、交通部、水利部、住房建设部、中国人民银行等联合发布《基础设施和公用事业特许经营管理办法》,被称为"PPP基本法"。[③]这一文件为政府部门将基础设施和公用事业等重要领域的建设交由企业进行提供法律依据。在大型港口设施项目启动建设之前,需由港口所在城市的大型港口经营人向上级主管部门提交审批;获批后,大型港口经营人以法定方式取得特许经营权,再向各企业招标。[④]大型港口经营人向其他企业招标的后续项目仍然是具有公共性的项目,但港口经营人"授予"后续项目的行为并未取得政府的明确授权,而是作为民商事行为受"法无禁止即可为"的私法原则约束。港口经营人参与了后续项目的标准制定,这种参与制定标准、授予其他市场主体特许经营权的行为也具有一定程度的公共性。特许经

---

① ［德］迪特尔·梅迪库斯:《德国民法总论》,邵建东译,法律出版社2000年版,第11—14页。

② 葛云松:《法人与行政主体的概念再探讨——以公法人概念为重点》,《中国法学》2007年第3期。

③ 周兰萍:《PPP的"八喜八忧"》,《中国律师》2015年第7期。这一文件在各类部门规章和规范性文件以及诸多地方性法规的基础上,首次对特许经营中各项问题进行比较系统化的规范和调整,在行政法学界引起较大反响。

④ 也存在一些与港口的特殊性无关的小型项目,这类项目为一般项目。

营能够最大限度地发挥企业的灵活、效率优势,保证公共产品的优质、高效供给。其实施以来,取得了显著成效,也引起了公法责任遁入私法的顾虑。①在公用事业建设中,如何妥善正确处理公权力和市场主体之间的关系问题,学界众说纷纭,莫衷一是。②港口经营人将特许经营权的内容"授予"其他企业的分包过程中,其身份又该如何界定,体现何种法律属性?

　　前一轮政企分开的"后遗症"尚未解决,港航实践仍在迅速发展变化,这更为迫切地呼吁更具针对性的理论研究。2019 年 1 月起,新一轮以省级政府为单位的港口一体化改革开始在全国范围大幅推行,以省级行政单位命名的大型港口集团(山东港口集团、辽宁港口集团等)相继成立。这次改革以港口资源的整合为鲜明特点,与 2003 年《港口法》的政企分离思路分岔。政府主导的新一轮改革对港口经营人的法律属性产生何种影响,学界暂无针对性的深入研究。整合后的港口经营人减少了与邻近港口的恶性竞争。伴随港口一体化改革,我国大型承运人也在紧锣密鼓收购主要港口。中远海运集团已在我国各主要港口的股权结构中占有较大份额。③承运人的逐利性是否会侵蚀港口经营人的公法属性? 这为港口经营人的法律属性,继政企分开的三项改革"后遗症",又添一道难题。

二、选题的理论意义和实践意义

(一)选题的理论意义

　　首先,港口经营人的双重法律属性问题,直接影响到我国港口领域政企分开的改革"后遗症"之严重程度,对于在法律框架内厘清港口经营人这一概念的内涵、外延,并从学理上梳理清楚与之相关的政企关系具有重

---

①　所谓公法责任遁入私法,即承担公用事业的企业以提供公共服务、维护公共利益为名,逃避相应的公司法上的责任,侵蚀国有资产。参见王保树:《国有企业走向公司的难点及其法理思考》,《法学研究》1995 年第 1 期。

②　胡改蓉等学者认为二者可以并驾齐驱,何源等学者则认为必须择一端才能从根本上回答这一问题,否则就是和稀泥。参见胡改蓉:《论公共企业的法律属性》,《中国法学》2017 年第 3 期;何源:《国有企业法律属性的困境与出路——基于行政组织私法化的新视角》,《南京大学学报》(哲学·人文科学·社会科学)2021 年第 1 期。

③　中远海运集团旗下的中远海运港口股份有限公司已经在我国东部沿海地区各主要港口占据相当大的股份比例。以天津港为例,天津港的财报里面前十大股东虽然没有出现中远的字样,但集装箱码头有限公司的实际控制人为中远海运港口公司。有关中远对港口的控制比例见第五章第二节图 1。

要价值。厘清港口经营人的法律属性问题,为港口经营人从事的经营活动、提供的公共服务、代政府部门履行的必要职责都找到明确的定位和依据,才有可能解决港口经营人的身份危机。港口经营人的市场主体身份与其公共服务提供者、有限而临时的政府部门"代理人"身份都有明确的法律依据,且边界清晰可见,一目了然。

《港口法》的每次修正都引起一些学者的高度关注。然而,本书关注的港口经营人法律属性问题在修正中并未受到学界的足够重视。这与这一问题在理论上的复杂性、与实践结合的紧密性息息相关。港口经营人的法律属性关系到公法、私法的法理的交织和勾连。港口法专家多关注技术问题,不会深入触碰法理基础。宪法行政法学者虽然对背后的理论问题具有兴趣,但缺乏港口方面的技术知识,也未将公法、私法交织和勾连的法理置于港口经营人的语境。这一问题因此成为研究的盲区。国内外的既有研究中,探讨港口经营人法律属性的文献寥寥无几。本书对港口经营人法律属性进行研究,希望彻底解决有关港口经营人身份的理论困惑,从理论上明确其属性定位。

其次,港口经营人的双重属性反映了参与公用事业建设的企业的经营活动与其公共服务的勾连关系,从理论上关系到这类企业的市场主体角色与其公共服务提供者、有限而临时的政府部门"代理人"身份集于一身的自洽性。如果港口经营人具有双重的法律属性,且可能集中多种身份,这将有利于从行政法理论上打破大陆法系国家法学传统中公法、私法二元对立的思维桎梏,为将公法人理论引入我国行政法学界提供一个恰到好处的理论契机。

宪法行政法学界对于公法人的理论研究并不罕见。从上世纪末到本世纪初,我国多位具有影响力的学者均提出"公务法人"等概念,以求在行政程序法中替代性地解决将行政主体概念引入我国的问题。①但公法人理论自身十分复杂,且在程序性问题中的应用面并不广阔,因此在可接受程度上没能超越行政主体。法人概念与私法的关系也很密切。在我国《民法典》出台前,一些学者曾提出在其中纳入特别法人、特殊法人等概

---

① 马怀德、左然等都表达了本世纪初中国学者在中国行政法中尚不存在公务法人的概念时,参考其他大陆法系国家行政法学中的这一概念,对公务法人理论及其在国家行政管理实践中的运用的较为前卫的思考。参见马怀德:《公务法人问题研究》,《中国法学》2000 年第 4 期;左然:《公务法人研究》,《行政法学研究》2007 年第 1 期。

念,解决公用事业、公用企业承担公共职能的身份问题。①但《民法典》第
96条未采纳这一提议,民商法学界有关公法人的研究也因此中断。然而,
公法人理论对于解决承担公用事业、提供公共服务和公共产品的企业的身
份危机问题具有重要价值,在传统行政法框架中难以被代替。本书以港口
经营人的法律属性为研究对象,以求重新唤起公法人理论在学界的研究
热度,解决港口经营人等承担公用事业的企业这一类主体的身份困惑。

最后,我国各省、市港口的大型经营人取得大型港口建设、经营项目
的特许经营权后,依照专业性要求将项目中一些小型项目向其他企业再
进行招标,其他企业可从大型港口经营人处取得特许经营权。后续招标
中,大型港口经营人承担的任务也较为接近政府部门的工作。承担大型
公用事业项目的企业,在后续招标工作中的身份问题,在行政法学界也未
受到足够的关注。本书引入公法人理论,对港口经营人等企业实质地参
与后续招标项目的遴选标准制定,也具有重要理论价值。通过研究承担
公用事业的公法人,在理论上能否具有代政府部门授予其他企业特许经
营权的资格,又需要具备哪些要件才能实现这一过程,本书将公法人理论
与特许经营制度的研究有机地结合起来,也促进公用事业领域特许经营
制度的理论发展。

（二）选题的实践意义

法学理论放在现行法律框架的语境中才更具研究价值,港口经营人
恰是一个能够完整体现公法人理论在实践中价值的研究对象。港口经营
人法律属性的问题可以理解为"承担公共职能的企业双重身份引起的困
惑＋港口经营人的特殊发展历程自带的问题"。解决港口经营人的身份
危机,不仅要在行政法层面全面梳理我国的政企关系,还需要结合港口经
营人的特殊发展历程,对其在不同历史时期承担的具体职能及其相应的
法律依据条分缕析。本书引入公法人理论,并以此为视角梳理政企分开
的改革中港口经营人各项职能的发展演变,对于在后续改革中进一步完
善政企分开的执行情况,厘清港口经营人的经营活动、公共服务与其临时
承担的有限的政府部门职责之间的界限,促进处于深水区的改革突破瓶
颈,具有重要的实践价值。

---

①　参见胡改蓉:《论公共企业的法律属性》,《中国法学》2017年第3期;何源:
《国有企业法律属性的困境与出路——基于行政组织私法化的新视角》,《南京大学学
报》(哲学·人文科学·社会科学)2021年第1期。

以港口经营人的法律属性为研究对象,厘清港口领域的政企关系,对于我国当下如火如荼的以省级政府为单位的港口一体化改革具有推动作用。以省级政府命名的大型港口集团的成立是国家以区域整合的方式对港口资源进行宏观调控的表现。这一改革能在相当程度上克服同一省份邻近港口之间的恶性竞争,并更大程度地发挥港口的集群优势,打造更具竞争力的国际化港口。经一体化改革后,港口经营人规模迅速扩张。同时,我国大型承运人在世界范围内紧锣密鼓地收购港口,在港口经营人股权比例中占据较大份额。厘清港口经营人的法律属性,明晰港口经营人承担的体现其公法属性的职责,对于有效地平衡承运人的逐利性,防止在港口经营人中占有较大股权的大型承运人的私法属性侵蚀港口经营人的公法属性,具有重要意义。当港口泊位资源紧张时,明确港口经营人的法律属性,厘清其中体现公法属性的职责,有利于我国的国资委在必要时介入港口经营人的经营,取得泊位的调配权。这对于保障我国港口的安全与稳定,维护公共利益具有重要价值。

港口经营人的法律属性问题的实践价值还表现为对行政垄断的预防和规制。港口经营人的主体为国有企业,其是否因其公有权属享受了私营企业没有的竞争优势,深刻地影响港口领域的公平竞争。港口经营人如面临困难,赢利无从保障其公共服务提供,国家为其提供支持(补贴),是否会妨碍港口市场的公平竞争,遏制港口经营人正常谋求商业利润的市场主体角色,在实践中值得警惕和重视。厘清港口经营人的法律属性,对于预防行政垄断也具有重要意义。

最后,"一带一路"倡议正在如火如荼地进行,我国大型承运人在海外收购港口的步调加快。我国中远海运集团对希腊比雷埃夫斯港和孟加拉帕亚拉港均已实现控股。①"共建'一带一路'"的未来发展中,我国港口经营人将与世界上其他国家的港口、航运企业进行形式更为丰富的合作。公法人理论的引入,会增强我国港口经营人承担公共职能的正当性基础。这是否会对我国港口经营人在世界范围内的交易造成不利影响,十分值得重视。我国港口经营人乃至国有企业与政府的密切联系,已经成为西方国家有关市场导向标准的关注对象。长远看来,考虑到国家贸易形象

---

① 中新社:《希腊比雷埃夫斯港观察:中希"一带一路"合作共赢结硕果》,载中国新闻网百家号 https://baijiahao.baidu.com/s? id = 1649819286555108061&wfr = spider&for=pc,2019 年 11 月 10 日。

的维护,在港口经营人法律属性的国际话语上,我们应格外注重其经营活动和市场主体的角色,不宜在国际社会渲染其公法属性。

三、文献综述

2021年3月,第十三届全国人大四次会议上提及再次修正《港口法》的问题。《港口法》的每次修正都引起一些学者的高度关注,催生相应的研究成果。这些研究为在行政法层面论证港口相关制度设计的合理性和非合理性作出重要贡献。然而,本书关注的港口经营人法律属性问题在修正中并未受到学界的足够重视。国内外的既有研究中,直接探讨港口经营人法律属性的文献寥寥无几。

本书在写作中发现对港口经营人法律属性的研究可从企业承担公用事业建设的理论基础、港口经营人的概念界定、港口一体化改革的实践发展等维度展开。本书援引为理论基础的公法人理论,在宪法行政法学中存在支持、反对的论述,二者观点的交锋对于探求承担公用事业的企业的双重属性影响深远。特许经营使港口经营人享有这一领域专属的经营权利和资格,还是其代政府部门承担有限临时的任务的具体形式。因此,特许经营是铁路、邮政等传统垄断领域的专营权在新领域的变种和延伸,对公法人理论在港口经营人法律属性问题中的展开具有莫大助益。实务界人士从港口一体化改革的实践发展入手,发表了一些对后续改革的推行具有指导价值的文章。

因此,本书的文献综述分为三部分,分别从港口经营人法律属性涉及的理论基础、概念界定、实践发展方面入手,梳理上述各领域的既有文献和成果,总结其中已经覆盖的问题、没有充分覆盖的问题,覆盖到但还未提供确切的解决方案的问题,以求摸清港口经营人领域的研究现状,探索解决港口经营人的法律属性这一问题的理论基点和实践难点。

（一）国内外有关公法人的研究

大陆法系国家宪法行政法学中的公法人理论是本书探讨的港口经营人的法律属性(主要是其公法属性)的理论基础。这一领域的研究成果主要包括法理学层面探讨公法与私法融合的研究成果,行政法学中围绕承担公用事业的企业的法律地位的研究成果,以及宪法中一些有关"国家所有权"和"公物"的研究成果。行政法学中围绕承担公用事业的企业的法律地位成果主要关系到公法人承担公共职能的正当性,即依据公法成立的公法人代为行使一些政府部门职责的权力来源问题。而宪法学中的

"国家所有权"问题主要关系到公法人的财产与国家的财产（"公物"）的妥善区分，公法人使用"公物"的法理依据。李昕认为公法人是社会团体去政治化的实现途径，人格独立、行为自主的公法人有助于各类社会目标的实现。①这为公法人在我国近年的研究发展奠定了价值取向的基调，笔者对此持赞同态度。

　　1. 法理学中探讨公法与私法融合的主要研究成果

　　大陆法系传统中公法、私法二元对立的格局逐步转变，二者在很多方面趋于融合是如今法理学、行政法学界普遍关注的现象。韩大元将传统意义上的公法和相应制度在社会现实中寻求定位，并就公法理论的发展变化洞见其制度的发展变化。②金自宁针对公法、私法曾经泾渭分明的状态从法理层面进行反省，将这一局面的成因归结为动态的时代发展和静态的规则之间的冲突。③徐孟洲、徐阳光对十一五规划纲要呈现的将更多的公共服务职能授予私主体来承担，进一步焕发市场活力的精神进行描摹。④

　　杨寅等都将公法、私法的界限逐渐模糊、独立于公权力但不同于一般意义上的私主体的第三部门的崛起和蓬勃发展作为行政法的演进和政府改革的方向。⑤邢鸿飞、徐金梅充分肯定了公用事业在国家社会生活中的地位，并从公务法人、现代国家的公共职能承担几个维度剖析公用事业法的理论基础。⑥周林军剖析公用事业的法律地位，还对通过法律途径加强监督、规范公用事业的运行作出规划和相应论证。⑦徐宗威从政府和市

---

　　① 李昕：《论目的主导的公法人组织形态类型化》，《法学杂志》2015 年第 11 期。

　　② 韩大元：《公法的制度变迁》，北京大学出版社 2009 年版，第 106—190 页。

　　③ 金自宁：《公法/私法二元论的区分和反思》，北京大学出版社 2007 年版，第 57—90 页。

　　④ 徐孟洲、徐阳光：《论公法私法融合与公私融合法——兼论中〈十一五规划纲要〉中的公法私法融合现象》，《法学杂志》2007 年第 1 期。

　　⑤ 杨寅：《公私法的汇合与行政的演进》，《中国法学》2004 年第 2 期；何增科：《公共社会与第三部门》，社会科学文献出版社 2004 年版，第 89—137 页；俞可平：《权利政治与公益政治》，社会科学文献出版社 2000 年版，第 89—98 页；吴锦良：《政府改革与第三部门发展》，中国社会科学出版社 2001 年版，第 68—85 页。

　　⑥ 邢鸿飞、徐金梅：《公用事业法原论》，中国方正出版社 2009 年版，第 101—119 页。

　　⑦ 周林军：《公用事业管制要论》，人民法院出版社 2004 年版，第 122—156 页。

场关系角度探讨宏观的政企关系,为公权力在市场中的作用划定界限。①
乔迪·弗里曼将私营企业的崛起作为行政法发展变化、呈现新动态的
原因。②

2. 行政法中围绕承担公用事业的企业法律地位的研究成果

行政法学中的公法人理论围绕公法人和行政主体的关系,在公法人
承担公共职能时能否成为行政主体这一问题上有多种观点。直接触碰国
有企业在从事公用事业或承担其他公共职能的法律地位的著作中,根据
国有企业能否成为名副其实的公法人,观点分两派。有学者认为国有企
业可作为一个特别范畴,予以特殊对待,其兼具的双重属性很难为公法
人、私法人中任一端所囊括。还有学者认为,国有企业的法律性质在理论
起点上必须择一端,另一端的属性再通过合理的路径寻求解释。

葛云松③、何源④、胡改蓉⑤等都认可大陆法系中的公法人对于我国
事业单位、承担事业单位的公共职能的国有企业的重要参考价值,尽管在
程度上存在差异。王名扬先生也认为法国法的公务法人概念明确认可了
国有企业提供公共服务时成为公务法人的可能性。⑥刘艺⑦、梁凤云⑧、李
惠宗⑨、肖泽晟⑩等从德国、法国与我国在社会制度、法律发展历程等方
面的差异切入,不甚认可公法人理论在我国的适用性,对国有企业成为公
法人的可能性持怀疑态度。

---

① 徐宗威:《公权市场》,机械工业出版社 2009 年版,第 78—98 页。
② [美]乔迪·弗里曼:《私人团体、公共职能与新行政法》,晏坤译,《北大法律评
论》2003 年第 1 期。
③ 葛云松:《法人与行政主体理论的再探讨——以公法人概念为重点》,《中国法
学》2007 年第 3 期。
④ 何源:《国有企业法律属性的困境与出路——基于行政组织私法化的新视
角》,《南京大学学报》(哲学·人文科学·社会科学)2021 年第 1 期。
⑤ 胡改蓉:《论公共企业的法律属性》,《中国法学》2017 年第 3 期。
⑥ 王名扬:《法国行政法》,北京大学出版社 2016 年版,第 110—119 页。
⑦ 刘艺:《公物法中的物、财产、产权——从德法公物法之客体差异谈起》,《浙江
学刊》2010 年第 2 期。
⑧ 梁凤云:《行政公产研究导论》,《行政法论丛》2003 年第 1 期。
⑨ 李惠宗:《公物法》,载翁岳生主编:《行政法》(上),中国法制出版社 2009 年
版,第 420—467 页。
⑩ 肖泽晟:《公物的范围——兼论不宜由国务院国资委管理的财产》,《行政法学
研究》2003 年第 3 期。

　　企业等行政机关以外的主体承担公共职能、代为履行有限的临时的政府部门职责的现象在行政法界引起的关注不少。石佑启认为行政机关以外主体承担公共职能的现象是公共行政的新发展态势。①王维达认为由私主体承担一些公共服务职能可以极大地节约公权力资源,在中国具备较大的发展前景。②大桥洋一介绍了日本的一些承担行政主体职能的社会主体,认为这些主体的存在反映了行政法学深刻的结构性变化。③杨凯提出现代社会的公共服务已由传统意义上政府提供转为由多种主体提供,越来越多的主体同政府部门一起承担公共服务职能。④

　　直面公法人的行政主体地位的研究虽数量不多,但也有迹可循。马怀德、左然等都表达了本世纪初中国学者对公法人理论及其在大陆法系国家行政管理实践的前卫思考。⑤还有一些论著没有直接涉及公法人的理论,但借助其他概念剖析承担公用事业的企业在我国行政法中的地位问题。周佑勇以城市交通领域的基础设施建设为例,认为在特定领域取得特许经营权的主体早已突破传统公法的管制框架,特许经营人的行为与行政主体权力、公众的道路通行权均有冲突,需国家从幕后走向前台,对其进行规制。⑥陈辉煌没有运用公法人的概念,但深入我国公用企业提供的服务的公共性及其代政府部门承担的少量行政职责,对我国行政法赋予这些企业行政主体的地位的可能性进行探讨。⑦姜波选取行政法人作为研究对象,剖析这一概念与公法人的关系,并描摹出在我国立法中确立这一概念的法律地位的几种情形。⑧

---

①　石佑启:《论公共行政之发展与行政主体多元化》,《法学评论》2003年第4期。

②　王维达:《通过私法完成公共任务及其在中国的发展》,《同济大学学报》(社会科学版)2003年第2期。

③　[日]大桥洋一:《行政法学的结构性变革》,吕艳滨译,中国人民大学出版社2008年版,第50—67页。

④　杨凯:《论现代公共法律服务多元化规范体系建构》,《法学》2022年第2期。

⑤　法国称"公务法人"。马怀德:《公务法人问题研究》,《中国法学》2000年第4期;左然:《公务法人研究》,《行政法学研究》2007年第1期。

⑥　周佑勇:《特许经营权利的生成逻辑与法治边界——经由现代城市交通民营化典型案例的钩沉》,《法学评论》2015年第6期。

⑦　陈辉煌:《我国公用企业行政主体地位研究》,西南政法大学2020年博士学位论文。

⑧　姜波:《行政法人制度研究》,东南大学2020年博士学位论文。

伯纳德·施瓦茨（Bernard Schwartz）认为大陆法系的公法人与行政主体制度，尤其是法国的公务法人制度对英国、美国及普通法系各国均有重要影响。①马亨德拉·P.赛因（Mahendra P. Singh）认为德国的行政法对普通法系的影响更大程度上在于公共机构（public body）的行为构造，人们从行为角度去理解大陆法系国家的法人制度，总容易忽视其主体的特征。②

3. 宪法学中有关"国家所有权"和"公物"的主要研究

宪法学中"国家所有权"问题主要围绕国家是否能够成为"公物"的所有人，大体观点分为认同说、否认说两类。一些学者从不同角度认可"国家所有权"。马俊驹③、税兵④、巩固⑤等都在一定程度上认可了国家的"公物所有人"身份，即国家可以作为自然资源等公共财产的合法所有者。王旭倾向于将国家作为义务主体，而非权利主体，提出宪法对公有财产归国家所有的规定更多是强调国家的监管义务，以防缺位。⑥肖泽晟认为公有制国家下的"国家所有"应该还原为全民所有，而非政府所有。⑦一些文献对"国家所有权"持否认态度。威格尔·卡尔·拉伦茨（Vgl Karl Larenz）认为一个国家宪法中存在相应的"国家所有"条款，才有可能成立或批判"国家所有权"。⑧孙宪忠认为国家所有是一个十分虚无的概念，而全民所有则更为虚无。⑨李建良、刘淑范认为如认可公法人作为基本权利的主体，基本权利就不再具有宪法对抗公权力的特征。⑩李忠夏认为国家不

---

① Bernard Schwartz, *French Administrative Law and the Common-Law World*, New York University Press, 1954，pp.116—156.

② Mahendra P. Singh, *German Administrative Law：in Common Law Perspective*, Springer Verlag Berlin Heidelberg, 1985，pp.210—230.

③ 马俊驹：《国家所有权理论与立法结构探讨》，《中国法学》2011年第4期。

④ 税兵：《自然资源国家所有权双阶构造说》，《法学研究》2013年第4期。

⑤ 巩固：《自然资源国家所有权公权说》，《法学研究》2013年第4期。

⑥ 王旭：《论自然资源国家所有权的宪法规制功能》，《中国法学》2013年第6期。

⑦ 肖泽晟：《宪法意义上的国家所有权》，《法学》2014年第5期。

⑧ Vgl Karl Larenz, *Methodenlehre der Rechtswissenschaft*, 6 Aufl., Springer-Verlag, 1991.

⑨ 孙宪忠："统一唯一国家所有权"理论的悖谬及改革切入点分析》，《法律科学》（西北政法大学学报）2013年第3期。

⑩ 李建良、刘淑范：《"公法人"基本权利能力之问题初探——试解基本权利"本质"之一道难题》，载汤德宗主编：《宪法解释之理论与实务》（第四辑），台湾法律学研究所筹备处2005年版。

可能成为基本权利的主体,当国家作为所谓的所有权人参与经济活动时,国有企业的表现应是私法人,而非公法人。①程雪阳认为国家不能作为基本权利的主体,但国有企业可以。②

（二）国内外有关港口经营人及相关概念的主要研究

《港口法》并未明确界定港口经营人的概念及其他相关概念,导致这些概念在实践中的运用存在混淆。2003 年该法颁布之时,港口治理体制从之前的行政机制转变为政企分离的市场运营机制,缺乏过渡的制度突变引起实践中的诸多难题。港口法如何调整港口经营人相关的政政、政资、政企关系是港口治理的重要内容。政政关系涉及港口行政管理部门的界定以及港口治理中中央和地方政府的权限划分问题,政企关系涉及市场经济中政治系统对经济系统干预的合理限度问题。③这部分对国内外港口治理的主要文献分类梳理:政政关系中,根据主张港口治理应由中央集中统筹规划还是由地方政府自主负责分为两类;政企关系中,根据主张政府应加强对港口经营人的干预力度还是合理克制干预力度,亦分为两类。

1. 涉及港口行政管理部门概念、港口治理中政政关系的主要研究

叶红军从港口规划、建设到经营、监督的每个实践环节较为全面的分析港口法的制度定位和在我国航运发展中的功能定位,迄今仍为我国港口法的奠基之作。④在政政关系上,叶红军主张调动地方政府的积极性,而中央政府保留必要的监督权力。马建章、赵凯认为我国分级管理的状况造成中央和地方权责不明的弊端。⑤在央地关系上,二者都对中央的放权表示冷思考,认为短时间内迅速放权造成了"一港一政"和恶性竞争等问题。

---

① 李忠夏:《宪法上的"国家所有权":一场美丽的误会》,《清华法学》2015 年第 5 期。

② 程雪阳:《中国宪法上国家所有的规范含义》,《法学研究》2015 年第 4 期。

③ 德国行政法整体上建立在政治系统和经济、社会系统的两分基础上,而公法、私法的融合一定程度上可归因于国家的社会化。但这种社会化的公共职能的源头如果仍在国家,就仍是政治系统的一部分。反之,本属于经济、社会系统的内容也不应出现公法遁入私法的现象。参见姜永伟:《国家建构主义法治的理论逻辑——一个法政治学的论说》,《法学》2022 年第 1 期。

④ 叶红军:《港口法解析》,人民交通出版社 2003 年版,第 15、236 页。

⑤ 马建章:《对我国现行港口管理体制的几点思考》,《港口经济》2015 年第 8 期;赵凯:《港口管理的现状与创新改革的新思路》,《交通世界》2017 年第 8 期。

我国当时针对这一学科的研究缺乏坚实的理论基础,理解外国资料存在困惑。①国外对这一领域的专门研究不多。两大法系的差距较明显,德国、法国的水体、港口相关法律更强调地方政策的作用。施密特·艾瑞(Schmidt Erich)梳理德国水体法的历史,②弗拉德·艾博(Wilfried Erbguth)和卓依·贝贺(Joachim Becher)分析德国主要港口的发展路径,③度鲁·斯泰森(Dru Stevenson)和索尼·艾克比较分析法国和德国的水道法,④均得出州政府在主要港口治理中作用更为明显直接的结论。

英国、美国的港口、水体法相关法律较为强调中央政策,各州之间的合并等发展方式都与特定阶段中央的指导意图息息相关。J.M.W.库基曼(J.M.W. Kooijman)通过纽约州和新泽西州合并创造大纽约港的发展历程,⑤杰瑞·米特(Jerry Mitchell)借助美国政府企业(类似国有企业)的发展历程对港口经营人形成和发展的影响进行梳理,分析出美国联邦政府的意图对港口发展的重要意义。⑥马丁·J.托马斯(Martin J. Thomas)从海洋公共政策角度出发,以集装箱发展为切入点,将日本、新加坡等东南亚国家港口管理制度的发展历程的影响因素进行列举分析,提出港口社区(harbor community)对于地理面积较小、对海洋经济的依赖程度较高的国家的适应性。⑦这些国家的总体思路和英美法系遵循

---

①　在当时的政策方针影响下,世界上主要航运国家的港口法中许多存疑的具体设计都被解释为贴近中国当时政策主流的处理方式,这些作品的解释后来被证明与外国的实际情况存在较大差异,这种差异突出表现在外国的港口立法中与港口管理体制和模式相关的规则上。

②　Erich Schmidt, *Handbuch des Deutschen Wasserrechts*, Auflage, Stand, 2019, p.23.

③　Wilfried Erbguth, Joachim Becher, *Allgemcines Verwaltungsrecht*(Teil 2), Verlag W. Kohlhammer, 2 Auflage 1987, p.12.

④　Dru Stevenson, Sonny Eckhart, Standing as Channeling in the Administrative Age, 53 B.C.L. Rev.1357, 2012, p.15.

⑤　J.M.W. Kooijman, Port Authority of New York and New Jersey: an Appraisal of Port Authority Device in state Government, *International Review of Administrative Science*, 1974, p.32.

⑥　Jerry Mitchell, *The American Experiment with Government Corporations*, New York, M.E. Sharpe, Inc., 1999, p.56.

⑦　J. Martin, B. J. Thomas, *The Container Terminal Community*, *Maritime Policy & Management*, 2001(1), p.78.

中央政策的思路基本一致。

2. 涉及港口经营人概念、港口治理中政企关系的主要文献

《港口法》的三次修正中,港口经营人多次进入法学视野并得以较为充分地探讨。迄今对这一概念的内涵、外延作出界定,并探讨其法律地位的成果较多。这些著作较为关注港口经营人的私法属性,主张其市场主体的地位不应受政府的过多干预。司玉琢将港口经营人置于中国海商法的本土语境,①傅廷中将港口经营人置于国际贸易中,②胡正良等将重点置于法律责任层面,③均反映出港口经营人私法属性在上述视角中的表现。这些成果在政企关系上均强调港口经营人作为市场主体的经营自由。

(三)有关港口改革实践发展态势的主要研究

我国当下正在推行的,省级政府为单位的港口一体化改革引起的问题在一些著作中有所反映。这些著作大多注意到港口经营人集中可能引起的行政垄断问题,主张公权力系统应进入这一领域,并对港口经营人的市场行为进行合理地限制。邹盈颖、李思慈考察了欧盟在港口领域禁止滥用市场支配地位的案例,④刘斌对港口一体化中的经营者集中是否达到反垄断法规制的门槛进行分析,⑤都表达了港口一体化改革与航运领域垄断和经营者集中的高度相关性。

---

① 司玉琢:《中国海商法下港口经营人的法律地位》,《昆明理工大学学报》(社科、法学版)2007 年第 5 期。

② 傅廷中:《论国际贸易运输岗站经营人的法律地位》,《清华法学》2008 年第 5 期。

③ 胡正良:《试论我国港口立法中港口经营人的责任》,《世界海运》1995 年第 5 期;王根兴:《港站经营人若干问题研究与案例分析(之一)——港站经营人法律地位与当事人责任确定》,《集装箱化》2002 年第 3 期;刘奕彤、郭萍:《海运履约方之法律责任问题探析》,《社会科学辑刊》2010 年第 3 期;袁绍春、刘晓华:《港口经营人的法律地位》,载中国海商法学会:《2007 年海商法国际研讨会论文集》;崔起凡:《论普通法下喜马拉雅条款的理论基础》,《湖北经济学院学报》(人文社会科学版)2008 年 4 月;焦进凯、褚荣桓:《喜马拉雅条款研究》,《南通航运技术学院学报》2004 年第 1 期;张建军:《港口经营人责任限制的合同策略》,《水运管理》2007 年第 3 期;张智浩、钱俊强:《集装箱码头责任风险损害赔偿的法律保护及码头经营人的责任限制》,《集装箱化》2007 年第 3 期;傅志军:《港口经营人法律地位浅析》,《珠江水运》2009 年第 6 期。

④ 邹盈颖、李思慈:《欧盟港口领域禁止滥用市场支配地位的案例研究》,《中国海商法研究》2014 年第 3 期。

⑤ 刘斌:《港口整合中经营者集中的反垄断法分析》,《中国港口》2011 年第 3 期。

在当前改革形势下,规制港口、航运领域垄断的文献考虑到政企关系的复杂性,在政企关系上表现出折中态度。朱作贤对一些国家航运发展中规制大型企业垄断问题的路径进行考察,①於世成、邹盈颖对滥用相对优势地位的情形进行列举,②路易斯·奥尔蒂斯·布兰科(Luis Ortiz Blanco)和本·范霍特(Ben Van Houtte)对欧盟在交通领域的竞争政策和条例进行梳理,③均主张政府应合理干预,不能过度。

(四) 既有研究的主要不足

上述既有成果并未真正触碰港口经营人的法律属性问题,对解决港口经营人的概念不明、法律属性困惑帮助甚微。

首先,由于上文提到的港口法这一小众学科集法学性与专业性于一身,港口领域的专业人士、宪法行政法学的专家学者都未对这一问题足够重视,形成一个遗憾的研究盲区。但港口经营人的法律属性问题对于承担公用事业的企业的法律地位问题具有以小见大的效果,值得深入挖掘。同时,港口经营人的相关问题与港航实践的联系非常密切。这一领域缺乏具有针对性的理论研究,也造成了港口经营人相关研究在理论和实践上的脱节。

其次,宪法行政法学界对港口经营人公法属性的理论基础——行政法学中的公法人理论的研究并不充分。围绕承担公用事业的企业的研究本就寥寥无几,还未深入公法人理论框架,分析企业承担公共职能的法理基础,而是选取在我国已较为成熟的行政主体理论进行分析。行政主体作为我国现行法律中具有成熟地位的理论,很大程度上为解决行政程序法中的被告、被复议资格问题而设,在涉及明确法律依据时,具有较强的说服力,其理论基础的扎实程度上不及公法人理论。

最后,既有研究虽然注意到承担公用事业的企业比照一般意义上市场主体的差异,但无从解决港口经营人这类主体在法律属性上的特殊性。如陈辉煌博士以城市供水系统和轨道交通为例,梳理了这两类公用企业

---

① 朱作贤:《反思当代国际航运反垄断规制的欧美法路径——兼论中国特色模式之构建》,《中国海商法研究》2015 年第 1 期。

② 於世成、邹盈颖:《论禁止滥用市场优势地位制度在国际航运竞争法中的运用》,《法学评论》2006 年第 5 期。

③ Luis Ortiz Blanco, Ben Van Houtte, *EU Regulation and Competition Law in the Transport Sector*, Oxford University Press, 2017, pp.470—475.

承担审批权、特定范围内的处罚权等职责时的法律地位，为该类公用企业的行政主体制度构建提出了相应的对策和建议。但港口经营人所处的领域与这两者存在较大的理论差距。

港口经营人法律属性问题的特殊性在于其集中反映了政政关系与政企关系的连结。港口坐落于港口城市，其发展必须依仗地方政府，其提供服务的辐射面却远大于本市甚至本省。我国各主要港口均为全国各地海上运输提供服务。因此，对于中央和地方之间的权力和责任的交织勾连，港口经营人提供的"管窥"视角远比其他承担公用事业的企业显著。这也是为何在港口领域的政企分开改革更为复杂，"后遗症"较多。解决港口经营人的法律属性困惑，对于妥善处理纵向的公务分权，在新一轮改革中更好地理顺条块关系具有更大的理论价值。①前人研究不曾涉及港口经营人的法律属性问题，也无从直面承担公用事业的企业在改革中的"后遗症"问题。

四、主要研究方法

（一）历史研究方法

任何法律制度的发展都有其脉络和规律，港口法作为行政法的重要组成部分，也并不例外。我国港口经营人在港口领域的政企分开改革中也经历了特殊的发展过程。从水路运输法律到"两规"（已废止），再到《港口法》和《规定》的出台和多次修正，每一次调整港口法律关系的规则发展都具有阶梯性的意义。新规则的出现通常伴随旧规则的废止。只有对这些条文的更迭进行历史的梳理，才能完整地洞见我国港口经营人的发展态势和其法律属性。本书第三章将梳理港口立法在我国的发展演变，分析港口经营人的法律属性在这些规则变化中的个中规律。

（二）比较研究方法

港口在世界上主要航运国家中都具有举足轻重的地位。与港口经营

---

① 本书第四章还将提到这一问题。钢铁企业与地方政府的联系更为紧密，容易造成重复建设，但这些企业与我国其他地区的联系确实没有港口这样紧密，本地的港口企业除向外运输产品外，很少与其他城市建立紧密的关系。交通运输方面，铁路和公路运输均从地理上直接跨省，其服务的定位就是全国的运输，与中央政府的联系更为密切，与某一市级地方政府不会建立起过分密切的联系。港口却是地理上定位在地方，服务于全国，中央和地方对其管理，都有依据，且很容易产生矛盾，格外需要从行政法上理顺二者的关系。

人相关的法律关系直接涉及港口的经营管理体制和治理模式,这一问题在世界各国呈现或相似或不同的形态。本书选取的港口经营人承担公共职能的理论基础公法人理论,以及与之伴随的特许经营理论在世界上其他国家都呈现相应的制度面貌。因此,本书就一些国家的港口法及与港口经营人相关的各类法律关系,有代表性国家的公法人理论和特许经营制度进行横向的比较,希望为港口经营人的法律属性寻求一个全方位的、自洽的法律属性定位。

（三）实证研究方法

港口法与港航实践存在密切的联系,是一个无法脱离实践的小众法学领域。港口经营人的法律属性也是一个需要在实践中甄别、判断的问题。本书的写作中,为避免与实践脱节,笔者深入我国一些主要港口的港口行政管理部门和港口集团,与其中的高级管理人员直接联系。疫情期间,通过问卷和微信电话等形式对我国十年内主要大型港口经营人的发展状况、政企分开的"后遗症"问题的主要表现进行实地考察、调查研究,让本书的分析具有更扎实的现实基础。实证研究方法展开的困难较大,加之疫情的影响,本书的成稿对这一方法的应用较为有限。

五、主要内容和创新点

（一）本书的主要研究内容

本书在前人的研究基础上,借助公法人理论夯实港口经营人承担公共职能、代履行一些政府部门职责的理论基础。通过为港口经营人承担公共职能寻求法理基础,本书还以小见大,为在我国负责主要基础设施和公用事业建设、承担大量公共职能的国有企业均寻求合理的法律属性定位。

《港口法》未能直接明确地界定港口经营人的概念,在实践中引起一些困惑。本书在前人有关港口经营人的研究基础上,进一步澄清港口经营人的概念,明确港口经营人的内涵和外延,也进一步明确与港口经营人相关的港口行政管理部门、与港口经营人相关的政企关系等概念,辅助解决实践中由于港口经营人概念不明引起的身份危机。将公法人理论引入港口经营人这一研究对象后,本书梳理港口经营人的各项职能,分析港口经营人的法律属性。本书还围绕港口经营人使用的自然资源的公共性、承担公共职能的重要性以及授权的法律文件位阶高低这三个指标,确立区分港口经营人公法、私法属性的测试方法。

最后，本书立足我国正在推行的港口一体化改革，从港口经营人的特许经营实践、法院的司法实践、港口整合的改革实践这三方面分析港口经营人法律属性不明引起的问题，以审视港口经营人兼具的公法、私法属性在实践中的表现，并针对实践中的问题提出对策和建议。

（二）研究的主要创新点

首先，本书选取的理论视角具有新颖性。本书借助大陆法系国家宪法行政法学中的公法人理论，剖析与港口经营人相关的各项法律关系。本书根据该法赋予港口经营人的各项职能，分析港口经营人从事经营活动时的市场主体角色与其承担公共职责时的公共服务提供者身份的勾连关系。本书注意到，公法人理论为厘清研究港口经营人等既有经营性，又承担公共职能的一类主体的经营职能与公共职能，赋予其合适的属性定位，在新一轮改革中更好地实现政企分开方针提供了适宜的理论视角。

以公法人为理论视角，本书表达的港口经营人具有双重法律属性的观点具有新颖性。本书提出我国《港口法》对港口经营人的规定比较符合大陆法系国家中公法人的理论架构，并据此提出港口经营人兼具公法、私法属性。港口经营人为代表的一类既有经营性，又承担公共职能的主体均具备类似的双重属性。本书为港口经营人这类主体在行政法理论上寻求"特殊主体"的属性定位。这符合其具备双重属性的特征。本书还围绕港口经营人兼具的公法、私法属性的交织和勾连关系，对其在新一轮国有企业改革中的制度构建提出建议。

最后，本书有关港口经营人法律属性的研究对于港航法律实践、当下的港口一体化改革具有创新的指导意义。本书在行政法层面对分别体现港口经营人公法属性、私法属性的活动和职责条分缕析，为继续深化政企分开改革，在新一轮港口一体化改革中进一步厘清政企关系，让港口经营人既能充分发挥其市场主体的活力，保持市场主体的本色不受其拥有的有限的公权力的干扰，也能更好地、更师出有名地履行适合由其履行的公共职能，保障其公法属性不受其逐利性的侵蚀，妥善维护港口安全和公共利益。

第一章

港口经营人法律属性相关概念界析

港口经营人的法律属性,顾名思义,就是港口经营人成立的法律依据、承担的各项职责等体现的法律关系性质究竟是公法关系,还是私法关系。欲厘清港口经营人的法律属性,按照下定义种加属差(属加种差)的规律,首先需要界定何为港口经营人,并梳理与港口经营人相关的各类法律关系。我国《港口法》对港口经营人的界定与其他国家相比,存在相同之处,也存在差异。

第一节　港口相关概念界定

理解港口经营人的概念并判断其法律属性,还需要对港口的概念作出必要的解读。港口是一个在实践中出现的概念,这一概念在诸多国际文件中的定义均是功能导向的。随实践的发展变化,港口的概念也在变化。港口经营人是港口服务的实际提供者,其概念也诞生于实践中。

一、港口的概念与发展中的港口功能

港口这一概念早已约定俗成地在人们的日常生活中频繁地出现,但长期以来在规范层面缺乏科学严谨的界定。究其原因,港口是一个在海上交通运输实践中出现的范畴,有了海上运输业务才有了港口。航运业务发展到一定程度时,港口的优劣才会实质地影响航运业务的效率和质量。因此,在相当长的一段时间内,人们对港口的重视程度不足。不同港口的大小、规模不同,功能的差异也很明显,发展的程度更是不可同日而语。较为先进的港口与较为落后的港口相比,各方面的特征都存在差异。在为港口下定义时,很难准确地囊括实践中的全部港口,为港口作出规范层面的概念界定存在理论困难。世界上诸多国家立法中都没有明确定义

何为港口，也没在实践中引起太大的问题。

（一）发展中的港口主要功能

一般意义上，港口承担的最基本的功能是货物及旅客的装卸和转运功能（transshipment function）。①港口充当船舶靠岸时起卸客流或物流达至港口本地、港口所在国的内陆其他地区及港口本地及所在国内地的客流、物流送达海外的交汇场所。货物或客流从船舶转至其他各类交通运输工具，或反之，从各类交通运输工具转至船舶，实现物理的位移，完成或开始水路运输的过程。在这一过程中，货物和旅客的集散和转运及一定时间内的存储（货物）和逗留（旅客）都在港口这一交汇场所发生。港口在消极地提供交汇场所的同时，也为货物和客流顺利交接、转送创造各种积极条件，如提供转运期间货物停留、传送需要的基础设施等。这是港口具备的基础商业功能（commercial function）的体现，尽管级别不高。港口在地理上位于海外航运与本国交通（内河航运和陆路运输）的交汇处，天然地具有发展这类商业功能的优势。

此外，港口也成为工业发展的重要屏障，临海和临江的工业生产通常是伴随港口航运勃兴而发展起来的。港口是各类货物、客流交汇的场所，可以实现世界上不同国家和地区工业原料和制造业产品的互通有无。在一些国家的港口城市，航运和工业已经实现高度的功能协调。港口的装卸和转运功能既能保障工业生产的持续发展，又能促成工业产品的价值实现。这一功能通常称为港口的工业功能（industrial function）。伴随数字经济的发展，各类现代化技术逐步在交通运输中得到适用，以快速处理海量信息为主要标志的信息功能成为继装卸、转运、商业辅助、航运与工业功能之后的又一显著功能。②比照前三类传统港口的基本功能，信息功能主要集中在现代化港口中。如鹿特丹港明确将货物的装卸、商业发展、工业和信息功能作为其港口发展的四大支柱。③

（二）功能导向的港口概念

受港口的功能发展变化的影响，港口的概念在不同时期也具有不同

① 宋德驰、宗蓓华、真虹：《中国港口与运输实务》，人民交通出版社1999年版，第50—130页。

② 涂敏：《我国港口民营化动因、目标及模式选择》，浙江大学2008年博士学位论文。

③ 毛贺力：《鹿特丹港的港口经营战略》，《海运情报》2014年第4期。

的表现形式。港口的内涵和外延伴随港口功能的发展而变化。从最初的基本功能,到后来的工业和商业功能,再到当下的信息功能,港口这一实践中诞生的概念表现出动态的特征。

1. 港口为货物、客流的集散地

世界范围内港口发展的不同阶段呈现较为明显的类型化特征。早期的港口功能整体上较为单一,基本以装卸、转运功能为主。不同类型的港口是伴随航运事业的发展,港口功能的发展演进出现的。联合国贸易发展委员会(UNCTAD)在《港口发展与现代化管理组织原则的完善》文件中将港口根据不同时期的功能发展演进分为三个阶段。该文件认为,20世纪50年代以前,港口的主要功能在于货物的装卸、转运和旅客的集散,还包括为完成货物在海上运输与铁路、公路、内河及航空之间的转换而进行的一段时间的存储和停留。①码头除提供货物的装卸、旅客上下船之外,基本没有其他功能。港口的作业范围也基本和码头的功能一致。世界各国对港口的发展投入及建设规模的扩大,基本停留在量变的范畴,彼时的竞争优势基本在于码头装卸的效率。这一时期的港口,可基本理解为货物、旅客的集散地和交换场所。

2. 港口为从事贸易的窗口

20世纪50年代以后,有战略眼光的码头经营者已经不再局限于码头的装卸存储功能,而是将目光投向与码头的这一功能紧密相关的工业、商业和服务行业。②他们想方设法地提升到港货物的附加值,提升港口其他服务的水平,从而吸引更多货物和旅客来港。这种变化已经表现出从量变到质变的雏形,不仅将港口的业务规模明显扩大,还整体上提升了港口对货物、旅客的吸引力。这一时期,一些国家的港口出现了"前店后厂"的港城结合模式,港口的工业与商业功能依托其最为基本的装卸功能得以迅速发展并反哺这一功能。此时的港口是港口城市产业链的重要组成部分,是"前店后厂"中的前店,对外出售港口城市生产的工商业产品的贸易窗口。

3. 港口为城市资源配置中心

到了20世纪80年代,从量变到质变的过程接近完成,具体表现为第

---

① See UNCTAD, *Review on Maritime Transport*, TD/B/CN.4/27, p.47.

② 宋德驰、宗蓓华、真虹:《中国港口与运输实务》,人民交通出版社1999年版,第50—130页。

二阶段的发展模式已较为普及。特别繁忙的港口已经较充分地实现工业功能、商业功能与信息功能的有机整合。港口提供的服务从外延上极大地突破传统港口的边界,其功能除表现为装卸和集散有形的商品和旅客之外,还能充当国际社会上的资源配置中心或集散点,协调和集散资本、技术和信息等无形物。这接近现代化国际贸易物流中心。这一阶段,"前店后厂"的分工越来越模糊。常人已很难分清哪类功能是由港口经营人实际承担,哪类功能是由港口所在城市的其他部门实际承担。这三个港口发展的关键阶段,在贸发会的文件中被称为第一代、第二代、第三代港口。①此时的港口依照腹地大小、所在市的经济实力强弱不同,或成为地方经济发展的资源配置中心,或成为在一国占据重要地位的全国资源配置中心。

4. 现代港口是产业聚集基地和综合服务平台

1999 年,贸发会发布《港口通讯》第 19 期《第四代港口》讲到至 20 世纪 90 年代,在世界范围内出现了超越第三代港口的新一代港口——第四代港口,主要处理集装箱运输;②其发展策略是港航联盟和港际联盟,其生产特性是整合性物流,其成败的关键是决策、管理、推广、训练等软实力因素。③第四代港口比第三代港口更为强调信息功能在工业、商业功能中的作用发挥,其发展终端定位是一个国家组织经贸活动、从事全部贸易活动的协调调度总站。④由此,第四代港口以所在城市为腹地主体、以所在国家的自由贸易政策为依托,化被动为主动,成为能够主动策划、组织和参与各类国际经贸活动的、以前方调度总站为定位的产业集聚基地和综合服务平台。

二、我国《港口法》对港口的概念界定

我国立法开始关注港口的概念时,我国台湾地区的《商港法》中"通商船舶出入之港"的定义首先映入眼帘。⑤一些学者看来,这并非在规范层面对一个概念进行定义,而是在确定该法的适用范围。⑥即使这一定义产生界定一个概念的效果,它也仍然是从实践层面的功能出发的。可供通商船舶出入是当时港口通常意义上承担的最重要功能。对港口的

---

①②③④　See UNCTAD, *Review on Maritime Transport*, TD/B/CN.4/27, p.47.
⑤　尹章华:《航港法总论》,航贸图书出版社 1984 年版,第 31 页。
⑥　叶红军:《港口法解析》,大连海事大学出版社 2003 年版,第 12 页。

功能进行梳理，是在一个特定的社会发展阶段准确界定港口这一概念的前提。

（一）《港口法》以功能差异为基础的港口分类

《港口法》制定前，我国不同港口发展不均衡的情况已为有关部门通过调研掌握。由于地理位置、自然条件等差别，不同港口对我国当时的国民经济的贡献和影响，从大小到结构都是不同的。当时，我国已有各类商业港口 1467 个，其中具备主要枢纽地位的港口 43 个，包括内河港 23 个和海港 20 个，在一定地区具备重要地位的港口 18 个，其余港口 1406个。①依照我国国情对港口进行分类，对于管理诸多具备不同特点的港口具有重要意义。

1.《港口法》中港口的分级管理机制

《港口法》确立的分类基本依据是地理位置的重要性、吞吐量大小、对经济发展的影响大小这三个弹性标准。②这一依据的标准仍然是港口功能的强弱或港口承担这些功能的能力的强弱。以此为依据对港口进行分类，该法确定了三种行政隶属关系的港口：交通部直属的港口、由交通部与地方双重领导的港口、由地方自主管理的港口。

该法第 11 条第 1 款规定，"地理位置重要、吞吐量较大、对经济发展影响较大的主要港口的总体规划由国务院主管部门征求国务院有关部门和有关军事机关的意见后，会同有关省、自治区、直辖市人民政府批准，并公布实施。主要港口的名录由国务院交通主管部门征求国务院有关部门意见后确定并公布。"这类港口为全国主要港口。该条第 2 款规定："省、自治区、直辖市人民政府征求国务院交通主管部门意见后确定本地区的重要港口，其总体规划由省、自治区、直辖市人民政府征求国务院交通主管部门意见后批准，公布实施。"这类港口为本地区重要港口。前两款以外的港口总体规划由港口所在地的市、县级人民政府批准后公布实施，并报相应的省、自治区、直辖市人民政府备案。在市、县级港口行政管理部门编制的、符合前两款规定特征的港口，其总体规划报送审批前应经本级人民政府的审批同意。最后一类港口主要为前两款港口之外的，即在地区范围内的重要性不及第二款的。事实上仍然可能存在编制上属于第三类，但重要性又符合前两类港口特征的港口。这一情形的审批程序较为严格。

---

① ② 叶红军：《港口法解析》，人民交通出版社 2003 年版，第 16—19 页。

2. 不同级别港口的法律属性差异

以不同的行政隶属关系对各类港口区别治理的模式下,中央控制的港口对于国民经济的重要性更为显著,港口的公法属性很强。其余两类港口的公法属性在当时的背景下也很强,但比照第一类可能具备较高的经营自主权,尤其是地方自主经营的港口。这一分类在当时有其特殊的历史背景和科学依据。在实践中,如此分类主要是考虑便利港口建设中各项工作的审批程序。不同类别的港口建设过程不同,对港口经营人的要求也相应存在差异。但以港口的功能强弱为主要依据,通过行政隶属关系对港口进行分类,也存在争议。首先,第三类港口中的一部分与前两类在外延上可能存在重叠;其次,不同地区的经济发展速度不一,每一特定港口所属的分类并不稳定。某一地区的经济发展速度如整体较快,该地区的港口对经济发展的影响就会迅速增强。这样的港口就可能在短时间内从第二类一跃成为第一类。

(二)以《港口法》为基础的港口概念

在《港口法》起草准备工作中,对港口下定义是否必要、如何下定义也曾是争议的焦点。①港口法是围绕港口这一特定的概念展开的,其规范的基本内容就是调整与这一概念相关的各类法律关系。

1.《港口法》第 3 条对港口的规定

从规范层面定义何为港口是起草港口法中一切其他法律规则的逻辑起点。故该法以港口的基本特征为要素,对港口作出了定义。"本法所称的港口,是指具有船舶进出、停泊、靠泊,旅客上下,货物装卸、驳运、储存等功能,具有相应的码头设施,由一定范围的水域和陆域组成的区域。"这些基本特征主要包括物理上的组成部分、相应结构及港口通常意义上承担的功能。从字面意思看,这一港口概念并没有区分沿海港口和内河港口。因此,这部法律中的港口理应包含沿海港口和内河港口。②

2. 符合当下实际的港口概念

这一概念界定与该法对港口的分类类似,也是依据港口的功能作出的,而且主要是根据上述贸发会文件中第一代港口的特征作出的,即主要

---

① 叶红军:《港口法解析》,人民交通出版社 2003 年版,第 45—49 页。

② 与内河相关的规定还见《中华人民共和国内河交通安全管理条例》于 2002 年 6 月 19 日国务院第 60 次常务会议通过,2002 年 8 月 1 日起实施;现行版本为 2019 年 3 月 2 日经国务院第 709 号令修正的。

体现最为原始的装卸货物的功能。如今来看,这一概念界定显然已经不能适应我国经济发展的整体格局和步伐。探究港口经营人的法律属性,需对港口经营人、港口等概念作出既符合动态的经济发展形势,又能够体现时代精神的新定义。港口的定义需参照贸发会提出的第一代到第四代港口的功能,还需结合当下我国的港口发展格局。

为涵盖如今港口的各项功能,笔者将港口概念界定为"由一定范围的水域和陆域组成,具有以码头为核心的主要设施,能够承担船舶进出、停泊、靠泊,旅客上下,货物装卸、驳运、储存等基础功能;并根据其发展程度不同,具备不同程度的工业,商业,信息功能的区域集散服务平台。"本书对港口作这一定义,仍在相当程度上考虑了 2003 年《港口法》对港口的定义,仍然以港口的功能为基本出发点。在该法基础上,本书更充分地考虑到这一范畴的动态特征。

第二节　港口经营人的概念界析

港口经营人是港口服务的实际提供者,这一概念界定与港口实际承担的功能密不可分。港口的各项功能深刻地影响港口经营人的概念,进而影响港口经营人的法律属性。

一、港口经营人的理论内涵和外延

对一个概念作出界定,需首先通过定义明确其内涵,再通过其内涵在理论和实践中的表现形式,确定一个概念的外延。

（一）港口经营人的内涵

1991 年的《联合国国际贸易运输港站经营人赔偿责任公约》(《港站经营人公约》)对"运输港站经营人"(Operators of Transport Terminals)的界定是"在其业务过程中,在其控制下的某一区域内或在其有权出入或使用的某一区域内,负责接管国际运输的货物,以便对这些货物从事或安排从事有关的服务的人,但不包括依规则为承运人的经营人"[1]。美国联邦海事委员会在其官方网站上对港口经营人(maritime transport opera-

----

[1]　United Nations Convention on the Liability of Operators of Transport Terminals in International Trade(1991，Vienna).

tors)的定义也是功能导向的,①指的是为国际贸易中的海上承运人提供主要包括码头、停靠、仓储、驳运等设施和服务的经营者。

《鹿特丹规则》代表了国际海上货物运输法律规则的最新走向,在港口经营人的法律地位上有一些新发展。②《鹿特丹规则》采用"履约方"和"海运履约方"两个新概念,在第 1 条第 6 款、第 1 条第 7 款中分别被界定为:"承运人以外的、履行或承诺履行承运人在运输合同下有关货物接收、装载、操作、积载、运输、照料、卸载或交付的任何义务的人,以该人直接或间接应承运人的要求、监督或控制行事为前提";"凡在货物到达船舶装货港至货物离开船舶卸货港期间履行或承诺履行承运人任何义务的履约方"。

(二)港口经营人的重点要件

按照《鹿特丹规则》中港口经营人的定义,海运履约方需满足 1+3 要件:第一,履行义务在"从到达船舶装货港到离开船舶卸货港"的地理范围内;第二,从身份上既不是承运人,也不是由货方所雇佣或委托的人,与包括托运人、单证托运人、控制方、收货人在内的货方之间都不存在运输合同关系;第三,履行的是运输合同下有关货物接收、装载、操作、堆放、运输、照料、卸载或交付的义务;第四,履行上述义务是在承运人的要求、监督或控制下进行的。③《鹿特丹规则》将从事有关货物接收、装载、操作、堆放、运输、照料、卸载或交付等作业的港口经营人纳入"海运履约方",从事供油和供水、理货业务、港口设备维修等经营活动的港口经营人则未被列

①　Marine Terminal Operators(MTOs) provide wharfage, dock, warehouse, or other marine terminal facilities to ocean common carriers moving cargo in the ocean-borne, foreign commerce of the United States. MTOs include: Public port authorities that own and maintain the docks and other facilities, and sometimes directly operate the marine terminal that ocean common carriers use; and Private terminal operators are companies that lease terminals from a public port authority (which acts as a landlord) and operate the leased terminals as a private business; See https://www.fmc.gov/resources-services/marine-terminal-operators/.

②　是 2008 年 12 月 11 日联合国大会第六十三届会议第六十七次全体会议审议通过的《联合国全程或部分海上国际货物运输合同公约》的另一名称。该公约在联合国国际贸易法委员会的工作下历时八年才制定完成,A/CN.9/621,para.148。

③　参见李璐玲:《〈鹿特丹规则〉对我国港口经营人的影响》,《法学杂志》2013 年第 1 期。本书的观点与之不完全相同,但这几个要件的梳理和表述参照了该文。

人。因此,《鹿特丹规则》语境中的港口经营人指缔约国中从事有关货物接收、装载、操作、堆放、运输、照料、卸载或交付等作业的经营人。

根据上述国际条约、其他国家政府部门对港口经营人这一概念的理解,我国知名海商法学者对其几个要件进行列举:第一,港口经营人通常是独立的企业法人,而不是自然人;在《维斯比规则》中称为"独立合同人";第二,接受承运人委托或转委托从事港口作业;第三,港口经营人的港口作业在港口辖区内,且限制在与货物运输有关的主要环节,如装卸、仓储、驳运、拆装集装箱、港内短途运输等。①我国并未加入上述 1991 年《港站经营人公约》,但其中有关港站经营人的定义对我国的立法具有重要影响。交通部 1995 年的"两规"(已废止)、2001 年"港规"(已废止)均引用了该公约的定义。②该定义对港口经营人的概念也是根据其承担的实际功能作出。因此,港口经营人的概念内涵与其外延具有不可分的联系,二者相互界定。只有明确港口经营人的外延,才能确定港口经营人的定义。在我国法律体系中直接界定其内涵和外延,更有实际意义。

二、我国法律中港口经营人的概念

我国《港口法》虽然没有为港口经营人赋予明确的定义,但对港口经营人的主要业务和功能范围作了相应的说明和限制。"港口经营包括码头和其他港口设施的经营,港口旅客运输服务经营,在港区内从事货物的装卸、驳运、仓储的经营和港口拖轮经营等"。③这为确定港口经营人的外延提供了一个方向指引。《规定》对港口经营人的内涵和外延的表述较为明确,是对《港口法》中有关港口经营人概念的补充。《港口法》和《规定》都经过修正,港口经营人的概念逐渐清晰。

(一)《港口法》中港口经营人的内涵和外延

《港口法(送审稿)》提交审查时,有关部门对港口经营人的独立法律地位存在较大争议。④该法虽然使用这一概念,但并未对其进行定义。我

---

① 司玉琢:《中国海商法下港口经营人的法律地位》,《昆明理工大学学报》(社科、法学版)2007 年第 5 期。

② 陈诗婷、何丽新:《港口经营人法律地位的判例探析》,《中国海商法研究》2021 年第 2 期。

③ 《港口法》第 23 条。

④ 叶红军:《港口法解析》,人民交通出版社 2003 年版,第 46 页。

们理解港口经营人的内涵和外延,可以参酌该法第 22 条第 3 款中"港口经营"的定义。"港口经营包括码头和其他港口设施的经营,港口旅客运输服务经营,在港区内从事货物的装卸、驳运、仓储的经营和港口拖轮经营等"。港口经营人便可据此理解为在港区范围内,为水路运输中船舶、货物、旅客提供货物的装卸、驳运、仓储的经营和港口轮航经营等业务的人。

从该条文中析出的港口经营人从外延上,可以较明确地包括装卸公司、仓储公司、驳运公司以及拖轮公司。对于理货公司、客运站、引航站和货代,该条文没有提供明确依据,究竟是否属于港口经营人。在《港口法》基础上,本书认为理货公司、客运站经营人属于港口经营人,而引航站和货代不属于港口经营人。港口经营人从事的经营服务以运输为主要目标,而货物、旅客是其提供运输服务的具体对象。该条文列举的装卸、仓储、驳运、拖轮等业务与运输的关联密切,主要从事这几类业务的经营人是比较典型的港口经营人。尽管该条文没有对主要从事理货、客运业务的经营人进行明确的规定,理货业务经营人、客运站这两类经营人直接面向服务对象的经营人应属于港口经营人范畴。同时,按照字面理解和《港口法》制定时间,我国的内河港口经营人也应在《港口法》规制范围。①

1. 从事装卸业务的港口经营人

装卸公司指从事专业的货物装船、卸船业务,并收取相应费用的经营人。这类公司需拥有自己的装卸场所和设备,具体包括码头、装卸器具和一些运输工具等。②港口经营人从事这类业务还需掌握港口规律、熟悉各类船舶特点、有装卸货物经验的装卸人员。按照该法强调港口经营人的"经营"行为的思路,拥有专用码头用于装卸自己货物的货主企业不应属于这一范畴。对这类企业来说,从事装卸货物是其生意中的重要一环,但它们并不依靠这一环节营利。但装卸其他货主的货物并收取报酬的时候,这类企业就成为从事装卸业务的港口经营人。

2. 从事仓储业务的港口经营人

仓储公司指为出口货物从腹地运送至港口等待装船前、进口货物抵港卸船后经其他交通运输工具转运前(包含收货人不能及时提货的情形)

---

① 《中华人民共和国交通安全管理条例》于 2002 年发布,《港口法》在制定时,也考虑到这一情况。

② 郭希哲:《货物运输实务》,中国财富出版社 2019 年版,第 67 页。

在港口提供仓库和堆场等设施进行组合和存储的经营人。①这类经营人对于保证运输和装卸工作的正常进行具有重要的衔接作用。

驳运公司指在一些码头为吃水较深的船舶提供在锚地卸货、为其减载后再让其驶入泊位进行卸货等服务的经营人。②在港口压船时,这类经营人还可提供驳船帮助卸货,这类业务便于快速疏港。这一业务无疑属于与运输有关的经营业务。

3. 从事拖轮业务的港口经营人

拖轮公司指出于安全考虑,为船舶(主要是大型船舶)靠离泊位提供拖航助靠、助离的业务的经营人。③这里的拖航结合该法第 22 条的语境应主要指港区内的拖航。值得注意的是,《海商法》第 155 条在对海运拖航进行规定时,明确将港区内的拖航服务排除出该章的调整范围。④这也验证了提供港区内拖航服务的拖轮业务经营人应属于港口经营人,由港口法调整。

4. 从事理货业务的港口经营人

理货公司指接受船舶承运人或货物所有人的委托,主要从事船舶装卸货物的点货、交接业务,对货物的数量和表面情况作出客观独立证明的经营人。⑤第 22 条规定的港口经营的业务种类主要关系到运输,考虑到船舶停靠、运送货物和旅客的实际需要。这些业务与港口在地理上的联系较为直接。理货业务与货物存在直接的联系,与港口的地理联系则较为间接,是为保证港口与运输相关的业务的顺利进行而衍生出的一种业务。

《港口法》送审稿正面明确了理货业务是一项港口业务。⑥2003 年《港口法》第 25 条是专门针对理货业务经营人的规定,"经营港口理货业务,

---

① 郭希哲:《货物运输实务》,中国财富出版社 2019 年版,第 78 页。

② 同上书,第 91 页。

③ 司玉琢主编:《海商法》,法律出版社 2018 年第 4 版,第 221 页;郭希哲:《货物运输实务》,中国财富出版社 2019 年版,第 111 页。

④ 《海商法》第 155 条:海上拖航合同,是指承拖方用拖轮将被拖物经海路从一地拖至另一地,而由被拖方支付拖航费的合同。本章规定不适用于在港区内对船舶提供的拖轮服务。

⑤ 郭希哲:《货物运输实务》,中国财富出版社 2019 年版,第 131 页。

⑥ 叶红军:《〈港口法〉(送审稿)审查中的几个重点问题》,《珠江水运》2003 年第 1 期。

应当按照规定取得许可;实施港口理货业务经营许可,应当遵循公开、公正、公平的原则。"该条还同时表达了港口理货业务经营人应当公正、准确地办理理货业务,且不得兼营本法第 22 条第 3 款规定的货物装卸经营业务和仓储经营业务。理货这一职能的目的是为保证货物运输的质量,这也符合"与运输相关的业务"这一标准。2003 年《港口法》实施至今,经历三次修正。①其中,2018 年的第三次修正也明确了港口理货业务经营人的法律地位。②

5. 客运站经营人

客运站指海上运输的旅客提供候船或上下船服务,对旅客的行李提供搬运、装卸、保管等与海上运输有关的服务的部门。③其具体业务包括组织客流调整、提供客流量、流向资料和行船计划,组织售票和问询,办理行李的包装运输、小件行李寄存,组织旅客候船,组织检票验票,确保旅客安全上下船及接受客运承运人委托的有关临时业务等。客运站履行的职能与装卸公司在本质上类似,只是后者针对货物运输,前者针对旅客运输。既然该法明确将旅客作为港口经营人提供服务的对象,客运站通过合理的解释,就应当成为港口经营人的一部分。

(二)不属于我国港口经营人的常见经营人

引航行为是为保证船舶的安全航行,在必要时候由持有引航证书的人(引航员)将船舶从第一个地方引导至另一个地方的行为。④根据引航行为发生的地理区域不同,引航还可分为码头引航、航道引航、海上引航

---

① 2015 年 4 月 24 日,第十二届全国人民代表大会常务委员会第十四次会议通过了《关于修改〈中华人民共和国港口法〉等七部法律的决定》,对该法作出第一次修正;2017 年 11 月 4 日,第十二届全国人民代表大会常务委员会第三十次会议通过了《关于修改〈中华人民共和国会计法〉等十一部法律的决定》,对该法作出第二次修正;2018 年 12 月 29 日,第十三届全国人民代表大会常务委员会第七次会议通过了《关于修改〈中华人民共和国电力法〉等四部法律的决定》,对该法作出第三次修正。

② 第三次修正中,第 25 条被修改为"国务院交通主管部门应当制定港口理货服务标准和规范。经营港口理货业务,应当按照规定报港口行政管理部门备案。港口理货业务经营人应当公正、准确地办理理货业务;不得兼营本法第 22 条第 3 款规定的货物装卸经营业务和仓储经营业务"。

③ 郭希哲:《货物运输实务》,中国财富出版社 2019 年版,第 151 页。

④ 中华人民共和国港务监督局:《水上安全监督手册》,大连海事大学出版社 1994 年版,第 30 页。

和分段引航。从事引航业务的经营人被称为引航站。货代公司则指代表货方就有关货物的报关、报验、装卸、储存、转运及与货物运输有关的各类业务提供服务的代理机构。①这二者不属于我国《港口法》中的港口经营人。

1. 隶属于公权力部门的引航站

引航站在一些学者看来是港口经营人。②主要原因有二：其一，引航行为在地理上发生在港口区域内，与运输的关系很密切；其二，引航站在我国相当长的一段时间归港口企业管理，由港口经营人实际负责。在由港口经营人实际负责的情况下，引航站从事业务，是否可以被理解为港口经营人的一部分呢？引航行为具备一定的强制性，其出发点是保证船舶、港口设施及相关人员、货物的安全，维持港口秩序。2003 年《港口法》第39 条规定，"依照有关水上交通安全的法律、行政法规的规定，进出港口须经引航的船舶，应当向引航机构申请引航。"针对外籍船舶的引航也是国家主权的体现。外籍船舶在进入我国港区时，必须接受由我国引航站提供的强制引航服务。③这种服务的"公共含量"明显高于其他港口经营业务。

引航对于主权、公共安全的重要性在世界上许多国家的涉海、港口立法中都有体现。在一些法域，有专门的单行法对引航行为进行规范。英国的 1913 年《引航法》、我国台湾地区的《引水法》都是针对引航的专门立法。在 2003 年《港口法》颁布前，我国境内的引航行为由《中华人民共和国海上交通安全法》和《船舶引航管理规定》调整规范。④这二者是名副其实的公法。引航行为一直由公法规制，其强制性要求体现了维护国家主权和捍卫公共利益的宗旨。引航站提供的服务在"公共含量"上远远超过港口经营人的其他职责。

我国目前的改革趋势是，伴随政企分开方针的实行，港口引航站被明

① 霍红：《国际货运代理与海上运输》，化学工业出版社 2004 年版，第 90 页。

② 李璐玲：《〈鹿特丹规则〉对我国港口经营人的影响》，《法学杂志》2013 年第1 期。

③ 孙凤羽：《强制引航与非强制引航》，载《船长与引航论文集》，2005 年，第 37—39 页。

④ 傅廷中：《论港口经营人在国际贸易运输中的法律地位》，《清华法学》2008 年第 5 期。

确划入政府部门这一边,不再属于港口经营人的范畴。我国大多数港口的引航站由港口所在城市的交通局负责。上海港引航站是在上海港区从事引航服务、代表国家行使引航主权的专职机构,改革后被归入港务局,成为港口行政管理部门下属的事业单位。秦皇岛港的引航站则是海洋局的下设单位。因此,引航站不属于港口经营人。

2. 从事货代业务的经营人

根据货代公司成立的背景和经营特点,货代业务经营人包括承运人出身的大型国际货代(如 2016 年之前的中远国际货运有限公司),以外贸、加工贸易业务为背景的货代(如中粮国际仓储运输公司),以仓储、包装业务起家的货代(中储国际货代)以及一些港口企业背景的货代。这些货代业务经营人中,只有港口企业背景的货代公司与港口的联系密切。但这类货代提供的服务内容较为单一,缺乏网络,市场竞争力也较弱。①这类货代公司在货代业务经营人中并没有代表性。

上述货代公司与许多大型国有企业集团存在密切的联系,如中远、中粮等。目前,我国许多港口集团都设立了独资或控股的货代公司。这些货代业务经营人是不是港口经营人呢?虽然它们是港口经营人独资或控股的,但它们从事的业务不属于 2003 年《港口法》定义的港口经营业务。依照该法第 22 条,港口经营行为需要与运输存在直接或至少间接的联系,而资金注入和所有权属本身不能决定这一类经营人的范畴。有的货代公司还充当实际承运人的角色,实质地参与海上运输的过程。这类货代根据其从事的业务,应由 2002 年的《中华人民共和国海运条例》调整。②因此,货代业务经营人不属于港口经营人。

(三)《规定》对港口经营人概念的补充

交通运输部 2009 年第 13 号令公布了第二部《规定》,③从基本概念、资质管理、经营管理、监督管理和法律责任四个维度对港口经营活动、港

---

① 霍红:《国际货运代理与海上运输》,化学工业出版社 2004 年版,第 90 页。

② 《海运条例》第 2 条规定其调整范围是:本条例适用于进出中华人民共和国港口的国际海上运输经营活动以及与国际海上运输相关的辅助性经营活动。前款所称与国际海上运输相关的辅助性经营活动,包括本条例分别规定的国际船舶代理、国际船舶管理、国际海运货物装卸、国际海运货物仓储、国际海运集装箱站和堆场等业务。

③ 原交通部 2004 年第 4 号令(现已废止)公布了我国第一部《港口经营管理规定》,对港口经营、港口经营人及相应的资质管理和经营管理要求作了全面的规定。

口经营人进行了全方位的规范和约束。《规定》通过交通运输部令发布，属于部门规章，位阶上低于《港口法》。其各项内容为对《港口法》的补充，对港口经营管理实践具有指导意义。《规定》第1条即表达该文件是专门为规范港口经营行为、维护港口经营秩序制定。因此，《规定》中的概念界定对于港口经营人的法律属性富有针对性。《规定》实施至今，共经历交通运输部2014年第22号令、交通运输部2016年第43号令、交通运输部2018年第10号令、交通运输部2019年第8号令、交通运输部2019年第36号令、交通运输部2020年第21号令六次修正。这六次修正中，港口经营人的概念发生了一些变化。

《规定》第3条第（1）项将港口经营定义为"港口经营人在港口区域内为船舶、旅客和货物提供港口设施或者服务的活动"。这从外延上不仅包括《港口法》第22条中的装卸公司、仓储公司、拖轮公司、理货公司（第5目）、客运站，还包括了为船舶提供码头、过驳锚地、浮筒等设施的经营人（第1目）以及为船舶提供岸电、燃物料、生活品供应、船员接送及船舶污染物接收、围油栏供应等船舶港口服务等经营人（第6目）和从事港口设施、设备和机械的租赁、维修业务的经营人（第7目）。第（2）项将港口经营人定义为"依法取得经营资格从事港口经营活动的组织和个人"。第（1）项是从内涵和外延、实体层面对港口经营人的界定，第（2）项则是从程序层面对港口经营人的资格要求。经2016年修正，该条该款第3目由"为委托人提供货物装卸（含过驳）、仓储、港内驳运、集装箱堆放、拆拼箱以及对货物及其包装进行简单加工处理等"被调整为"从事……"。这体现了港口经营人从事相应经营活动的专业化特征。经2018年修正，该条该款第3目被调整为"从事货物装卸（含过驳）、仓储、港区内驳运"。经2019年修正，该条该款增加"港口理货业务经营人"，指"为委托人提供货物交接过程中的点数和检查货物表面状况的理货服务的组织和个人"，作为其中第（3）项。

因此，现《规定》中港口经营人的外延包括为船舶提供码头、过驳锚地、浮筒等设施的经营人，为旅客提供候船和上下船舶设施和服务的经营人，从事货物装卸（含过驳）、仓储、港内驳运、集装箱堆放、拆拼箱以及对货物及其包装进行简单加工处理等的经营人，为船舶的进出港、靠离码头、移泊提供顶锥、拖带灯服务的经营人；广义上，港口经营人还包含另作规定的港口理货业务经营人。

第三节 港口经营人相关法律关系的概念界析

与港口经营人相关的法律关系包括港口行政管理部门与港口经营人的关系（通常意义上的政企关系）、港口行政管理部门与上级港口行政管理部门的关系（通常意义上的政政关系）以及政府部门出资建设港口与港口经营人形成的关系（通常意义上的政资关系）。港口行政管理部门是负责主管港口经营人各项经营活动的政府部门，厘清其外延是港口经营人正常进行建设、经营活动并接受监督的必要条件。港口经营人相关法律关系对港口经营人的法律属性具有深刻的影响，我国《港口法》和《规定》中对这些概念的界定也是判断港口经营人法律属性的重要依据。

一、港口经营人相关法律关系与港口经营人的法律属性

与港口经营人相关的法律关系对港口经营人的法律属性具有重要影响。港口经营人相关法律关系指港口经营人与其依照现行法律能够影响的全部主体之间的各类法律关系。受港口法调整的主体包括在港口的建设、经营、监管等各环节中的各类主体。诸如，港口行政管理部门和港口经营人的关系就是典型的港口经营人相关法律关系。简言之，港口经营人相关法律关系就是现行的法律如何处理与港口经营人相关的政政关系、政资关系、政企关系。

（一）港口经营人相关法律关系与港口的功能定位

与港口经营人相关的各类法律关系中，政企关系、政政关系均在一定程度上关系到港口经营人的经营自主权，关涉港口经营人以何种方式承担港口的各项功能，进而影响一个国家特定历史时期港口的重点功能导向。反之，特定时期的港口功能定位也深刻地反映了这一时期该国与港口经营人相关的各项法律关系。

1. 港口经营人相关法律关系与港口的功能

在政企合一的治理模式下，港口经营人事实上受制于港口行政管理部门，在进行港口经营活动、提供各项港口经营服务时，会优先或重点提供港口行政管理部门看来更为重要的服务，通常倾向于优先满足体现港口公法属性的功能需要。在政企分开的治理模式下，港口经营人具备了经营自主性，受其独立的市场主体地位的影响，通常倾向于将自身对企业

发展的需要放在首位,重点发展体现港口私法职能的各项经营活动,以市场的实际需要为导向提供相应的服务。政资关系作为政企关系的前提,对港口经营人的经营自主权的影响,经由政企关系而发生,其逻辑如出一辙。

政政关系同样对港口经营人的经营活动具有政策导向的影响。当港口经营人受中央政府的直接监管时,很难具有真正的经营自主性。我国在计划经济时期,主要港口曾由中央控制和经营。政企分开改革开始后,我国各主要港口的经营权逐步下放到地方,港口经营人才具备了一些经营自主权,并在社会主义市场经济体制改革的大背景下,焕发出市场主体的活力。

2. 港口的功能与港口经营人的相关法律关系

世界范围内大多数港口的主要功能都经历了从最基本的货物和旅客的装卸、转运功能,逐步发展出一些商业功能和工业功能,再发展出现代港口的信息功能的历史过程。[1]不同时期的港口承担的主要功能中,一些具备更明显的私法属性,另一些具备更明显的公法属性。港口的公法、私法属性基本由其主要承担的功能包含多大程度的"公共含量"决定。"公共含量",即港口提供的服务在多大程度上关系到公共利益。港口提供的服务中实质地服务于公用事业的比重越大,与公共利益的关系更密切,该服务的公法属性就越强。[2]

世界上大多数国家在不同历史时期,针对港口采绝对政企合一模式的、严格政企分开模式的都不多见,而处于二者之间的较为常见。[3]就理论情形而言,当港口承担的主要任务具有较强的公共性时,当时的社会对于港口提供的公共服务职能存在高度、紧迫、密集的需要;该国采取的港口治理模式,包括政政关系、政企关系必然要去维护这一强大的公法属性,只有这样才能使港口更大程度地满足当时的社会对各项公共服务的需要。

---

[1]　梅冠群:《世界港口发展模式、演进方向与经验借鉴》,《中国流通经济》2012年第12期。

[2]　主张公共企业应作为特殊法人对待的行政法学者,主要依据的便是公共企业提供的服务中实质的公共含量。参见胡改蓉:《论公共企业的法律属性》,《中国法学》2017年第3期。

[3]　交通部德国港口法学习班的资料整理中,提到德国港口严格采政企分开,在后来的德国港口法著作中被明确推翻。这反映了我国《港口法》的立法工作刚起步时,对其他国家的制度学习存在一定程度的一知半解。

（二）港口的功能与港口经营人的法律属性

港口的功能定位深刻地影响着港口经营人的法律属性。港口作为一类重要的社会基础设施，集公法、私法属性于一身。而其公法、私法属性在不同历史时期呈现动态的强弱变化，与其在不同时期的重点功能密切相关。港口经营人的法律属性生动地反映了港口功能定位在不同时期的发展变化。港口功能定位的发展变化经历的几个主要阶段可作为判断港口发展阶段、界定港口类型的重要依据。通常意义上的第一代港口、第二代港口、第三代港口、第四代港口正是基于港口不同功能的组合划分的。①不同类型的港口的各项主要功能对社会公众的重要性越强，其相应的公法属性也就越强。

1. 港口经营人的法律属性对港口功能的反映

不同时期的港口功能深刻地影响着与港口经营人相关的各类法律关系，尤其影响直接关系到国家采取何种港口治理模式的政企关系。港口治理中公权力部门作用的大小与港口经营人的法律属性呈现不规则的正相关：政企合一使得港口经营人侧重提供更能够体现港口公法属性的服务，港口经营人随之呈现更为鲜明的公法属性；政企分开使得港口经营人更为强调体现港口私法属性的职能，港口经营人也相应地随之呈现更为鲜明的私法属性。

港口在不同时期承担的实际功能是对港口所在国家在特定时期的法治背景和行政管理的客观需要的反映。因此，港口的公法、私法属性与相应国家特定时期的港口治理模式也呈现不规则的正相关：当某一国家主要港口在某个历史时期呈现出极强的公法属性时，当时的社会大概对于港口提供的公共服务职能存在高度、紧迫、密集的需要；该国采取的港口治理模式必然要去维护这一强大的公法属性，只有这样才能使港口更大程度地满足当时的社会对各项公共服务的需要。反之亦然。因此，港口经营人的法律属性是对港口实际承担功能的公法、私法属性强弱的现实反映。

2. 港口功能对港口经营人法律属性的表达

从第一代港口的装卸、转运功能到第二代港口的工业和商业功能，到第三代港口的集散功能以及第四代港口的信息功能，都不同程度地体现了公法属性和私法属性。港口的最基本功能——装卸、转运对任一国

---

① 叶红军:《港口法解析》,大连海事大学出版社 2003 年版,第 8—12 页。

家经济发展至特定阶段时都不可或缺。这一重要地位体现了港口作为基础设施的公法属性。一旦港口装卸、转运功能暂停，货物的运输和互通有无停滞，人们的生活半径也将受限。港口经营人同时还将这些业务作为重要的营生，通过提供这类服务获利，这便是其私法属性的体现。同理，港口的工业属性和商业属性都同时具备公法属性和私法属性。这些功能对城市发展具有支撑作用，同时也充当了港口经营人谋取利润的方式和手段。

在社会的不同发展阶段，社会对港口经营人提供的工商业服务的需求不同。港口的功能体现的公法、私法属性存在结构性差异。在港口的工商业服务刚刚起步时，国家无法期待港口经济在短时间内带来迅猛的经济增长，社会公众对港口的依赖也更多是使用其装卸和转运服务。20世纪，各主要港口的商业设施（如咖啡店、纪念品等）使用人群非常小众，通常依赖少数人群的奢侈型消费维持可观的盈利。①在全球化之前，旅客的跨国运输非常有限，人们也不期待在港口的商业设施购买到当地国家的特殊商品。

今非昔比，这一局面已从根本上改变。港口经济在许多国家的GDP中都发挥着重要作用，港口工业能够带来的经济增长得到了普遍认可，港口商业发展的集群效应也在许多国家得到验证。②人们的实际需求受时代发展和生活水平提高而扩张。曾经奢侈的消费需求在当下已经成为生活必需品。国际旅游协会曾作的一项调查表明，在采集的35个国家从事不同行业的旅客样本中，76.1％的旅客表示在旅途中没有饮料（包括咖啡、碳酸、酒精等）是无法活下去的。③相应地，许多港口商业设施的经营逻辑由曾经的贵族消费变为薄利多销。适度降价后，港口商业设施的受众也大为推广。当一项需求成为世界上大多数人的基本需求时，就已呈现《经济、社会及文化权利国际公约》（"A公约"）第1条第2款中"生存手段"（means of subsistence）的特征。人们对港口商业设施的需求如果构成A公约中的基本权利，A公约的各缔约国政府便有义务保障这些基本

---

① 20世纪70、80年代，大型船舶驶入港口前，港口附近的站台上挤满了人，咖啡店中仅有少数人。这反映了当时的港口商业消费情况。

② 我国自2019年开始大力推行省级政府为单位的港口区域化整合，而欧洲国家很早就开始进行类似的整合改革措施，这都是港口集群效应的反应。

③ See UNCTAD, Port Newsletter, Nov.1999, p.15.

权利的实现。①港口商业设施的存在及提供服务也具有了一定程度的公法属性。这一鲜明变化表明港口的工商业功能由最初的私法属性更为明显转变为公法、私法属性兼具。港口经营人提供的服务对于社会中大多数人群的重要性增加,是其公法属性增强的鲜明标志。

第四代港口的数量在全球范围内占比不高,其独特的信息功能与前三代港口相比,适用范围还不够广泛。从满足社会公众的刚性需求方面,第四代港口体现的公法属性并不明显。经济发达的国家的港口城市治安保障力量充分,能够妥善地维持港口秩序,平时信息功能的使用频率不高。但关键时刻,信息功能可以发挥至关重要的作用。如鹿特丹港的信息化平台曾大力协助荷兰海关的缉毒工作。②一个最近也最具代表性的例子为 2020 年 2 月以来,在新冠肺炎疫情的影响下,各国都对跨境航运作出严格限制,许多拥有较强疫情防控能力的港口国家都在其第四代港口中设置了人脸识别等辅助辨识旅客身份特征的检验方式。③第四代港口的这一功能对于协助国家精准防疫,提升防疫工作的效率和质量大有裨益。平时应用面并不广泛的尖端技术在特殊时刻对于维护公共利益具有极大价值。因此,第四代港口的信息功能仍然具备相当强的公法属性。

二、港口经营人相关法律关系的内涵和外延

港口经营人相关法律关系,即与港口经营人相关的各类法律关系。顾名思义,这一概念从外延上主要包括港口经营人的政政关系、政资关系、政企关系。

（一）港口经营人相关法律关系的内涵

与港口经营人相关的各类法律关系从字面上,均离不开港口行政管理部门。港口行政管理部门是负责主管港口经营人各项经营活动的政府部门。厘清其外延是港口经营人正常进行建设、经营活动并接受监督的

---

① 1966 年 12 月 16 日,第 21 届联大最终通过两项公约,供各国签署、批准和加入。《经济、社会及文化权利国际公约》和《公民权利和政治权利国际公约》先后于 1976 年 1 月 3 日和 3 月 23 日生效。前者称为 A 公约,后者为 B 公约。前者是国际社会第一次以法律形式确认国际法上自然人的经济、社会和文化权利。

② 毛贺力:《鹿特丹港的港口经营战略》,《海运情报》2014 年第 4 期。

③ 深圳特区报:《人脸识别或成港口疫情监督员》,载光明网 https://m.gmw.cn/baijia/2020-03/03/1301008848.html,2022 年 2 月 1 日。

必要条件。

1. 港口行政管理部门的内涵和外延

2003 年《港口法》未界定何为"港口行政管理部门",却频繁使用这一概念。2009 年《规定》中第 4 条将"各省、自治区、直辖市人民政府、港口所在地设区的市(地)、县人民政府确定的具体实施港口行政管理的部门"规定为港口行政管理部门。《规定》对港口行政管理部门这一概念的明确是对《港口法》的重要补充和解释。港口行政管理部门是管理、监督港口经营人经营活动的行政主体。

实践中的情况与条文的规定存在一些差距。党的十一届三中全会以来,我国交通主管部门机构改革共进行 8 次,多次涉及港口行政管理主体的变化。①港口经营的实际权力下放到地方政府后,各地方政府在安排港口行政管理部门问题上具有较大的权力。政企分开后,多数地方的港口行政管理部门处于港务局的行政编制中。地方性法规如果将监督管理港口经营人的经营活动的职责交由当地的交通局,当地交通局就成为了我国《规定》语境中的港口行政管理部门。一些地方原本就由交通局主管港口经营人的经营活动,仍然保留原单位的执法名义,并不违反《规定》第 4 条的要求。因此《规定》对港口行政管理部门的定义在内涵上确定了"具体实施"港口领域的行政管理权这一要件,在外延上只能理解为港口行政管理部门是一个统称,可包括有明确法律依据,且在实际行使港口领域行政管理权的任何部门。

2. 港口经营人的政政关系、政资关系与政企关系

在与港口经营人相关的各类法律关系中,政政关系主要指中央和地方在港口治理中的权力和责任的分配问题。这一问题对港口经营人的法律属性能够产生较为间接的影响。港口经营人在归属中央管理时与归属地方管理时相比,法律地位和经营自由度存在差异。②这便是间接影响的主要表现形式。正因如此,政政关系、政资关系的发展演变与政企关系的

---

①　章强、王学锋:《中国港口行政管理体制改革的回溯性研究》,《中国航海》2015年第 4 期。

②　就我国港口经营人的央地关系来看,当港口经营人由中央直接管理时,经营自主性和灵活度较低,但秩序十分严谨;由地方政府管理时,港口经营人的经营自主性很大,灵活度强,经济效益更好,但曾出现各地恶性竞争、秩序混乱。这一现象被一些港口领域的学者形象地称为"一放就乱,一管就死"。

发展变化呈现动态的相关规律:当一个国家的中央政府在港口治理中发挥更大作用时,港口治理权整体上被收紧,政企关系问题上"合"的表现更为鲜明;当中央试图向地方放权,地方政府在港口治理中发挥更大作用时,政企关系问题上"分"的表现更为鲜明。中央政府管理大型港口时,通常倾向于将港口纳入交通运输发展全局中,港口经营人缺乏自主性,因而公法属性更为明显。地方政府港口行政管理部门倾向于为港口经营人提供更大的自主权,港口经营人的经营活动也更能侧重体现港口私法属性的业务,表现出更为明显的私法属性。

与港口相关的政资关系、政企关系则直接影响港口经营人的法律属性:前者主要关系到港口的投融资和建设阶段,后者主要关系到港口的经营和监管阶段。在政资关系上,谁出资、谁建设港口,对港口经营人的财产权属能够产生初步影响;但这一影响并非一成不变,还可能通过后续情况发展及相应的法律规定更新得以调整。由国家出资建设的港口资产属于国家所有人,但如果法律明确规定国家投资建港后某些财产为港口经营人的资产,出资人的所有权就被法律规定的其他权利形式取代。[①]港口多位于我国沿海城市,港口用地为城市土地。我国《宪法》第 10 条规定城市土地归国家所有。宪法作为我国的根本大法,法律在任何情况下都不得与宪法相抵触。因此,港口用地归国家所有,这一问题没有争议。港口所用土地之外的资产才有可能归港口经营人所有,作为政资关系的一部分影响港口经营人的法律属性。

政企关系指向国家如何治理企业。在港口经营人的问题上,政企关系指向国家如何治理港口和规范港口经营人行为——一个港口以何种方式在特定的社会环境下运行,港口经营人在多大程度上拥有经营自主权。这直接影响港口经营人在港口经营中的角色定位,也直接影响港口经营人如何实际承担港口的各项功能。

(二)我国《港口法》中港口经营人的相关法律关系

我国 2003 年《港口法》参考当时世界上主要国家的港口治理模式,对港口经营人相关法律关系的规定可简要概括为:政企分开、经营权下放到

---

① 实际的情况是,港口经营人在投融资、建设阶段付出极大。诸多地方的港口行政管理部门将港口建设需要的投资全部摊派给港口经营人,对港口经营人造成很大压力。后文还会提到,上海港务集团、南京港等港口经营人都为该地的灯塔、"一关三检"等本该由政府承担的工程付出了极多的人力、物力和财力。

地方政府、地方政府作为筹资主体。

1.《港口法》中港口经营人相关的政企关系

经济体制改革的整体形势对该法采政企分开的治理模式起到了引领作用。1997 年国务院法制办"有关《港口法》涉及的主要问题的调查"报告表明当时许多人已经意识到政企合一在港口领域具备明显的弊端。调查得出的弊端主要有三方面。其一,港务局作为企业,行使行政管理职责时缺乏社会公信力和权威性。其二,港务局的工作重心如果放在港口经营和货代上,将极大地妨碍其行政管理职权的发挥;行政力量在企业经营中发挥强大作用,又将导致企业无法独立地走向市场,经营自主权得不到落实。其三,港口的实际治理权力下放地方已是定局,企业的经营状况与地方政府的工作水平挂钩;如果仍然实行政企合一,地方政府就非常容易动用行政权力来保证自身企业利益,形成不公平竞争。这三重原因综合来看,政企合一影响港口市场的长远培育和发展。《港口法》的立法工作开始时,我国已有打造现代化港口的决心,因而不能再用政企合一的方式治理港口。

2003 年《港口法》之前,《港口立法指南》(《指南》)中的港口治理模式引起高度重视,《指南》中"法律实体的港口"便是指港口的法定组织形式。①当时世界上主要国家的港口法定组织形式主要有三种:其一,将港口作为中央或地方政府的分支部门;其二,依据专门法律成立港口当局,作为公法概念下的一个独立实体,即公法人;其三,根据成立私营企业等普通私法主体的法律成立,作为一般意义上的私法主体。②经济体制改革之前,政企合一的港务局在计划经济模式下集生产经营和行政管理职能于一身,属第一种情形。2003 年《港口法》起草时,有关部门已经意识到政企合一的弊端,便明确地否定了这一形式。严格执行政企分开后,港口行政管理部门归入上述第一种实体,还称"港务局",港口经营人则作为企业被归入第三种实体。

第一种模式是港口经营人承载的"公共含量"最高的一种。当政企合一时,企业便成为完成政治目标的工具,体现鲜明的公法属性。第二种模式如被采纳,则能实现"公共含量"在政企合一基础上的适度降低,但不会降到过低。港口经营人作为公法人,仍可以协助政府承担相当的公共任

---

① 叶红军:《港口规划研究(下)》,《水运管理》1998 年第 2 期。

② 参见叶红军:《〈港口法〉基本问题研究》,上海海事大学 2003 年硕士学位论文。

务,仍然能够体现一定的公法属性。采纳严格政企分开的方针后,完全脱离港务局的港口经营人不再具有"公共含量",理论上不再具备完成公共任务的合法性基础。港口经营人从事任何公共任务都需要法律进行专门授权。从港口经营人包含的"公共含量"来看,第二种模式可能是最为适宜的。

域外已有将港口经营人作为公法人的例子,这一模式又能"择其两端用乎中",为何当时未被采纳? 首先,近二十年内,我国宪法行政法学才作为一个法学二级学科,取得蓬勃发展。对大陆法系国家行政法学的了解也是在近二十年才有了显著突破。当时的宪法行政法学界对公法人理论的认识远不及今天,第二种模式乍一看更像是简单的折中。其次,既然政企合一的弊端已经非常明显,选择另一种方式彻底改变政企合一,是不是能更好地解决上述问题? 这是面临问题的通常思路。第一部《港口法》总要在某些问题上取得突破,才更具有时代精神和法治创新价值。与其折中,不如彻底解决问题。这一思路也是导致当时采纳严格政企分开方针、实行第三种模式的重要原因。

2.《港口法》中港口经营人相关的政政关系

政政关系指与港口相关的各级行政管理部门之间、中央政府与地方政府之间的关系。当实际治理港口的权力下放给地方政府时,港口经营人通常能够具备更大程度的经营自主权。因此,政政关系对港口经营人的法律属性也具备一定程度的影响。2003 年《港口法》第 6 条规定,"国务院交通主管部门主管全国的港口工作"。这里的"主管"与该条下一款中地方政府对本行政区域内港口的"管理"含义已经不同。《港口法》将确定具体港口行政管理部门的权力交给地方政府,国务院交通主管部门的"主管"是宏观的监督管理,并不负责港口的具体经营。地方政府的港口行政管理部门实际负责该区域港口的经营活动,与港口经营人之间建立起更为密切的联系。所谓"一城一港""一港一政"都是在中央向地方放权的背景下出现的。

"一城一港"可理解为一定的行政区域内只有一个港口。根据 2003 年《港口法》第 6 条,一定的行政区域指的是县级以上行政区划。因此,县级以上的行政区划为单位的区域内只有一个港口。"一港一政"是对港口行政管理部门与海上交通安全管理部门、港航监督部门的职权划分的规定。该法为避免政出多门,明确将港口行政管理部门作为港口的主管机关。这一规定的应然法律效果是,在与港口经营人相关的行政行为中,港口行政管理部门是唯一的行政主体。当时有关交通管理的法规、规章中,规定国务院交通主管部门的职责和各级地方交通主管部门的职责是通行做法。①

在具体负责港口管理工作的地方层面，该法最终文本没有对交通主管部门作出明确规定。所谓"按照国务院关于港口管理体制的规定确定"是对争议焦点的回避。由于地方政府实践中有选择相应主体进行具体赋权的自主权，理论上可能出现地方政府授权的港口行政管理部门恰好是该地的交通主管部门这一情形。这时候，按照行政法的一般原理，交通主管部门开展执法工作仍然可以继续用自身的名义，港口行政管理部门只是一个法律统称。

3.《港口法》中港口经营人相关的政资关系

与港口经营人相关的政资关系直接涉及建设港口的资金从哪里来，政府与出资人的联系如何处理。在经济整体形势为国有兼国营的情况下，这一问题的答案只能是政资不分，"资"事实上成为了"政"的组成部分。

我国经济史上的"国家所有权"在绝大多数时候表现为政府对财产的直接管理，从汉代以来的盐铁专营就可见一斑。"桑弘羊之问"赤裸裸地道出国家军费等必要开支对专营产业的依赖；国家通过所有权对国有资产实行直接控制，才能保证卫疆将士不会饥寒于边。②从新中国成立到严格实行政企分开方针之前，政资不分也是我国各个行业的普遍情况。2003年《港口法》之前，港口经营人缺乏明确、独立的法律人格，也不可能拥有独立的法人财产。港口经营人从事各类经营活动需要的一切生产资料均为国家所有，港口经营人出于公共用途使用这些生产资料。由于公共用途本身包含极高的"公共含量"，在没有财产权的情况下，港口经营人仍可使用公共财产。

2003年5月，国务院以第378号令发布了《企业国有资产监督暂行条例》，明确了国有资产管理体制的基本框架。③在坚持国有资产为国家所有这一前提下，该条例规定中央人民政府和地方人民政府分别代表国

---

① 参见叶红军：《〈港口法〉基本问题研究》，上海海事大学2003年硕士学位论文。

② 桓宽：《盐铁论》，中华书局出版社2015年版，第37页。

③ 《企业国有资产监督暂行条例》第3条规定：本条例所称企业国有资产，是指国家对企业各种形式的投资和投资所形成的权益，以及依法认定为国家所有的其他权益。第4条规定：企业国有资产属于国家所有。国家实行由国务院和地方人民政府分别代表国家履行出资人职责，享有所有者权益，权利、义务和责任相统一，管资产和管人、管事相结合的国有资产管理体制。

家履行出资人的相应出资职责。该条例还明确要求在国务院、省级和市级人民政府设立国有资产监督管理机构,根据同级人民政府的授权依法履行出资人职责,并按照权力、义务和责任相统一和"管资产、管人管事相结合"的原则规定国有资产监督管理机构的职责和义务。我国"国资委"正是在这时应运而生。该条例还明确要求各级人民政府实行政资分开,国有资产监督管理机构不行使政府的任何公共管理职责,政府其他部门和机构也不履行企业国有资产出资人的职责。这一条例改变了原先政资不分、资在政中的局面,开启了政资分开的新阶段。

2003 年《港口法》的实施紧随这一条例,在国家与港口经营人的财产关系上,要求政资分开。港口经营人是现代企业制度下的独立法人实体,享有独立财产。在国家对港口建设的投资中,包括但不限于防波堤、港口航道、导流堤、护岸、港池、锚地、船闸和道路等的港口公共设施不作为港口经营人资产。[①]这些港口公共设施之外的部分才作为港口经营人的资产,适用上述条例。

第四节　港口经营人法律属性相关概念中的问题

2003 年《港口法》严格遵循政企分开的改革思路,将港口经营人从港务局中分离,并对港口经营人作出了一些简要规定。然而,该法对港口经营人的规定并不明确,以该法为依据的我国港口领域的政企分开改革也实行得并不彻底,而是遗留了诸多问题。这些问题俗称"政企分开的改革后遗症"[②]。本书的引言部分已简要点出这些问题,本章这一部分仅对与港口经营人概念相关的问题作展开,其余问题将在本书的第四章、第五章内容中再作系统化展开。

一、港口经营人概念内涵和外延的不明确性

2003 年《港口法》并未明确港口经营人的概念,而仅对港口经营活动

---

① 叶红军:《港口法解析》,人民交通出版社 2003 年版,第 68—69 页。

② 这些政企分开的改革遗留问题在我国从计划经济转轨至市场经济过程中很难避免,我国国民经济的其他领域也在不同程度上存在这些问题。本书选取的港口作为海上交通的重要关节,从不同视角,都具有较强的代表性。

作了泛泛的列举。第 22 条第 3 款是对港口经营行为作出的初步界定。①"码头和其他港口设施的经营"中何为其他港口设施？港口拖轮经营是否包含引航和救捞行为中的拖航经营？货代经营是否可以为最后的"等"字所覆盖？对于这些问题，该条款均无法给出明确的答案。

（一）实践中的应用依赖条文使用者的推理能力

尽管在《港口法》的应用过程中，相关条文可以根据实践的需要被赋予更为现实的含义，从而不影响现实中紧急问题的处理。如一般认为，码头和其他港口设施中的"其他港口设施"作狭义理解，即只能包括位于港口区域内，紧紧围绕码头的功能而设计，配合码头完成其各项功能的港口设施，而不包括与码头的关系较为边缘的港口公益性设施。②由于我国的引航站经过改革，已经不被认为是港口经营人的一部分，港口拖轮一般也不会包括引航和救捞中的拖航经营活动。货代公司由于与港口经营活动的联系不够密切，不能被理解为港口经营人的组成部分，也不能被"等"字包含。

笔者结合法律条文的分析逻辑，以及调研中问及的现实中的处理方式得出的答案似乎可以解决《港口法》中与港口经营人相关概念的不明确性。然而，立法者的正常逻辑应为对概念的指明和提示，并非引导法条的使用者去进行合乎逻辑的猜测。③《港口法》的三次修正中，有关各类港口经营活动的规定越来越丰富且具体，港口经营活动的外延逐渐明确。但港口经营人究竟包括哪些，各类港口经营人的内涵和外延仍然是不明确的。

（二）港口经营人概念不明对明确港口经营人法律属性的阻碍

港口经营人的一些经营活动具有明显的经营性，还有一些经营活动

---

① 2003 年《港口法》第 22 条第 3 款："港口经营包括码头和其他港口设施的经营，港口旅客运输服务经营，在港区内从事货物的装卸、驳运、仓储的经营和港口拖轮经营等。"

② 码头相关设施与码头功能的联系的紧密性在内河领域更为明显。由于内河码头整体上规模较小，码头相关设施基本对于码头的使用均是必须的，不可替代的。也就是说，岸边的安全台可以是相关设施，水上服务区中的经营性场所就不能算是码头相关设施了。在没有这些设施的情况下，内河船只到达码头时，也可以使用自带补给进行休息。这一观点来自课题组在浙江海事局调研时，走访的京杭运河某码头一位负责人的发言。

③ 金梦：《立法性决定的界定和效力》，《中国法学》2018 年第 3 期。

（如拖航）的设定与港口安全联系紧密，具有公共性。《港口法》不从法律条文上明确港口经营人的概念，便无从真正确定其内涵和外延。这为从理论上对港口经营人各类经营活动依营利性、公共性进行分类构成障碍。港口的各类功能、港口经营人的各类经营活动是港口经营人具备双重属性的客观基础。正因为港口既承担谋利的功能，也为公共交通和运输作出重大贡献，港口经营人既赚取利润，也提供社会需要的公共服务，港口经营人才具有双重属性。

对港口经营人的各项经营活动依照经营性和公共性的强弱进行分类，是明确港口经营人的法律属性的前提，也是将体现港口经营人的私法属性和公法属性的职能进行一一归位的必要步骤。港口经营人的概念在《港口法》中不甚明确清晰，为明确港口经营人的法律属性也带来了客观障碍。

二、为港口经营人在法律上进行身份定位的矛盾和困难

2009 年第二部《规定》对各类港口经营活动从行政管理角度作出了更细致的规范，后经六次修正。在《规定》中，港口经营人从事经营活动，提供公共服务的行为均是港口行政管理部门监管的对象。港口经营人从事的经营活动与其提供的公共服务，在《港口法》和《规定》中并未界分。由于港口是社会基础设施，使用港口的人群是不确定的社会公众，港口经营人提供的服务具有天然的公共性。政府部门以港口经营人提供服务的公共性为由，令其承担超出其天然的服务范围的公共职能的情形屡见不鲜。这使得港口经营人至少兼具两种身份，身处提供港口领域经营服务的市场主体与港口领域社会公共服务的承担者的矛盾之中。

（一）政企分开后港口经营人承担公共职能的尴尬处境

2003 年《港口法》将港口建设作为港口规划的一部分，二者同被归入政府的职责范畴。但不可否认的是，大型港口经营人在我国各个主要港口的大规模集中建设中功不可没。港口建设活动仅是港口经营人日后从事经营活动的前置程序，不直接体现其作为市场主体谋求商业利润的特征。这种只能体现港口经营人公共服务特征的活动在港口建设初期占比极高，在从法律上界定港口经营人的身份时很难被忽略，必须予以重视。但这些活动与严格政企分开后的港口经营人理应为纯粹市场主体的地位并不相符。

引航、救捞等职能,在政企分开初期由港口经营人承担,在后续改革中逐渐规范化,被明确地划入行政机关。①这为在我国港口领域进一步深化改革,厘清港口经营人的内涵、外延及职责创造了有利条件。然而,"一城一港"情况下,各地纷纷制定港口条例,将安全检查权、紧急情况下的处置权等公权力交由港口经营人。②港口经营人在实际履行这些职能时,无论其主观想法如何,客观上都切实充当了行政机关的有限、临时的"代理人",这与其纯粹市场主体的身份更不相符。

(二)港口经营人身份难题对港口服务使用者的困扰

大规模集中建设中的港口经营人角色已是明日黄花,但大型港口经营人实际承担一些公共职责时的身份危机仍然迫在眉睫。《行政诉讼法》中"法律、法规授权的组织"可以作为行政主体,担任行政诉讼中的被告。这一概念在实践中能够涵盖我国的事业单位。其是否也能涵盖承担公共职能的国有企业,仍然存在理论争议。③

缉毒是安全检查的重要内容,港口经营人事实上还在部分履行依法由海关负责的缉毒职责。港口经营人从事这些职能,虽有各港口条例作为法律依据,但条例仅概括地赋予其相应职责,并未规定该职责履行不力、不当的后果,也未赋予其履行该职责时的行政主体的身份。这既使得港口经营人在行使该类权力时师出无名,也让使用港口服务的社会公众在权利受到港口经营人行使该职责的侵害时投诉无门。港口经营人在履行这些公共职能时,是否能够成为行政主体,关系到被履行这些公共职能的受众能否成为行政相对人。港口经营人的法律身份难题,也导致使用港口经营人提供服务的社会公众的一些权益无从保障。

---

① 引航业务改革后,按各地情况归属有差。上海港的引航由港务局引航站负责,是港务局下属事业单位,在实践中被当作行政主体对待。秦皇岛港的引航由海洋局的下属部门负责。其他地区的引航大多由交通局下设单位负责。但多数情况下,引航员的过失由接受引航的船东承担责任。救捞问题上,我国成立北海、东海、南海救捞局,按照地理界限划分辖区,分别对我国领海的相应辖区内的事故提供救捞服务。

② 除江苏省、福建省,其余各沿海省份(直辖市)或港口城市的条例都将安全检查、生产事故的应急处置等权力授予港口经营人,详细条款见本书第二章中表1。

③ 铁路运输企业、邮政企业承担审批权等明显的公共职能,城市轨道交通公司还在一定范围内享有处罚权。但这些企业的行政主体地位并不明确。

本 章 小 结

　　港口经营人的法律属性是港口经营人及相关法律关系的性质。港口作为重要的基础设施实际承担公法、私法上的双重职能,其概念深刻地影响港口经营人的概念,对港口经营人的法律属性也产生深刻影响。世界范围内港口概念经历了从第一代到第四代的演变过程,其公共性伴随科技含量而提高。港口经营人的概念根据港口承担的功能、港口经营人提供的服务确定,其外延与其内涵相互界定。我国 2003 年《港口法》未直接明确港口经营人的概念,而是通过列举港口经营活动包含哪些类型,划定一个大体的外延范围。港口理货业务经营人、客运站应属于港口经营人。港口行政管理部门在《港口法》中是一个统称,无法直接判断何为监督港口经营人的行政主体。港口经营人相关的政政关系、政资关系、政企关系的概念仅从法律规定来看,体现了政企分开、经营权下放、地方政府筹资的基本思路,但改革执行情况会影响法律规定的落实效果。《港口法》不明确港口经营人的概念,间接导致港口经营人的法律属性难以明确。这不仅为港口经营人法律身份的明确构成阻碍,也为港口服务的使用者带来困扰。

第二章

港口经营人法律属性的理论基础

港口作为重要基础设施,承担着公共职能,这深刻地影响港口经营人的法律属性。港口经营人在我国历史上相当长的时间以企业的面目呈现,尽管其在不同时期的组织形式有所差异,其私法属性已经得到较为广泛的认可和接受。但政企分开后,港口经营人仍在实际承担一些公共职能,这些职能与其市场主体的身份格格不入。港口经营人从事经营活动时的市场主体角色与其公共服务提供者、政府部门协助者的身份是否存在冲突? 这一问题迫切需要一套完整的理论支持。在大陆法系中渊源深厚的公法人理论为港口经营人的公法属性提供了理论基础。

第一节 公法人的理论渊源和制度形态

如何解决港口经营人在政企分开后仍要承担公共职能,甚至代履行部分政府部门职责的身份问题? 其从事经营活动时的市场主体身份与其履行公共职能时的身份是否存在冲突? 大陆法系国家基本遵循公法、私法区分的传统。①我国公法体系的构建也深受大陆法系传统的影响。如何在传统的法律框架中为承担双重职能的主体寻求恰当的属性定位?

一、适时引入公法人理论的必要性

港口经营人既能够以一般的市场主体身份,通过其经营活动合法获取利润,作为私权利主体与其他主体基于私法上的权利和义务产生联系(如基于民法典、海商法等),享有私法上的权利并履行私法上的义务;也

---

① [德]迪特尔·梅迪库斯:《德国民法总论》,邵建东译,法律出版社 2000 年版,第 11—14 页。

提供相应的公共服务,提供使用人不需要直接付费的公共设施(公用洗手间、母婴设施),还能够履行或协助有关公权力部门履行维护港口附近区域的公共秩序等公共职能,与其协助的部门之间或其服务对象之间产生公法上的联系。本书主张港口产业是公用事业的重要组成部分,我国港口经营人作为承担公用事业的企业具有公法属性。这一主体承担的双重职能使其身份定位较为尴尬。

我国大型港口经营人的主体为国有企业,港口经营人的身份危机可一般化为承担公共职能的国有企业的市场主体角色与其公共服务提供者身份的冲突问题。传统意义上,大陆法系中公法人、私法人的分类依据是其成立的法律依据是公法还是私法。①但这一分类依据是静态的,无法应对一个特定主体成立后出现的新问题。只有观察特定主体承担的职能,才能对该主体的法律属性进行动态的评估。

本书引入大陆法系国家行政法学中的公法人理论,以求协助解决港口经营人为代表的承担公共职能的国有企业的身份危机。这一理论历史悠久,在大陆法系国家的公法中具备深厚的法理根基,在世界上不同国家具备丰富而多元的形态。这一理论体系比行政主体理论更为圆融,具有更强大的解释力。

二、公法人的理论渊源及相关概念

公法人理论在大陆法系国家的公法学体系中占有重要地位,其滥觞于成熟的"法学国家观"。②在大陆法系国家的公法学体系中,建构这一法学国家观的历史漫长曲折,核心任务主要是由 19 世纪后半期德国的"国家法人说"完成的。威廉·爱德华·阿尔布雷希特(Wilhelm Eduard Albrecht)是这一学说的创始人,格奥尔格·耶利内克(Georg Jellinek)是其集大成者。公法人理论的源头即是对国家法人人格的承认,在后续发展中具有了一些新内容,可理解为对耶利内克的"国家法人说"的扬弃。

(一)"国家法人说"确立的法学国家观与公法人的诞生

"国家法人说"最早由哥廷根大学的阿尔布雷希特提出,③在耶利内

---

① 葛云松:《法人与行政主体的概念再探讨——以公法人概念为重点》,《中国法学》2007 年第 3 期。

② 参见王天华:《国家法人说的兴衰及其法学遗产》,《法学研究》2012 年第 5 期。

③ 〔德〕米歇尔·施托莱斯:《德国公法史:国家法学说和行政学(1800—1914)》,雷勇译,法律出版社 2007 年版,第 107 页。

克的著作中得到丰富和完善。现代大陆法系国家的公法体系与德国的"国家法人说"具有密切联系。"国家法人说"确立国家作为独立的法人，拥有法人人格，是公法人为社会公众提供公共服务的理论起点。

1. 阿尔布雷希特的"国家法人说"

"国家法人说"的诞生与当时哥廷根所在的汉诺威王国发生的"七君子事件"相关。①阿尔布雷希特作为七君子之一，提出国家法人说的主要目的是限制君主权力，将国家作为一个独立的法人实体，将国家的实际权力置于君主之上，君主不得为所欲为。在一个法域内的统治、行为均归于国家这一人格，国家本身是法人。②

将国家作为一个独立的法人单位，其宪法上的意义主要有三：第一，确立了君主应作为国家法人人格的组成部分，而非国家的统治者这一身份。作为国家的组成机关的君主必须将这一机关的利益与其个人利益剥离开来，其行使任何国家权力时，都不能受其个人利益的影响。第二，国家法人的人格得以确立，才可能确立国家以外的其他机关，如议会（当时的等级会议），从而使得君主这一国家机关在行使国家权力时受到实质的限制和约束。第三，通过确立国家，而非君主个人为掌握实际权力的人，在国家和公民（当时的臣民）之间建立起必要的联系。③阿尔布雷希特未明确这种联系究竟是何种联系，但这一联系终究是君主制国家的民众很难想象的。

由此可见，"国家法人说"最初诞生时，是为限制君权，维护诞生不久的宪法和宪法确立的国家制度。这一理论起点对于现代社会的宪法和宪治具有重要意义。国家被确立为可以享受公权力的独立法人，具备这一人格后，客观上可能达到在国家和民众之间建立联系的效果。然而，这种效果在当时还不明显，与当下政府与社会公众之间管理和提供服务的关系还有较大距离。

2. 耶利内克的"国家法人说"

耶利内克是"国家法人说"的完成者，其传世名作《一般国家学》被认为是对19世纪德国乃至欧洲社会的深刻总结和反思，将国家理论、历史发展和法律比较集中起来，用平衡的方式高屋建瓴地梳理完

---

① 1837年，恩斯特·奥古斯特继承王位后，宣布解散当时的议会，威廉四世制定的1830年宪法无效。当时的七位教授进行书面抗议。

②③ ［日］柳濑良干：《元首と机关》，有斐阁1969年版，第57—58页。

整。①其理论出发点在于"国家的自我拘束",或称"国家的自课义务",②即国家作为一个法人,对自己施加了义务,这种义务是国家在行使任何权力时都必须遵守的。

耶利内克认为,国家是一个具有原始统治力的领土社团。像社会上其他社团一样,根据章程作出决议,并发布给社团的成员,要求其遵循决议的内容。社团本身在发布决议后,也要受到决议内容的约束。不同于一般的社团,拘束国家的法秩序就是国家本身的秩序,也就是法秩序。③国家以外的其他社团,不仅要受到其自身制定的社团决议的约束,还要受到法秩序的约束。国家的法秩序的约束对于国家以外的其他社团来说,就是一种外在约束。但对于国家自身而言,这是一种自课的义务,一种内在的约束。

将国家作为一个独立的法学概念,赋予其法人的人格后,它究竟是权利客体,还是权利主体,还是权利关系? 这一问题上,耶利内克认为国家无疑是权利主体。④如将国家定性为客体,负责行使国家权力的人就成了主体,这重蹈之前的覆辙。如将国家定性为权利关系,人们就难以搞清楚谁与国家之间建立联系,这种联系又因何而建,只得依托"超国家的秩序"。这种秩序在实际社会生活中却无从见得。

将国家作为一个权利主体后,耶利内克又对"拟制"的说法表示拒绝。国家出于自我约束,成为一个有法秩序的法人,这和其他社团的决议一样,是真实的意思表示,而非"拟制"。换言之,国家法人可以作出完整的意思表示,本身就是一个"人",而非虚拟的人格。将"人"局限于生理上的人,否认其他形式的人格,是一种学理上的谬误。⑤国民作为国家社团的成员,不仅是法秩序约束的对象,还是形成法秩序的人,或至少是参与了法秩序形成的程序。因此,国民作为国家意思的形成者,也是具有主体性的,与国家法人之间是一种伙伴关系,而非对立关系。⑥

---

① [德]米歇尔·施托莱斯:《德国公法史:国家法学说和行政学(1800—1914)》,雷勇译,法律出版社 2007 年版,第 107 页。

② 王天华:《国家法人说的兴衰及其法学遗产》,《法学研究》2012 年第 5 期。

③ Georg Jellinek, *Allgemeine Staatslehre*, Berlin, 1900, p.145.

④ Ibid., p.165.

⑤ Ibid., p.121.

⑥ Ibid., p.131.

耶利内克的"国家法人说"蕴含着国民享有民主权利的契机。国民作为国家社团的成员,不仅受到法秩序的约束,还参与其中,制定适合其生活发展的法秩序。国家具有法人的人格,仍需为社团成员提供符合该社团决议(即法秩序)的活动。这种服务便是国家在法秩序中自课的义务,这也正是现代社会公共服务的原型。因此,耶利内克的"国家法人说"奠定了国家需为国民提供符合国家的法秩序的服务的逻辑基础,为公法人理论的诞生提供了必要条件。

(二)公法人与相关概念的关联和区分

公法人概念在德国诞生最初时受其源头"国家法人说"的影响,将整个国家理解为公法人。19世纪后期,伴随现代国家行政的发展,这一理论逐步适应社会多元化行政的需要,出现公法社团、公营造物、公法财团等多种类型。[①]1896年,《德国民法典》中首次出现"法人"的概念。[②]这表明"法人"这一概念在公法、私法中,于相近的时间得到了法律的认可,尽管二者的理论来源迥异。民法中的法人并不具有唯一性,这一定程度上影响了公法人概念的扩张发展。从时间上看,公法人的概念正是这一时期从单一的国家法人向执行国家权力的具体部门扩张,开始具有包容性。

笔者结合前人的研究,为公法人作此界定:公法人是以公法为其成立的依据,以完成公共任务、公用事业和满足复杂的社会需求为目标,具有独立的法人人格和自主的行为能力,在国家和社会生活中承担一些公共职责,以实现公共福利和效率经营的整合性价值为最终追求的社会组织或团体。[③]

1. 公法人与行政主体

与公法人类似,行政主体同样是大陆法系国家公法引入中国公法学中的一个继受概念。公法人的理论渊源在德国公法学中,行政主体这一

---

① 蔡震荣:《公法人概念的探讨》,载《当代公法理论——翁岳生教授祝寿论文集》,台湾月旦出版公司1993年版,第87页。

② 马俊驹、余延满:《民法原论(第四版)》,法律出版社2010年版,第111页。

③ 这一概念参考了一些普通法系学者眼中大陆法系国家公法人概念的表述。参见 Mahendra P. Singh, *German Administrative Law: in Common Law Perspective*, Springer Verlag Berlin Heidelberg, 1985, p.230; Bernard Schwartz, *French Administrative Law and the Common-Law World*, New York University Press, 1954, p.119.

概念则来自法国的行政法。①法国行政法中的行政主体概念是"行政活动具有统一性和连续性的一种立法技术,是行政组织的法律理论基础"②。行政主体这一概念的初始面目与公法人具有一定的相似性,从被引入中国以来,在中国的公法学体系中得到了比公法人更为广泛的接受和应用。

行政主体的概念引入中国后,适应中国的文化和法律语境,发生了一些变化。"主体"的概念在汉语中是有意识的人。③法律上的主体进而指在法律上具有其独立的意识,可以独立承担责任的人。我国法学中的行政主体,是具有行政权能,可以用自身的名义使用行政权力,并为此独立承担相应法律后果的社会组织。④这一概念与法国行政法中的概念相比,更为强调行政权能和责任承担的独立性,不再强调行政活动的连续性和统一性。从最高人民法院关于适用《中华人民共和国行政诉讼法》的解释中第 20 条来看,是否能够独立承担责任是我国司法实践中行政主体的最重要判断标准。

这一概念引入中国至今,在学理上发展出广义、狭义两个维度:狭义的行政主体指享有公法上的权利并负担相应的义务,具有一定职权且设置相应的机关以行使该职权,借此实现其行政任务的组织;广义的行政主体指不以具有公法人地位为条件,凡公法上的独立组织,有其特定职权,并可以设立机关、配备人员,以达成其任务的,均可列入行政主体的范畴。⑤对比上述最高人民法院的解释,狭义的行政主体概念在实践中接受度更高,广义的概念仍然停留在学理层面。吴庚教授的这一解释提到了公法人的概念,并将广义行政主体概念作出比公法人概念更为广阔的理解。所谓广义上的行政主体不以"公法人地位"为条件,将公法人理解为代表国家直接进行行政活动的政府部门。这一理解本书并不认同。公法人概念的外延至今早已不再局限于其制度源头的国家法人,而是扩展至社会生活的各个层面。

---

① 王名扬先生将法国行政法中这一概念引入中国。参见张树义:《行政主体研究》,《中国法学》2000 年第 2 期。

② 王名扬:《法国行政法》,北京大学出版社 2016 年版,第 39 页。

③ 《新华字典》,商务印书馆 1986 年版,第 1105 页。

④ 周佑勇:《行政法原论(第三版)》,北京大学出版社 2018 年版,第 108 页。

⑤ 吴庚:《行政法之理论与实用》,中国人民大学出版社 2005 年版,第 152—153 页。

2. 公法人与行政法人

行政法人是公法人的一个下位概念,是众多公法人组织形式中的一种。[1]在我国现行公法框架中,这一概念还未出现。假设一个主体是行政法人,判断其是否能成为行政主体,需要看其有无明确的法律规定或授权。因此,这一概念并不会挑战我国有关行政主体的既有规定。[2]

行政法人的概念在日本、我国台湾地区的立法中已经存在,都是国家行政从直接到间接的表现。[3]日本的行政法人是一种特别的行政主体,下文将详细介绍。我国台湾地区有专门的《行政法人法》,其中第2条明确规定,行政法人为国家及地方自治团体以外,由中央目的事业主管机关,为执行特定公共事务,依法律设立的公法人。"特定公共事务"需满足三个基本条件:第一,具有专业需求或在成本效益方面有明确的强化要求;第二,不适合由政府机关来直接推动,也不适合由民间企业办理;第三,所涉及的公权力行使程度较低。[4]我国台湾地区的这一立法条文表明,行政法人具备企业的专业和效率优势与政府部门的公共要素双重特点,但前者明显重于后者。如果交由私营企业,可能在专业和效率上更为符合要求。但立法者担心私营企业的逐利性过强,会侵蚀这类事业的公共性,因此才设立行政法人。

由此,我国台湾地区的行政法人在公权力要素上不能过强,即行政法人处理的事务不能具有太高的"公共含量",不能与政府部门的实质工作联系过密。这是与源自德国的原始版公法人理论的明显不同之处。这一差异也导致行政法人的概念不及公法人概念圆融,至少从外延上无法包含公共性较强的职能。行政法人成立之后,很难代替政府行使本应由政府部门行使的职责,哪怕是代为履行其中的很小比例,也不可以,因为这是在立法中被明确禁止的。而且行政法人的概念仅在日本、我国台湾地区立法中得到了明确的认可,在法国、德国等有代表性的大陆法系国家的公法体系中并未得到明确认可。因此,这一概念尚不能取代公法人的位置。

---

[1]　姜波:《行政法人制度研究》,东南大学2020年博士学位论文。

[2]　参见葛云松:《法人与行政主体的概念再探讨——以公法人概念为重点》,《中国法学》2007年第3期。

[3]　李建良:《论公法人在行政组织建制上之地位与功能——以德国公法人概念与法制为借鉴》,《月旦法学》2002年第84期。

[4]　陈聪富:《月旦小六法》,台湾元照出版有限公司2014年第16版,第21—34页。

三、公法人的基本架构和在各国的主要形态

公法人理论在世界各国发展各异,落实在各国具体制度中也存在多种形态。法人概念是大陆法系的基础理论之一,在许多方面深刻地影响各个部门法的具体制度安排。德国、法国的法律制度均建立在公法、私法二元体系之上,法人依据其成立的法律依据为公法还是私法被划分为公法人、私法人。①其成立的法律依据这一形式划分标准隐藏的实质划分标准是其追求何种目的:公法人追求公共利益的实现和扩大——提高政府的效能,满足社会对公共产品的需要,提升公共福利,改善社会整体生活质量和水平等;私法人追求利益的最大化,以提升一些成员的财产利益为目的。行政机关,即地域为基础的国家和地方团体是公法人的重要组成部分,享有广泛的行政管理职责。公法人理论在各国广泛多元的形态为我国引入这一理论提供了重要的理论和制度积淀,引入这一理论得以旁征博引,去粗取精,从而实现较为理想的移植效果。

(一)法国的公法人理论

法国的公法人称为"公务法人"(l'etablissement public),指不以地域为基础,以执行某类公务为目的和意向的一类法人。②这类法人享有脱离国家行政隶属关系的独立人格,能够独立地实施专项公务,并能够独立承担实施这类公务而产生的权利和责任。这类既不同于国家机关,也不同于地方团体,以实施特定公务为目的而成立的专门机构,直译贴近"公共设施""公共机构"或说"公产"。王名扬教授将法国法中这一概念翻译为"公务法人"。③这一概念是社会发展到一定阶段,需要进行公务分权的产物。这一阶段,某类公务的实施具有一定程度的独立性,法国法就将其从国家和地方团体的一般职能中分离出来,组成一个独立的实体,赋予其法人资格及相应的权利和义务。

1. 公务法人概念的核心要素

这一概念主要包括三个关键要素:首先,公务法人具备独立的法人资格,具备专有机关和专门预算;能够独立地享有权利并承担义务,还能够

---

① 葛云松:《法人与行政主体的概念再探讨——以公法人概念为重点》,《中国法学》2007 年第 3 期。

② 马怀德:《公务法人问题研究》,《中国法学》2000 年第 4 期。

③ 王名扬:《法国行政法》,北京大学出版社 2016 年版,第 301 页。

处分财产和进行诉讼。其次,公务法人以实施某类公务为使命,其职能范围限于某类公务或某几类相互关联的公务。这一特征与以地域划分的行政机关的职能范围差异较大,而与法律法规授权的组织承担责任的方式具有相似性。再次,公务法人是公法人,以公法为依据成立,是公共管理机构的人格化。①也正因如此,它受行政法的调整。与行政机关不同的是,大多数时候调整公务法人的法律不是行政组织法,而是有关这类实体(类似我国事业单位)的其他行政法规范。

2. 公务法人在法国行政法体系中的主要特征

法国的公务法人可以理解为自治行政的一种独特形态,需要接受法律规定的各项监督。国家和地方团体可对公务法人的工作进行监督,这种监督需依法进行,如向行政法庭提起诉讼、请求行政法庭审查等。监督的具体方式可能因公务的性质存在差异,但也有相应的基本准则,如公务法人接受捐赠的形式和内容需符合其成立的主要目标、需与其实施的主要公务相关。如某公务法人接受其主要实施的公务以外的捐赠或附条件的捐赠,需征求其监督机关的同意。②

公务法人在法国的公共行政体系中,比照一般行政机关具备一些优越性。它不受行政隶属关系的约束,这种独立性使其能够保持自身的精神文化氛围,典型的如图书馆、博物馆等。③在具体事务的处理中,程序方面也较为灵活。同时,公务法人更容易得到社会资源的赞助,具备天然的人文关怀色彩的医疗机构尤其如此,在面临经营困难时非常容易吸纳资金支持。其延续性、独立性、面临社会变化的稳定性是法国行政法体系中公务法人的主要特征。

(二)德国的公法人理论

德国的公法人系指直接依据法律或基于法律的公法行为创设的组织或机构。④承担公共职能的机构在德国既可以是国家行政组织,也可以是法律上具备独立能力的社会组织。公共行政如直接由行政当局负责,就是通常意义上的直接国家行政;如与行政当局分离,由具有行政法能力的、

①　王名扬:《法国行政法》,北京大学出版社 2016 年版,第 317 页。
②　其会计账目通常也适用于公共会计的审查程序。王名扬:《法国行政法》,北京大学出版社 2016 年版,第 317—329 页。
③　同上书,第 315—320 页。
④　于安:《德国行政法》,法律出版社 1998 年版,第 60—61 页。

独立的公法人承担,就是通常意义上的间接国家行政。①从这一角度说,公法人在德国是国家行政机关之外的、具有独立行政能力、以间接方式参与公共行政的法人。行政主体这一概念的构造形态正是在德国公法语境下,伴随国家制度的发展而出现并扩张的。②最早的行政主体就是国家本身,享有行政权力的国家的法人身份自带行政主体资格。国家通过具体的行政机关执行特定的公共职能,就是"直接的国家行政"。伴随社会变迁,国家逐步派生出能够与国家相分离的行政主体。这类主体可以是立法机关直接以法律或授权的方式建构的、具有权利能力的、传来意义上的公法人。③这些公法人进行的行政通常为"间接的国家行政"。公法人的出现一定程度上矫正或至少平衡了集中的直接国家行政引起的问题。

德国的公法人主要有公营造物、公法社团、公法财团三个范畴。④

1. 公营造物的主要法律特征

公营造物,按照奥托·马梅耶尔(Otto Mayer)的理解,是公共行政的主体服务于特定的公共目的的人力、物力等手段的集合。⑤换而言之,公营造物的形态综合体现了人和物两种资源的配合行使,如公立学校由教职工、校舍、各类教学设施和工具组成;公立医院由门诊和住院设施、其他医疗设施和设备、医生、护士、后勤人员等组成。其功能定位是提供特定的服务,属于通常意义上给付行政的范畴。它与行政机关具备一定的联系,这种类型表现为它通常是由国家行政主体创设的。因此,公营造物与行政机关既独立又协同、有分工亦有对抗。如公立学校是由国家设立的,被设立后即需要为公众提供教育服务,而且为能够提供有效的教育服务,它需要具备一定的管理自主权。国家在创设公立学校时也会意识到创设这一法人就需要将一定的权能分与它,自身在这一领域的管理权能可能遭到一定的折损。

公营造物依据是否具有行政法权利能力,还可分为三类:具有权利能力的、具有不完全权利能力的、不具有权利能力的。⑥德国的公立医院、公

---

① ② 于安:《德国行政法》,法律出版社1998年版,第60—61页。

③ 王名扬:《法国行政法》,北京大学出版社2016年版,第41页。

④ [德]哈特穆特·毛雷尔:《行政法学总论》,高家伟译,法律出版社2000年版,第572页。

⑤ 同上书,第68页。

⑥ 同上书,第71页。

立中小学、大多城市的基础设施、图书馆、博物馆等公营造物虽然具备名义上的法人资格，但组织关系上仍然隶属于某类行政主体。公立医院受政府医疗卫生系统的管理和约束，博物馆、图书馆等机构受政府文化教育部门的管理和约束。按照这一分类方式，上述机构属于不具有权利能力的公营造物。大学的各院系在特定的领域享有相应权力，如授予学位等。但在其他领域，大学仍隶属于相应行政主体，因而不具有完全的行政法权利能力。公营造物有权制定内部的规则来规范使用者，对使用者拥有一定的惩戒权力。大学对违反校规的学生进行一些处分行为。在德国的公法传统上，司法机关对这一权力不能干涉。这种公营造物对使用者的规范和约束权力属于特别权力的范畴，而不是一般意义上的例外，所以法律保留原则也不适用。公营造物对使用者的约束内容，基本上是其自身单方决定的，在规则制定的过程中使用者很难参与。

2. 公法社团的主要法律特征

德国的公法社团是通过国家主权行为设立的、具有权利能力的、以社员形式组织起来的团体。[①]就其性质，公法社团是以人为单位的公法组织，在国家监督下执行一定范围的公务，也自我管理内部事务。从外延上，公法社团可能包括经济领域的团体、自由职业领域的团体、文化领域的团体、社会保险领域的团体以及团体的联合会等。[②]在社团内部，社员作为团体的组成部分，对团体内部事务可以自主决定。在社团外部，公法社团能以自己的名义不受干涉地行使其职权，其任务可能是概括的，也可能是法律规定了明确的范围的。社团法人依法接受国家的监督，这种监督原则上仅就其行为的合法性进行，有时也针对其合目的性进行。社团法人的行政作为国家行政的延伸，其自治并不绝对，适用法律保留原则。[③]

3. 公法财团的主要法律特征

公法财团是依照公法设立、以追求公共利益为目的的财团法人。这种公法人体现了资金和公共职能的结合。这类法人以资金履行相应的公共职务，并通过制定相应的财团规则规范其行为。财团法人最初的组建很大程度上依赖捐赠。德国的主要财团基本都是联邦、各州捐赠财产成立的。其成立需要法律的规定或授权，其可以为何种法律行为也需要国家的核准。[④]

（三）英国的公法人理论

公法人概念并非只有大陆法系国家才有，英国也存在公法人机构，被

---

①②③④　马怀德：《公务法人问题研究》，《中国法学》2000 年第 4 期。

称为"public corporation",指的是中央和地方行政机关以外,享有独立的法律人格并从事特定的公共事务的机构。①一些著作中称为半自治的国家政府组织或半自治的非政府组织(Quangos)。②这类法人,基于其独立的人格享有独立的财产,能够以自身名义起诉、被诉、从事职权范围内的各种活动,并承担由此产生的权利和义务。其职权范围包括何种公共事务,由法律或特许状等法律依据明确规定。

与一般的行政机关相比,英国的公法人具备一定的独立性。与法院、检察院等司法系统的独立不同,这类公共机构仍然与行政机关具备较密切的联系。法人的概念扩展至行政方面是 19 世纪伴随法律技术的发展出现的,在第二次世界大战后迅速推广。各类新型公共事务大量出现,且均不适宜用传统的行政方式处理。公法人的组织形式彼时开始广泛流行,在国有化企业的经营、福利政策的实施等方面发挥了重要作用。

英国的公法人分为工商企业公法人、行政事务公法人、实施管制的公法人、咨询及和解性质的公法人等几类。③受凯恩斯主义的影响,第二次世界大战后英国政府也加强了对经济获得的干预,一些企业被采取国有化措施,如涉及国家利益而需要垄断经营的铁路、能源等企业。这些国有企业就是工商企业公法人。政府考虑工商业发展的需要,专门成立了一批承担管理职能的法人机构,较为典型的有全国煤炭委员会、地区电业局、独立广播事业局等。这些机构也是工商企业公法人。④行政事务公法人承担类似于政府机构的职能,能够以其自身名义执行某项经济或社会政策和职务,较为典型的有在各区域执行卫生政策、提供卫生服务的机构。实施管制的公法人基本不参与执行具体业务,而偏向于制定和执行某项业务的标准和规范,较为接近一般意义上的行政机关,典型的如独占企业与企业合并管理委员会、价格管理委员会等。

为使得公法人的活动符合法律和政策,英国对公法人的活动也设置了一些监督机制。对不同类别的公法人,监督方式和程序有一定的差别,具体规定见于各公法人的组织法。整体上,监督的手段主要包括部长监

①③　王名扬:《英国行政法 & 比较行政法》,北京大学出版社 2016 年版,第 86 页。

②　英国国会文件对这一概念是认可的,可以理解为"半官方机构"。See UK Parliament Document:Quangos.

④　可以简单理解为,英国的国有企业和公用事业单位都是英国法中的公法人。

62

督(行政首长的监督)、法院监督(司法机关的监督)、议会监督(立法机关的监督)、公众监督(社会的监督)等。①

(四)日本的公法人理论

日本的行政机关除国家与地方政府机构外,还包括一些承担公共行政职能的其他行政主体。这些主体以实施行政为目的,具备独立于国家与地方政府机构的法人资格。②外延上,这些主体主要包括公共团体、公共组合、行政法人三类。③后两者有时称"特别行政主体",其概念与法国的公法人类似。为实施特定公共行政事业、由利害关系方组成的公法上的社团法人称为公共组合,包括水害预防公共组合、土地区规划整理组合、国家公务员共济组合、土木建设公共事业的组合、农业共济组合、国民健康保险组合以及商工组合等。公共组合实施的事业具有公共性,其设立目的由国家规定,其职责体现了为实现国家行政目的而承担公共任务的公法属性。因此,公共组合具有一些职权和行政待遇,也要接受国家的监督。④

日本的行政法人,又称营造物法人,是由国家和地方公共团体出资设立的独立公共财团法人(国营公司、公库、公团、基金、金库等)。⑤外延上,日本的行政法人主要包括道路公团、住宅都市整备公团、新技术开发公团、公害防止事业团、国民金融公库、住宅金融公库、电信电话会社、烟草产业会社、国有铁道公社、电源开发股份会社等。这类法人深受德国法中公营造物的影响,在日本都是根据法律规定或特别的程序设立的实施某种特定行政职务的法人。公务法人是国家行政主体的派生行政主体,是公务分权、国家行政事务横向分权的产物。它们由特定的法律依据设立,具有完全的权利能力和法人地位,作为行政组织的一种形态,受法律保留原则约束。⑥日本的公法财团在经过 21 世纪初的民营化之后,在经营模式上有所改变,但其本质仍然是公务分权的承担者。

(五)各国公法人理论的共同之处

公法人理论在大陆法系国家公法体系中渊源之深厚,可见一斑。上述各国的法律体系中公法人的称呼虽然不同,但在内涵和外延上具有诸多相同之处。

---

① 　王名扬:《英国行政法 & 比较行政法》,北京大学出版社 2016 年版,第 89 页。

②③ 　[日]盐野宏:《行政法》,杨建顺译,法律出版社 1999 年版,第 687—689 页。

④⑤ 　杨建顺:《日本行政法通论》,中国法制出版社 1998 年版,第 235 页。

⑥ 　这种监督可以理解为,这些法人适用日本的相应行政程序法。

其一,各国的公法人都符合其成立具有法律的明确授权,具备一定的财产,服务于公共用途或公用事业这三个主要特征。这一共性在下一节中还将详细阐述。

其二,各国的公法人都与行政机关具有密切的联系,日本的一类公法人更是直接称为行政法人。这表明公法人在各国的主要职责都是代为承担一些政府部门应该承担的职能或职责,或提供公共服务,或履行应由政府履行但政府履行存在困难的部分公权力。从公法人的理论源头"国家法人说"发展至具有公法人制度的上述国家公法体系中各类形态,公法人始终局限在行政机关的周边。公法人概念在世界任何国家的制度中都不曾包括议会、司法机关等与行政机关不处在一个体系的部门。

第二节　公法人理论与港口经营人的公法属性

依据公法成立,并承担公法上权利和义务的公法人在大陆法系国家中具备深厚的根基。尽管这一概念在我国实定法中并未明确,行政法学界有关这一问题的研究热度始终不减。公法人一直是探讨承担公用事业的企业的法律地位或属性的重要理论基础。港口领域的业务具有很强的公共性,港口经营人提供的服务符合公用事业的特征。2003 年《港口法》颁布之前,《港口立法指南》曾将依据专门公法成立的港口当局界定为公法人。① 这表明港口经营人在我国立法过程中,也曾被与公法人理论联系到一起。

一、公法人理论在承担公用事业的企业中的可适用性

本书所称的承担公用事业的企业,主要指在基础设施和公用事业中发挥重要作用的大型企业,在我国当下主要表现为国有企业。② 公用事业一词为舶来品,从词源角度,公用事业为"Public Utilities"的翻译,按照《韦氏大词典》中定义的中文翻译,即在政府的监督下提供某种产品或服

---

① 叶红军:《港口法解析》,人民交通出版社 2003 年版,第 49 页。

② 也有学者将这一概念直接表达为"公用企业",但这一概念在法律上没有得到明确的认可,实践中也不常用。陈辉煌:《我国公用企业行政主体地位研究》,西南政法大学 2020 年博士学位论文。

务的机构。①《元照英美法词典》则将其定义为以实质性的公共服务为目的，并接受政府监管的单位。②公用事业强调某单位提供的服务的公共性，本书称之为"公共用途"。上述公法人理论的各类形态具备一个明显共性，即将"公物""公产"等客体财产及相应的公共用途作为构成公法人的核心要件。提供服务的公共用途又是公用事业的最重要标志。因此，公法人理论在多个国家的公用事业中得到广泛的运用。

（一）公法人成立的公法依据

按照大陆法系国家行政法的法理，公法人的成立以公法为依据，尤其是其公共职能的承担应由公法赋予。③这事实上将公法人分为两种：严格依据公法成立的公法人；依据私法成立，但公法赋予其一定的公共职能的公法人。现实生活中，前者并不多见。不管是在我国，还是其他国家，大学、公立医院等事业单位多是依据公法成立的社会组织，而承担关键领域公用事业的企业中除铁路、邮政等具有专营历史的领域，城市燃气等公司大多是根据私法成立的。在其成立之后，相应的公法再赋予其法律依据。

一个主体的成立，其法律依据是公法还是私法，是一个静态的、固定的问题。这一问题一旦确立，就不能改变。但一个主体的职能承担，一个主体的法律属性却是随着社会生活发展而变化的，是一个动态的事物。如果仅依据一个主体成立的法律依据是公法还是私法，判断这一主体的法律属性，既无法跟进时代的发展，也无法体现一个主体的功能的动态变化。因此，依据私法成立的主体，如果得到公法的明确授权，也可能成为大陆法系国家行政法理论中的公法人。对公法人的判断应以成立的法律依据为参照，以法人的行为作为重要的参考。④

（二）公法人的"公物"与"公共用途"

法国法、德国法中，公物与私法中的"物"相比，都不享有理论上的特殊地位。日本和我国台湾地区有关公物的规定很大程度上沿袭了德国法

---

① A Business Organization performing a public service and subject to special governmental regulation, *Webster's Unabridged dictionary*, New York: Radam House, 1998, p.1563.

② 郭泰和：《公用企业信息公开研究》，中国政法大学出版社 2015 年版，第 28 页。

③ 马怀德：《公务法人问题研究》，《中国法学》2000 年第 4 期。

④ Mahendra P. Singh, *German Administrative Law: in Common Law Perspective*, Springer Verlag Berlin Heidelberg, 1985, p.223.

的传统。某种程度上,这些国家的公物都可以公式化为"公法人的财产＋公共用途"。

1."公物"的确立要素

德国的公物规则深受德国民法典的影响,是一种二元的模式规定。它以民法上的物权(主要是所有权)为前提,为确保这些物的利用而对特定的、具有公共用途的物设定了公法性质。[①]这些被设定了公法性质的物,就成为公物。法国的行政机关可以拥有一些不可替代的、用于工作和日常活动的财产。这些财产受专门的行政法调整,称为"公产"(domaine public)。[②]公法人的财产也区分为公产和私产(domaine prive)。前者受行政法支配,接受行政法院的管辖;后者受私法支配,接受普通法院管辖。[③]类似地,德国行政法学中存在另一概念"公物",指经由提供公用、直接用以达成特定的公共目的、适用行政法的特别规则、受行政公权力支配的物。[④]法国行政法中,一些不严格具备民法上所有权前提的物在具备公共用途时,也被视为公物。如私人土地被划为临时要塞、租用私人房屋为办公处所等情况下,这些土地也属于公物的范畴。[⑤]

日本及我国台湾法学界也对公物的概念作过相关界定。日本法在明治时代引入了德国的理论。多数日本学者认为公物是指国家或者公共团体直接为公共目的提供使用的有体物。[⑥]他们将公物概念做了最广义、广义、狭义的区分。最广义的公物是指国家或公共团体直接或间接提供的公用物,包括行政财产与财政财产。广义的公物则指以公共行政目的之实现为前提、直接供公用的物,即仅限于行政财产。狭义的公物是指直接供公共使用的公共设施。台湾学界对公物含义的理解与日本相近,也分为最广义、广义、狭义三种。台湾学界较被普遍采纳的公物概念是"行政机关完成行政任务所提供的物,包括直接供一般人民通常利用或特别利用之公共用财产"。[⑦]

---

① ② ④ 刘艺:《公物法中的物、财产、产权——从德法公物法之客体差异谈起》,《浙江学刊》2010 年第 2 期。

③ 王名扬:《法国行政法》,北京大学出版社 2016 年版,第 301 页。

⑤ 梁凤云:《行政公产研究导论》,载罗豪才主编:《行政法论丛》第 6 卷,法律出版社 2003 年版,第 182—218 页。

⑥ [日]盐野宏:《行政法》,杨建顺译,法律出版社 1999 年版,第 220—235 页。

⑦ 李惠宗:《公物法》,载翁岳生主编:《行政法》(上册),中国法制出版社 2002 年版,第 463 页。

上述不同国家公法学者对公法人和公物的研究,反映出各国对"公物"的界定有一共同显著特征,即目的是"直接或间接服务于公共目的"。但直接服务于公共目的的物又不一定都是公物。一项财产构成公物必须同时具备实体要件和程序要件:实体要件是其创造公共福祉的功能和适用公法规则;程序要件是相应的行政主体或公法人附加了形式的意思表示和该财产实际被投入使用的行为。①根据这一标准,一些事实上由公众共同使用的财产,即使涉及公共利益,也不能充分证明其公法地位。这种财产在公众使用的事实基础上,还需要法律、法律规定的行政行为或其他法定方式使其具有公法上的地位,即由行政主体或公法人对该财产作出开始公用的意思表示。正是这种开始公用的意思表示在法律上确定了公物的属性。

2. "公物"和"公共用途"基于"公共含量"的补强关系

上述大陆法系国家有关公法人及其财产的规定中,"公法人"与"公物"这两个概念构成一种相互界定、相互加强的理论关系。拥有一定数量的财产、为特定的公共目的而设立的机构为公法人。公法人的财产用于公共用途、服务于公共目的时,便成为公物。一些情况下,某一概念的界定并不十分严格,就更凸显了这两个概念在"公共含量"上的补强关系。比如法国法中,本不属于公法人的财产在受到临时征用时也能成为公物。此时,临时征用通常伴随紧急、迫切的公共需求,在服务于公共目的方面存在优势,便可弥补被征用的财产在合法财产权方面的不足。

以"公共含量"的多寡来界定公法人、公物,在法律逻辑上十分合理。这有利于为公法人划定合理的范围,也通过强调公共用途的重要性起到了促进公共目的这一宣誓性效果。然而,能够实现这一法律逻辑的前提是上述大陆法系国家均认可公法人的财产权。公法人拥有属于自身的明确财产,才可能将这些财产投入公共用途;这些财产在被投入公共用途时成为公物,公法人也在名副其实地履行公共职责。

本书所谓"公共含量",指的是承担公用事业的企业实际履行的职责的公共性和其代表的公权力外观的"叠加值",二者同样存在相互补强的关系。例如,一些企业承担的公共职能尽管对于社会的公共服务十分重要,但并不具有明显的公权力外观。前者的公共含量高,后者的公共含量

---

① Wilfried Erbguth, Joachim Becher, *Allgemcines Verwaltungsrecht*(Teil 2), Verlag W. Kohlhammer, 2 Auflage 1987. S.1, p.112.

低,总和可能处于中间数值。还有一些企业承担的公共服务虽然具有公共性,也具有明显的营利性,仅就提供服务的领域来看,其自身的公共含量并不明显,但其履行的公共职责具有很强的公权力外观。后者的公共含量较高时,也可能产生补强前者的效果,这类企业的总体公共含量仍然较高。

（三）公法人与我国法律体系的相容性

公法人理论在世界各国的公用事业中应用广泛,以其拥有自身的财产、使用"公物"为社会公众提供符合"公共用途"的服务。我国社会存在大量类似大陆法系国家中承担公用事业的公法人的机构,我国法律体系中也存在与公物相关的诸多规定,只是二者均未在法律中得到明确认可。公法人理论在我国公用事业、社会生活和法律体系中具备一些土壤,可用来协助分析港口经营人的法律属性,尤其是其公法属性。

1. 我国现有的承担公共职能的事业单位和企业

我国实行计划经济体制时,大规模的经济建设和文化建设得以迅速发展。这很大程度上可归因于我国当时政府的全能型职能定位,权力公务、国家公务与社会公务、服务公务交织,有利于在短时间内向社会提供大量、密集的公共服务。[1]国家在诸多领域介入社会公众的生活,让民众对外部的依赖性极大增加。[2]公共服务事项的剧增要求政府的职能越来越多样化。为此,政府可以增加编制、新设部门。然而,国家不断扩充政府部门消耗庞大的资金,且新设行政部门通常倾向于扩充其行政任务,容易造成公众生存和发展空间的限缩。[3]政府不能无限制地扩张。因此要将一些公共职能安排给一些事业法人。一方面,这种安排有利于公共服务越来越专业化;另一方面,政府还是市场的监管者,放权给事业法人实现了服务提供者和监管者的分离,体现了由权力公务向服务公务的转变。[4]

（1）承担公共职能、代履行政府权力的事业单位

我国在政府机构之外和政府机构周围设立了大量事业法人。这些事业法人也作为承担公共服务的、以"公法"为依据而成立的公共机构,某种

---

①④　徐宗威:《公权市场》,机械工业出版社 2009 年版,第 50—61 页。

②　胡敏洁:《给付行政概念范畴的中国生成》,《中国法学》2013 年第 2 期。

③　参见陈爱娥:《公营事业民营化之合法性与合理性》,《月旦法学》1998 年第 36 期。

意义上也是政府部门的公共职能发展到一定程度需要进行公务分权的结果。中国的事业法人与大陆法系国家公法学中的公法人概念具有很多共同或相似的特征。①我国每一类事业单位的成立和相应的公共职能都需要法律的明确授权。如高等院校授予学生学位的职能来自《中华人民共和国学位条例》。②事业单位在法律授权范围内履行职责时,具有行政主体的法律外观。我国《行政复议法》中的行政主体可以包括政府部门及法律、法规授权的组织。这一界定要求法律、法规授权的主体履行其授权范围内的职能。③我国事业单位的职能完全符合"公用事业"在政府监督下提供公共服务这一学理上的定义。实践中,教、科、文、卫等各行业的事业单位在提供公共服务的同时,也在授权范围内代履行一部分政府部门的公权力,大学实际行使的学位授予权就是政府部门授权其行使的公权力。

(2)承担基础设施和公用事业建设、代履行政府部门权力的企业

承担公用事业、经授权而代履行政府部门权力的企业在我国国民经济的重要领域中大量存在。承担公用事业的企业提供的服务具有天然的公共性,因其公共用途,其从事的经营活动享有一些基于公法的特殊待遇,也受到更为严格的规制,与一般的市场主体存在差别。这种区别既表现为承担公用事业的企业的经营方式具有特殊性,还表现为其可在法律授权和严格监督下行使一些政府部门权力。

承担公用事业的企业的经营方式的特殊性在资源开采、铁路、邮政等领域表现为专营权,在城市燃气、排水及污水处理等领域表现为特许经营权。《对外合作开采海洋石油资源条例》将对外合作开采海洋石油资源的职责全部交给中国海洋石油总公司(简称"中海油"),这与法律赋予事业

---

① 左然:《公务法人研究》,《行政法学研究》2007年第1期。

② 1980年2月12日第五届人民代表大会常务委员会第十三次会议通过根据2004年8月28日第十届人民代表大会常务委员会第十一次会议《关于修改〈中华人民共和国学位条例〉的决定》修正。

③ 我国行政法上法律、法规授权的组织,是指根据法律、法规的规定,可以以自己的名义从事行政管理活动、参加行政复议和行政诉讼并承担相应法律责任的非政府组织。《行政复议法》第15条规定:"对法律、法规授权的组织的具体行政行为不服,分别向直接管理该组织的地方人民政府、地方人民政府工作部门或者国务院部门申请行政复议。"这类主体行使的职能如果超出法律、法规授权的范围,仍然应被认为是民事主体。

单位职责的立法条款构造完全一致。①中海油在法规授权下享有在对外合作海区进行石油的勘探、开发、生产和销售的专营权,因而在事实上具备配置海洋石油资源的权力和资格。《铁路法》第5条要求铁路运输企业坚持社会主义经营方向和为人民服务的宗旨,也是要求其谨记这一行业的公共用途,保持其公共属性。②《邮政法》也赋予邮政企业垄断经营一定范围内的邮政业务,保证邮政企业获得一定的垄断收益,使偏远地区对邮政业务的需求得到满足。③城市燃气、排水污水处理等领域由于出现时间晚于铁路、邮政等领域,没有专营的历史,因此被以特许经营的方式规制(下一节详述)。其规制逻辑是,这类企业基于公共资源产生的商业利润,与一般市场主体在没有政策支持时,基于公平竞争产生的利润本就存在差异。

此外,铁路、邮政、城市燃气等公用事业领域均存在政企分开改革不彻底的问题。这些企业仍享有一定范围内的行政权,代履行本应由政府履行的公权力。《铁路法》第3条规定国家铁路运输企业行使法律、行政法规授予的行政管理权。这种行政管理权主要包括《铁路安全管理条例》赋予的检查权和审批权。④行使检查权的对象既包括各项铁路设施,也包括旅客和货物及随行物品。审批权主要指在铁路上方架设电力、通讯电路,在下方埋置电缆等行为需要铁路运输企业的同意,方可进行。铁路运输企业还享有对损坏装置、偷乘列车等行为的制止权。《邮政法》第25条规定邮政企业享有为保证邮政安全、要求用户拆开信件进行检视的验视权,如用户拒绝,则企业不予收件。这种验视权与铁路的检查权类似,都是基于公共安全的考虑要求相应公共服务的使用者让渡一部分私人权利空间。邮政企业还享有普通邮票的发行权,特种邮票和纪念邮票的发行需要邮

---

① 《对外合作开采海洋石油资源条例》第6条规定:"中华人民共和国对外开采石油资源的业务,由中国海洋石油总公司全面负责。"

② 《中华人民共和国铁路法》,1990年9月7日第七届全国人大常委会第十五次会议通过,1991年5月1日实施,经2009年、2015年两次修正,现行版本为2015年修正后的版本。

③ 《中华人民共和国邮政法》由第六届全国人民代表大会常务委员会第十八次会议于1986年12月2日通过,自1987年1月1日起施行。现行《邮政法》为2009年修正,专营权的内容比照1986年版已经大大限缩。大部分邮政业务已市场化。

④ 《铁路安全管理条例》(国务院令第639号),2013年7月24日由国务院第18次常务会议通过,2014年1月1日实施。

政管理部门的审批。①邮票具有金融属性，属于国家严格管理的领域，不会向一般市场主体开放。而发行邮票的权力是国家（或其授权的主体）在特定行业行使的，类似有价证券发行权的金融职能，是一种行政权力。②

2. 我国宪法和法律中有关"公物"的规定

与公物相关的规定在我国宪法、公路法、铁路法、土地管理法、煤炭法、电力法、邮政法、城市规划法、军事设施保护法、国有企业财产监督管理条例中都以类似方式存在。③我国《宪法》将这一概念统一称为"公共财产"，有关公共财产的条文近乎都用祈使语气的否定形式来规定。如"公共财产神圣不可侵犯""不得危害发电设施"以及"不得进行危及公路安全的活动"的表述，都是对危害公共财产的特定行为的否定评价。一些条文还规定了相应的法律后果，明确了从事特定危害公共财产的行为构成犯罪，还明确了从事这些行为需要承担的相应法律责任。因此，公物这一概念在我国法律体系中具备充分的土壤。

---

① 《邮政法》第 42 条。

② 张卫东：《欧美竞争法在邮政行业的适用及其对我国的借鉴意义》，《环球法律评论》2013 年第 3 期。

③ 诸如《中华人民共和国宪法》第 12 条：社会主义的公共财产神圣不可侵犯。国家保护社会主义的公共财产。禁止任何组织或者个人用任何手段侵占或者破坏国家的和集体的财产。《治安管理处罚法》第 33 条：有下列行为之一的，处十日以上十五日以下拘留：（1）盗窃、损毁油气管道设施、电力电信设施、广播电视设施、水利防汛工程设施或者水文监测、测量、气象测报、环境监测、地质监测、地震监测等公共设施的；第 37 条有下列行为之一的，处五日以下拘留或者五百元以下罚款；情节严重的，处五日以上十日以下拘留，可以并处五百元以下罚款：（2）在车辆、行人通行的地方施工，对沟井坎穴不设覆盖物、防围和警示标志的，或者故意损毁、移动覆盖物、防围和警示标志的；（3）盗窃、损毁路面井盖、照明等公共设施的。《电力法》第 52 条规定，任何单位和个人不得危害发电设施、变电设施和电力线路设施及有关辅助设施。第 53 条第 2 款规定，任何单位和个人不得在依法划定的电力设施保护区内修建可能危及电力设施安全的建筑物、构筑物，不得种植可能危及电力设施安全的植物，不得堆放可能危及电力设施安全的物品。此外，国务院 1987 年 9 月 15 日发布的《电力设施保护条例》更为详细地规定了对电力设施这种公共财产的保护。《公路法》第 47 条第 2 款规定："在大中型公路，隧道上方和洞中外 100 米范围内，不得挖砂、采石、取土、倒废弃物，不得进行爆破作业及其他危及公路、公路桥梁、公路隧道、公路渡口安全的活动。"这些文本未直接用公物的表达，但公共设施、公共财产等概念，以及对具体的公物的规定，都体现了公物的精神。

二、公法人理论在港口经营人中的可适用性

与铁路、邮政等领域类似,港口领域也是重要的基础设施和公用事业领域。我国港口经营人符合公法人得到公法的授权、为"公共目的"而提供"公物"等诸多形式特征。因此,公法人理论可用以协助理解港口经营人的法律属性,尤其是其公法属性。

(一) 港口经营人成立、行使公共职责的公法依据

我国港口经营人成立的法律依据究竟为公法还是私法,既是一个历史问题,也是一个现实问题。我国港口经营人经历了从政企合一到政企分开的改革历程。在政企合一时期,我国并无完备的私法规则,尤其是公司法规则,港口经营人与港务局位于一个系统中相互绑定,均依据港口管理相关规定成立。上述"两规"等文件现均已废止,但却是早期港口经营人成立的法律依据。

政企分开之后,我国已经成立的港口经营人经历了改革,将大多数行政权能分离出去,其主要作为港口企业从事经营活动,谋取商业利润。但政企分开的改革并不彻底,一些适合由港口经营人承担的公共职责仍然保留,最典型的如紧急状态下的处置权。当港口区域出现聚众性、恐慌性的活动时,港口经营人可以自身名义采取制止、勒令大家向指定方向撤离等带有人身强制性的活动。这种活动是一种带有公共管理性质的活动,既是一种安全保障义务,也是一种职责或权能,符合行政法中权力的构造。

这些在上一轮改革后事实上仍由港口经营人承担的职责带有公权力的外观,但其行使缺乏明确的法律依据。我国各沿海省、市的港口条例作为地方性法规,对港口经营人实际行使的职责作出一些规定,明确了其安全检查、紧急状态下的处置、对危险行为的制止等具有权力特征的职责,从公法的层面赋予其行使这些职责的法律依据。

(二) 港口经营人与"公物"的关联

我国港口经营人在港口区域内提供服务,其服务场所主要为我国内水和港口城市的土地。港口经营人在提供服务时,除紧密依赖服务场所,还需必要的工具如用于拖航业务的拖轮、用于客运和驳运的船舶、用于装卸的吊车等。二者均在一定程度上具有大陆法系中"公物"的理论特征。

1. 港口经营人归"国家所有"的服务场所

我国《港口法》规定港口经营人作业的范围主要在一定范围的港口水

域和陆域。港口水域指港界线以内的全部水域。①一个港口的港界线如何划分,需要结合港口的具体情况。但一般情况下,港界线不会超出领海基线,即港口水域主要位于一国的内水。②港口经营人作业的陆域是港口城市的一部分,属于我国城市土地。

我国《宪法》第 10 条规定城市土地归国家所有。我国《民法典》第247 条确认海域为国家所有。因此,港口经营人作业的水域、陆域均为我国法律体系中的公共财产。只要港口经营人实际从事的经营活动服务于公共目的,"国家所有"究竟该如何解释已经无妨。

2. 港口经营人名下的国有资产

港口经营人从事经营活动的必要设施在《港口法》第 19 条中被确认为港口设施。该条文表示港口设施的所有权依照相关法律规定。《民法典》第 254 条则认为国防设施国家所有;铁路、公路等公共设施依照法律确定为国家所有的,归国家所有。港口设施没有被明确列入任一范畴。按照对这一条文的合理解释,港口设施中与国防设施无关的内容,应为港口经营人的资产。因此,即使我国未明确承认公法人的概念及其财产权,我国港口经营人依照《港口法》仍然享有一定的资产。

我国的大型港口经营人主要是国有企业,港口经营人的资产属于国有资产。国有资产属于宪法意义上的公共财产。《宪法》第 16 条规定我国国有企业有权自主经营。因此,我国的港口经营人有权在其经营活动的自主权范围内处理其法人名下的财产,即使它们是公共财产。这种处理以其经营活动的范围和其经营活动的必要性为限度。

(三) 港口经营人提供服务的"公共用途"

较高的"公共含量"是承担公共职能的国有企业区分于一般竞争性企

---

① 王任祥:《交通运输地理》,人民交通出版社 2008 年版,第 21 页。

② 《领海与毗连区公约》第 8 条规定:构成海港体系主要部分的最外部永久工程应视为组成海岸的一部分。1956 年国际法委员会准备第一次海洋法会议时,注释中提到,直到最外部设施之间的一条线的港口水域,构成沿岸国的港口水域,构成沿岸国内水的一部分。《联合国海洋法公约》第 11 条规定,为划定领海的目的,构成海港体系组成部分的最外部永久海港工程为海岸的一部分。沿海国可以这一海岸线为基线划定领海基线。领海毗连区公约的划线方式得到较为普遍的承认,具有接近习惯的效力。我国是《海洋法公约》缔约国,因此我国的港口水域通常情况下位于领海基线以内,即内水。参见宋云霞:《国家海上管辖权研究》,大连海事大学 2007 年博士学位论文,第 26 页。

业的本质特征。一个企业的经营活动在多大程度上服务于公共目的,是判断其法律属性的重要标尺。①港口经营人承担的职责具备较高的"公共含量",具有上述"专营权"的特征,且港口经营人实际履行了本应由政府承担的一些公权力。

1. 港口经营人提供服务的"公共含量"

港口经营人从港务局中分离而诞生,其成立具有公法依据。港口经营人从事经营活动,与资源开采领域一样,享受了一定的政策支持。大型港口经营人能够在我国各主要港口从事经营活动,起点并非市场主体之间的公平竞争,而是国家考虑到港口领域公共服务的特殊性。因此,港口经营人从事经营活动产生的利润是基于政策资源的利润。其对利润的追求也事实上受到国家的约束和限制。

港口经营人实际承担着提供"普遍服务"和"不间断服务"的法定责任,以服务公众和维护公共利益为宗旨。这种服务按照公用事业的需要,具备较强的统一性和连续性。即使一段时间内,航运市场不景气,港口经营人从事经营活动亏损,也不可因此拒绝承担相应职责。当港口经营人基于这种法定责任而从事经营活动时,其履行的职责便是公共职能的范畴,具有较高的"公共含量"。即使港口经营人仍然以市场主体的身份从事经营,其履行的职责因为较高的"公共含量"已超出纯经营活动的范畴,具有公共职能的特征。这类行为应受公法的规制。②

港口经营人在我国主要港口的建设中立下汗马功劳。港口建设仅是从事港口经营的逻辑前提,并非其开展经营活动的基础。港口经营人为港口建设付出人力、物力、财力与其在经营活动中的获利并无直接关联,是经济学上的沉默成本。③2003 年《港口法》将港口建设的主要职责交由

---

① 参见许克祥:《公共企业的公共责任实现机制初探》,《行政论坛》2007 年第 2 期。

② 参见胡改蓉:《论公共企业的法律属性》,《中国法学》2017 年第 3 期。

③ [英]约翰·萨顿:《垄断的秘密:沉淀成本与市场结构》,艾佳慧译,北京大学出版社 2013 年版,第 129 页;另参见 R. Thaler, "Toward a positive theory of consumer choice", *Journal of Economic Behavior and Organization*, 1980,(1):39—60; H. Garland & S. Newport, "Effects of absolute and relative sunk costs on the decision to persist with a course of action", *Organizational Behavior & Human Decision Processes*, 1991,(48):55—69。

政府部门承担,地方港口所在市政府是港口建设的主体。①港口建设资金来源一直是各级政府十分困惑的问题。2003 年《港口法》将市级政府作为港口基础设施的供给者,其后果是政府迫于财政压力,将本应由自身投资建设的公共基础设施全部交给港口经营人承担。港口经营人代替政府出资的现象在我国主要港口建设中极为常见。

如长江、黄浦江交汇位置的吴淞口某岛上一个灯塔就是上海港务集团投入 7500 多万元建成。②某些港口经营人还承担了建设疏港铁路、"一关三检"的办公设施等任务。上海外高桥的五期项目总投资的 28 亿中,为海关大楼等硬件设施等投资达到 5000 多万;南京的港龙潭港区的一期建设共 10 亿资金,建成后还需为"一关三检"配置办公设施约 1.4 亿。③一些港口城市政府还要求港口经营人负责为其准备附近住房等生活设施,这对港口经营人造成极大压力。港口经营人履行难以直接收获回报的出资职责,这体现了为公用事业投入、服务于公共用途的特征。

2. 我国港口经营人实际履行的政府部门职责

与铁路运输公司、邮政公司等公用事业领域的企业类似,我国港口经营人在港口领域承担公用事业建设职责,也依法享有一些行政权力。这种权力之所以由港口经营人行使,一方面是由港口经营人实际行使最为便利、专业,效率更高,执法效果更好;另一方面是政企分开改革的历史遗留。整体上,这些权力的大小伴随《港口法》的每次修正逐步限缩,但安全检查权、应急情况下的处置权仍然由各主要港口的港口经营人行使。

在公法人的理论框架下,港口经营人提供港口领域的公共服务,这一领域的公共性与其实际履行的职责的重要性在公共含量上存在相互补强关系。本书认为港口经营人是公共含量较高的一类承担公用事业的企业。港口经营人的一些职责具有双重性,既能体现其对使用其服务的公

---

① 2003 年《港口法》第 7 条、第 14 条。

② 参见涂敏:《我国港口民营化动因、目标及模式选择》,浙江大学 2008 年博士学位论文。此案例中,上海港务集团虽然为建设灯塔出资,但灯塔建成后并不收费,因此灯塔还是明显的"公物",是港口经营人替政府出钱建设公物,而非变公物为收费的项目。

③ 涂敏:《我国港口民营化动因、目标及模式选择》,浙江大学 2008 年博士学位论文。

众的安全保障义务,也能体现轻度的公权力外观。港口经营人对货物、旅客随身携带物品的检查权,既是一种由港口经营人实际履行的公共职责,也是对其他货主、乘客的安全保障义务。二者均具有超高的公共含量,均可体现港口经营人的公法属性。

2003 年《港口法》将地方政府作为港口建设、经营的主要负责单位,达到"一城一港"的效果。《港口法》及交通部的规范性文件并未对港口经营人赋予明确的行政管理权能。我国地方主要港口城市及所在省份制定的地方行政性法规是赋予港口经营人的重要法律依据。我国沿海主要港口所在省份中,除江苏省、福建省,其余各省、港口所在城市均在其港口条例中赋予港口经营人安全检查、应急情况下的处置等职责。(详细见下表1)

表 1　我国各沿海港口所在省、市地方性法规赋予港口经营人的行政权

序号	法规名称	条款	主要内容
①	《大连港口条例》 (2011 年生效)	第 23 条	港口发生危险货物事故、旅客严重滞留或者自然灾害时,港口经营人组织实施应急处置和救援。
②	《天津港口条例》 (2007 年生效)	第 33 条	发生港口作业事故或者紧急情况时,港口经营人组织开展应急行动,排除事故危害,控制事故扩散。
③	《河北省港口条例》 (2011 年生效)	第 46 条 第 55 条	港口发生生产安全事故或者遇有紧急情况时,港口经营人对灾害事故进行先期应急处置,防止和控制危害蔓延。 港口经营人按照规定对装载的车辆、货物和乘客实施安全检查,及时排除安全隐患。
④	《山东省港口条例》 (2012 年生效)	第 37 条 第 42 条 第 50 条	港口发生危险货物事故、旅客严重滞留或者自然灾害时,港口经营人组织实施应急处置和救援。 港口管理部门可以根据需要委托港口经营人代收港口行政事业性收费。 港口经营人按照规定对装载的车辆、货物和乘客实施安全检查,及时排除安全隐患。
⑤	《上海港口条例》 (2020 年修正)	第 30 条	港口发生安全事故或者紧急情况时,港口经营人应当先期进行应急处置,防止和控制事故蔓延。

序号	法规名称	条款	主要内容
⑥	《浙江省港口管理条例》(2020年修正)	第25条第33条	对上下船舶的车辆、旅客携带的物品进行安全检查,制止装载、夹带或者携带国家禁止的危险物品上船。发生生产安全事故或者出现紧急情况时,港口经营人应当采取措施,组织抢救,防止事故扩大。
⑦	《广东省港口管理条例》(2017年修正)	第29条	港口发生安全事故或者紧急情况时,港口经营人应当立即启动应急预案,采取有效措施防止和控制事故蔓延,避免和减少人员伤亡和财产损失。
⑧	《广西壮族自治区港口条例》(2010年生效)	第34条	港口发生生产安全事故或者紧急情况时,港口经营人应当立即启动应急预案,采取有效措施防止事故蔓延,避免和减少人员伤亡和财产损失。

笔者在检索时,发现江苏省的港口条例已废止,新条例还没颁布。辽宁省未见省级政府的地方性法规,但大连市的港口条例规定了相关内容。能够检索到的各省、市港口条例均规定了港口经营人的临时处置权。上述各省、市的港口条例中,河北省、山东省除规定临时处置权外,还规定了通常情况下的安全检查权。赋权最多的是浙江省。该省港口条例不仅赋予了港口经营人安全检查、应急处置的职责,还赋予其我国《铁路法》赋予国家铁路运输企业的制止权。对拒不配合安全检查的旅客,港口经营人有权拒绝其乘坐船只。这是一种公权力的外观强,"公共含量"高的公共职责。

这些条文虽然没有明确赋予港口经营人承担相应职责时,当事人拒不配合的法律后果,比如港口经营人有权处罚等,但却符合了类似《治安管理处罚法》中"在……情况下,特定主体有权……,以求……"的"情景——赋权——目的"的立法构造。尽管政企分开的改革后,我国各省、市的地方性法规对港口经营人的赋权已经较弱,不及《铁路法》第3条对国家铁路运输企业享有的行政权能的宣誓那样明确。但这些地方性法规的文字表述仍然符合赋权性规定在立法法中的基本构造。①

---

① 参见秦小建:《立法赋权、决策控制与地方治理的法治转型》,《法学》2017年第6期。

三、引入公法人理论的风险及预防

上述各国的公法人概念均是在社会发展对政府的职能提出前所未有的需求,社会公众对公共服务的需求越来越多样复杂这一背景下产生和发展的。纵观我国社会的发展和公众对各类服务的需求的演进,与之可谓如出一辙。我国的立法之所以没有明确认可"公物"的概念,其原因一定程度上可归于我国公共财产归"国家所有"的权属。直观上,"国家所有"的公共财产似乎天然就是公物。究其细节,公共财产和公物又存在一定的区别。

引入公法人理论解读我国承担公用事业的企业的公共职能,很可能对我国的公共财产的"国家所有"构成理论冲击。任何理论的引入均不能动摇我国的公有制经济基础。因此,引入公法人理论时,针对有关公共财产和"公物"一些细节,我国需严防死守,坚定不移。

(一)公法人对我国公共财产"国家所有"的削弱

上述明确认可公法人理论和公物概念的国家无一例外,均认可公法人的独立财产权。公法人的独立财产权为逻辑前件,才可能实现公法人和公物的概念以"公共含量"为基础的相互补强。我国《宪法》规定公共财产为国家所有,但没有明确地解释何为国家所有,国家如何所有。"国家所有权"的概念得以明确,国家才能直接作为一个虚拟的法人单位享有公共财产。[1]公法人可否代为持有"国家所有"的财产? 我国在引入公法人理论后,是否就等于认可公法人的独立财产权? 我国的经济体制下,公法人有权持有一些财产,将在多大程度上对公共财产的"国家所有"构成影响?

1. 法律保留原则对还原"国家所有"的限制

如果将国家所有还原为政府所有,则容易放大政府对公共财产的处分权力,滋生侵蚀公共利益的不良行为。[2]如将公共利益的合理界定作为厘清公共财产概念的前提,政府部门的利益是应被明确排除在公共利益之外的。[3]

---

① 李忠夏:《宪法上的"国家所有权":一场美丽的误会》,《清华法学》2015 年第 5 期。

② 肖泽晟:《公物的范围——兼论不宜由国务院国资委管理的财产》,《行政法学研究》2003 年第 3 期。

③ 刘连泰:《"公共利益"的解释困境及其突围》,《文史哲》2006 年第 2 期。

公法人能否作为法人单位,代表国家使用、处置公共财产? 如对这一问题也采反向推定,什么单位和部门不可以作为国家的代表处理公共财产? 政府部门在民主原则问题上缺乏正当性,政府在现代民主国家中仅作为被推选的代表,代为治理国家,其能否拥有公共财产? 这一资格显然没有经过选举和其他公众同意的方式。

如将国家所有还原为全民所有,在法律保留问题上没有明显瑕疵。政府既然是全民选举产生,公共财产归国家所有,即是归全民所有。然而,公共财产如果为全民所有,全民所有的公共财产该由谁来处置,这一还原并未解决实际的问题。如仍然将处置权交由政府,这一问题则再次落入法律保留原则的窠臼。

2. 公法人代为处理公共财产的合法权能

根据公法成立的公法人能否代表国家处理特定范围内的公共财产?

首先,公法人的成立通常情况下有明确的法律依据。其次,公法人的职责在其成立的法律依据中通常有明确的授权,而法律的授权是全民表达其意志的一种合法途径。因此,在明确认可公法人概念的国家,公法人应有资格代表国家处理特定范围内的公共财产。

在认可公法人的独立财产权的国家,当公法人是特定范围的公共财产的所有权人时,其处理公共财产也需符合公共用途要件。即使公法人不能成为公共财产的所有权人,其处理公共财产的目的是为紧迫的公共用途,公法人处理特定范围内公共财产的资格在民主原则问题上也不再受困。

3. 公法人的财产处分权对国家所有权的弱化

公法人对特定的财产作出了其为公共用途的意思表示,确定了公物的内涵和外延,限制了旁人的权能。新冠疫情期间,当展览馆被征用来建设方舱医院时,公众不再能参观展览馆。公用的意思表示能够限制旁人的权能,也限制所有权人的权能。[1]无论展览馆归谁所有,在被征用以建设临时医疗处所时,原所有权人对该财产的使用权、处分权也被限制。[2]这种限制对公共财产所有权在法律上并不明晰的国家尤其必要。某一公

---

① 肖泽晟:《公物的范围——兼论不宜由国务院国资委管理的财产》,《行政法学研究》2003 年第 3 期。

② 上海国家会展中心被征用为方舱医院后,公众不再能去该中心进行参观等活动,上海市政府也不能再用其作任何其他用途。公用的意思表示作出后,产生的效果是"对世"的排他性用途。

共财产被确立公物的性质后,谁是原所有权人在实践中就不再重要。在这一特定问题上,有关国家所有权的纷争便迎刃而解。

从实践的便利出发,公法人的引入为国家所有权不易作清晰界定的国家提供了绕开国家所有权纷争,直面公物的公共用途,更容易将公共财产投入使用,为社会创造更大规模的财富的宝贵契机。但我国的公共财产原本明确的"国家所有"在公物的语境下可能反而表现得含混。这是公有制经济为主体的国家不能接受的。

(二)对公共财产的"国家所有"权属与"公物"的公共用途的界分

为缓解公法人理论的引入与我国公有制经济为主体的经济体制下公共财产"国家所有"之间的张力,尽量减少这一理论视角在我国公用事业领域中的应用对我国经济形势的冲击,一个较为妥善的预防机制是在权属问题和用途问题之间合理划线,明确宪法文本规定的公共财产"国家所有"不受到公法人理论的任何影响。在公法人理论框架内,仅对"公物"作公共用途层面的解读,将公法人对公共财产的处分权从范围到内容均作严格的限制。

1. 引入公法人理论可理解为对其独立财产权的认可

公法人理论在公用事业领域的引入是否直接等同于该领域公法人的独立财产权得到认可?笔者认为可以作此解读。上述任一国家的公法人都具备独立财产权,并以其独立财产承担诸多职能。某种意义上,独立财产权是公法人的一项必要的构成要素。我国引入这一理论框架来解读公用事业,很难将其中的一项必要构成要素剔除。一个缺乏独立财产权的主体从观念上也很难具备独立的法人外观。[1]

一方面,从理论上认可公法人的独立财产权,只能表明公法人能够以其自身的名义拥有一定的财产,并不表明公法人有资格拥有"国家所有"的公共财产。另一方面,公法人以其自身名义拥有一定的财产,也不当然表明公法人有权处分"国家所有"的公共财产。认可公法人的独立财产权与认可其对公共财产的占有、使用不存在任何直接的逻辑联系。因此,完全没必要对公法人的独立财产权谈虎色变。

2. "公物"的公共用途应受到严格的监管

公法人理论引入的最大价值便在于明确对"公物"的使用权。公法人

---

① See Shitong Qiao, *Chinese Small Property*: *The Co-Evolution of Law and Social Norms*, Cambridge University Press, 2017, p.230.

既能依据其财产所有权使用其名下的法人财产,也可以依据民主原则使用一定范围内的公共财产。但出于维护公共利益的考虑,公法人对后者的使用需要受到明确的约束,特定领域的公法人使用的公共财产从范围到内容均应明确并公开,接受社会公众的监督。

将公法人理论引入我国的公用事业领域,用以解释港口经营人的公共职能时,港口经营人能在其自主经营范围内使用其名下的国有资产,对这些财产的使用以其独立财产权为依据;港口经营人使用岸线、城市用地等资源则是依据民主原则,使用"国家所有"的公共财产。我国的各主要港口经营人应定期向国有资产监督管理部门(各省的国资委)报备其使用的"国家所有"的公共财产的项目、时间、使用方法等。公共财产的使用也应依社会公众的申请,在维护公共利益的宗旨下,进行信息公开。①

实践中,当公共产品由政府直接提供变为由企业提供,政府进行监管时,企业多以私法途径从事经营活动,市场化手段的引入带来公共产品和服务类型的多元化。这些公法人提供的公共产品形式上具有了商品的特征,可能模糊了其公共属性。②但公共产品的公共用途仍然包含相当的"公共含量",其公共职能的属性并未改变。20 世纪末以来,德国在公物领域大力推行民营化,将大量公物(主要是公营造物)交给市场经营。但大量公物民营化后,仍受公物法的约束和监督。③这一实践做法对我国也有重要的借鉴意义。

第三节 公法人理论在公用事业领域的制度展开

承担公用事业的企业在公法人的理论框架下,拥有一定的政策支持,

---

① 公用事业领域信息公开的必要性参见 Niklas Gudosky, UIrike Bechtold, The Role of Information in Public Participation, Journal of Public Delineration, 9, 1, 2013, p.5.

② 骆梅英:《民营化后公用事业企业的性质之辨——基于案例的比较观察》,《法治研究》2015 年第 1 期。

③ [日]大桥洋一:《行政法学的结构性变革》,吕艳滨译,中国人民大学出版社 2008 年版,第 194 页。

并受到公法的规制和约束,从而与其他领域公平竞争的市场主体呈现差异。公用事业的理论特殊性在铁路、邮政等具有专营历史的行业的法律制度上,表现为这些企业享有专营权。在城市燃气、排水、污水处理以及本书探讨的港口经营领域,这种理论特殊性表现为特许经营权。特许经营是政府与社会资本开展合作(公私合作)的一个独特形态,在基础设施建设和公用事业中十分常见。在港口经营人承担的公共职能问题上,特许经营是公法人理论在制度层面的展开和延续。港口经营人经过审批获得特许经营权,以此为基础展开其建设、经营活动,其享有使用特许经营权的方式体现了公法人履行公共职能、促进公用事业发展的行为模式构造。

一、特许经营制度对公法人理论的诠释

公私合作是政府与社会资本通过长期、平等的合作关系,共同推进公共服务和基础设施领域项目建设的新型合作模式。[1]公私合作的当事方是政府部门与私营企业,从事的活动是共同推进公共服务,提供公共产品。公私合作在主体、内容上具备"公共含量"。这一合作模式已为法律认可并制度化,在世界上不同国家和地区存在不同形态。特许经营是公私合作的一种独特形态,在我国基础设施建设领域的应用较为广泛,与公用事业的联系更为密切。我国的特许经营制度是公私合作这一独特形态在公用事业领域的法律化,是公法人理论在公用事业中的制度展开。在港口经营人为代表的我国公用事业领域,特许经营是其历史垄断性基本克服之后,相关企业配合政府部门承担公共职能的重要形式。

(一)域外一些国家特许经营制度中的"公共含量"

广义的特许经营(Franchising)是指一方通过协议授予另一方一项(或多项)特许权(Franchise),由特许经营人按照双方达成的特许经营协议开展经营活动,来实现特许人和特许经营人各自或共同目的。[2]根据特许经营权的授予主体不同,特许经营可分为商业特许经营和政府特许经营两类。前者是私法领域中平等主体之间的商业行为,是营销商品和服

---

① 肖华杰:《政府和社会资本合作(PPP)法律机制研究》,吉林大学 2020 年博士学位论文。

② [英]戴维—沃克主编:《牛津法律大辞典》,北京社会与科技发展研究组织编译,光明日报出版社 1998 年版,第 349 页。

务的方式,主要为实现经济利益。①后者是政府授权特定主体实施特定的经营活动,以实现福利社会和特许经营人的获利等多重目标。②本书探讨的是公私合作中的特许经营,即政府特许经营。不同国家的政府特许制度均与公用事业具有密切的联系,在公共用途方面表现出较高的"公共含量"。这些国家的特许经营制度虽然在理论上与其公法人理论渊源关系并不密切,但作为特许经营人承担公用事业的企业均在肩负不同程度的公共职能,这一企业履行公共职能的特质与公法人一般无二。

1. 法国的特许经营制度

特许经营制度在世界上许多国家和地区的立法中存在。在最早出现特许经营的法国,早在 20 世纪 70 年代便有了书面文件。1972 年,法国特许经营协会制定《特许经营行为准则》。③这一文件主要指向商业特许经营,与政府特许经营不同。④法国 1989 年《特许法》(*Loi Doubin*)调整其所有的特许合同、商标合同、分销协议及许可协议,⑤还规定特许人应提供其未来的特许信息,使得特许经营人能够结合这些信息作出明智

---

① 《国际特许经营协会章程》对商业特许经营的定义是:"特许经营是在特许权人和专营人之间达成的一种合同关系。在这种关系中,特许权人提供或有义务在诸如技术秘密和训练雇员方面维持其对专营权业务活动的利益,而专营人获准使用特许人所有的或者控制的共同的商号、企业形象、工作程序等,但由专营人自己拥有或者自行投资相当一部分的企业。"欧盟委员会 4087/88 号法规第 1 条第 3 款(a)项对商业特许经营的定义是:"特许者以取得直接或间接经济上的报酬为条件,授权受许人使用其一系列工业或知识产权,包括商标、商店招牌、设计、版权、商业秘密或专利以经营特定商品和(或)服务。此定义之所以较为简单,是因为该法规另定义了特许经营协议,并在序言中规定了特许经营的范围。"任学青:《特许经营基本法律问题探析》,《法学论坛》2002 年第 4 期,第 56—62 页。

② 参见施建辉、步兵:《政府合同研究》,人民出版社 2008 年版,第 313 页。

③ 汪传才:《法国的特许经营立法及其启示》,《福建政法干部管理学院学报》2002 年第 3 期。对特许经营的定义是:"特许经营是一家公司(特许人)与其他公司(特许经营人)的一种合作关系。"

④ Rozenn Perrigot:《法国的特许经营者及其在中国的市场经验》,石元蒙译,《全国商情(经济理论研究)》2008 年第 5 期。商业特许经营要求具备三个构成要素:消费者借以识别的商标、商号或其他标志以及技术秘密的使用;作为合同当事人的特许人对上述商标、商号或其他标志,以及技术秘密享有所有权;特许经营人是一个独立的并为特许人选中的合同当事人,持有资金,并愿意加入特许体系中。

⑤ 邢鸿飞:《政府特许经营协议的行政性》,《中国法学》2004 年第 6 期。

的决定。①该法包含商业特许经营和政府特许经营。其中,特许经营主要指与公私合作项目相关的经营活动。②

法国采取专门立法,以系统的法律条款构建公私合作制度的框架。特许经营也因此适用这些制度框架。其法律主要包括 2004-559 号法令,2008-765 号,2009-179 号法令。③法国政府还在中央层面成立有关公私合作各项工作的专门机构,负责协助公共部门的谈判,为特许经营项目的顺利推进提供各项支持。值得注意的是,法国在立法中明确将公私合作合同定性为行政合同,作为公私合作合同的一类形式的特许经营协议在法国法中也应为这一性质。法国法下特许经营协议中包含诸多民事条款,④但该协议整体上受公法约束。这一定程度上诠释了法国特许经营制度的公法构造。

2. 澳大利亚的特许经营制度

澳大利亚的《澳大利亚新特许经营准则》(Australia New Franchise Code)将特许经营定义为一种商业模式,即特许人和特许经营人签订协议后,特许人控制名称、品牌和特许经营人将使用的商业体系,特许人授予特许经营人在一定期限内使用其商业模式的权利。⑤特许经营制度是对特许人授予特许经营人相应特许权的制度化,包含特许经营协议中的权利义务、主要特许经营事项、特许经营分项、特许经营的利益等事项。⑥这一界定也同时包含政府特许经营和商业特许经营。

---

① 该法案中 art.1 L.31 déc, Rozenn Perrigot:《法国的特许经营者及其在中国的市场经验》,石元蒙译,《全国商情(经济理论研究)》,2008 年第 5 期;Maître Monique, Ben Soussen, Que dit la Loi Doubin? 01 juillet 2002, http://www.lecidef.fr/fiches-pratiques/loi-doubin/que-dit-la-loi-doubin-.html, 2022 年 2 月 1 日。

② Rozenn Perrigot:《法国的特许经营者及其在中国的市场经验》,石元蒙译,《全国商情(经济理论研究)》2008 年第 5 期。

③ 顾功耘:《当代主要国家公私合作法》,北京大学出版社 2017 年版,第 290 页。

④ 陈天昊:《法国 PPP 纠纷解决机制——在协议合法性与协议安定性之间》,《中国法律评论》2018 年第 4 期。

⑤ See Competition and Consumer(Industry Codes—Franchising) Regulation, Select Legislative Instrument No.168, 2014.

⑥ Frances Wheelahan(Corrs Chambers Westgarth), Australia:New Franchising Code of Conduct to commence 1 January 2015, https://www.mondaq.com/australia/franchising/355336/new-franchising-code-of-conduct-to-commence-1-january-2015, 2022 年 2 月 1 日。

与法国的特许经营制度相比,澳大利亚的特许经营制度则表现出明显的商业特征。从其规定表面来看,并未见得特许经营活动、特许经营协议的公法色彩。政府授予特许经营权,与市场主体授予特许经营权类似,都是商事活动的一部分。

3. 我国台湾地区的特许经营制度

我国台湾地区的特许经营主要表现为民间参与公共建设(Private Participation in Infrastructure, PPI),即依公司法设立的公司或其他经主办机关核定的私法人,与主办机关签订投资契约,参与供公众使用的或促进公共利益建设的活动。①主办机关是政府部门,台湾的特许经营是明确的政府特许经营。2000 年,台湾颁布了"促进民间参与公共建设法",对特许经营的主管机构、建设范围、参建方式和程序、投资协议内容、项目用地等方面作了基本规定。《促进民间参与公共建设法施行细则》《民间参与经建设施公共建设使用土地地下处理及审核办法》及《民间参与公共建设申请及审核程序争议处理规则》等规定了民间参与公共建设的具体内容、申请程序、优惠政策、土地使用、争议解决等方面。②

我国台湾地区的上述立法中,特许经营与公用事业领域具有密切联系。特许经营与"公共建设""土地"等概念联系在一起,通过民间资本在这些公用事业领域中的作用,表达特许经营人协助政府,进行基础设施和公用事业建设的能力和意愿。在台湾地区,承担公用事业的企业依法成为特许经营人后,具有很强的公法人外观。

(二) 特许经营制度在我国的发展和应用

我国的特许经营模式同样存在商业特许、政府特许两种,但我国立法中存在"商业特许"这一明确的概念。因此,没有"商业"二字时,直接出现的"特许经营"指的就是政府特许经营。③特许经营在我国的发展经历了从实践中诞生到被法律认可的过程。20 世纪 80 年代,特许经营项

---

① ②　季侃、袁竞峰、李启明:《我国台湾地区民间参与公共建设立法的启示》,《建筑经济》2012 年第 1 期。

③　对前者的法律规范主要见于《商业特许经营管理条例》,其中第 3 条规定商业特许经营是指拥有注册商标、企业标志、专利、专有技术等经营资源的企业(特许人),以合同形式将其拥有的经营资源许可其他经营者(特许经营人)使用,特许经营人再按照合同约定在统一的经营模式下开展经营,并向特许人支付特许经营费用的经营活动。这与法国法对商业特许经营的界定大同小异。

目的雏形就已在我国实践中出现。但 21 世纪以来,特许经营才作为一项制度在法律中得到明确认可。

1. 早期特许经营——"BOT"的出现和应用

"BOT"(build-operate-transfer)这一术语在 20 世纪一些部委的文件中就曾出现,"PPP"则在 2010 年之后才频繁出现。BOT 模式 20 世纪 80 年代就已在我国一些项目中开始应用。改革开放初期,我国地方政府在促进当地经济发展、招商引资方面的巨大需求与地方财政整体吃紧、资金缺口较大的实际情况之间出现尖锐矛盾。地方政府引入私营企业参与项目建设,甚至直接要求其垫资经营。①这一时期的 BOT 是地方政府为振兴当地经济,改善群众生活而进行的探索。但缺乏中央精神的指引,地方政府通常倾向于投资和建设大规模、高 GDP、看似前景广阔的领域。②地方政府的公私合作在规模和结构上不尽合理,产能过剩等问题逐步显现。③

BOT 在建设经营中依赖私营企业的资金投入,但最终要将产权归还政府。政府除以自身信誉担保外,在建设经营中并未实质承担资金风险。④20 世纪 90 年代,企业承担风险过大带来的问题逐步暴露。⑤当时的对外经济贸易合作部针对地方政府频繁采用的、与外商投资相关的 BOT

---

① 这种垫资未必是被迫的,对于发展势头较被看好的项目,乙方自愿垫资的情况也时有发生。这一做法在较长时间内存在争议,而中央各部委层面考虑到地方经济发展的需求,曾采观望态度,没有明确赋予实践中这一做法完整的合法性,也没有作消极评价,客观上保护了地方政府招商引资的积极性。

② 美国一些学者曾指出私营企业承担公共职能,必然面临一些社会规则的设置与其天性不符,比如公众参与、正当程序等,级别较低的地方政府在这些方面的行政理性也并不敏感,无法屏蔽私营企业的这一问题。参见 Dominique Custs & John Reitz,"Administrative Law:Public Private Partnerships", 58 Supp. *American Journal of Comparative Law*, 2010, p.555。

③ 20 世纪 90 年代,我国一些地区考虑地方经济发展,大兴钢铁产业,造成电力、煤炭资源紧缺,就是考虑地方经济利益,忽视国家宏观调控的产物。

④ 谢岚:《政府与介入与 BOT 特许协议专项立法初探》,《法学评论》1999 年第 4 期。

⑤ 20 世纪 90 年代,浙江省多个企业将全部资产投入钢铁建设,与政府签订合作项目,后来由于资金链断裂,政府部门难以维持项目继续运作,短时间内多位企业负责人自杀。

进行规范,肯定了公路、铁路、废水等领域 BOT 项目取得的良好效果,并提出一些具体要求。①与外资相关的 BOT 项目被纳入外商投资企业法律和审批体制。②该文件还要求政府机构不得对项目作任何形式的担保或承诺(如外汇兑换担保、贷款担保等)。③整体上,该文件仅仅认可了 BOT 的合法性。其提出的要求不但无益于解决问题,反而增加了企业的风险。

2. 特许经营制度的不断完善

21 世纪后,尤其是近十年来,公私合作项目在我国实践中越来越普遍,相关立法也取得重大进展。特许经营作为公私合作的一个独特形态,其相关制度也在立法中不断完善。政府先后颁布多项文件,充分肯定了公私合作在基础设施建设中的重要作用,明确了公私合作、特许经营等概念和主要分类。④

我国的国有企业体量较大,且实力雄厚,有权参加招标,并具有很大的可能成为公用事业领域的特许经营人。上述文件均采用"政府和社会资本合作模式"的表达。政府采取竞争性的方式择优选择具有投资、运营、管理能力的社会资本,双方按照平等协商的原则订立合同,明确权利和责任关系;社会资本提供公共服务,政府根据公共服务绩效评价结果向

---

①　"对外贸易经济合作部关于以 BOT 方式吸收外商投资有关问题的通知",外经贸法函〔1994〕第 89 号。

②　外商可通过合作、合资或独资的方式建立 BOT 项目公司。项目建议书和可行性研究报告批准后,外经贸部门按照现有利用外资的有关法律和审批程序对项目公司合同、章程进行审批。鉴于 BOT 方式尚处于研究和试点阶段,除国务院另有明确规定外,沿海地区投资总额超过 3000 万美元的项目与内陆地区投资总额 1000 万美元以上的项目仍应由中央政府审批(项目建议书、可行性研究报告报国家计委审批,合同、章程报外经贸部审批)。

③　如项目确需担保,必须事先征得国家有关主管部门的同意,方可对外作出承诺。各地在招商引资进行 BOT 项目过程中,应量力而行,对本地区配套资金状况等综合因素给予通盘考虑。

④　财政部 2014 年 11 月 29 日发布的《政府和社会资本合作模式操作指南(试行)》(财经〔2014〕113 号)、国家发展改革委员会 2016 年 10 月 24 日发布的《传统基础设施领域实施政府和社会资本合作项目工作导则》(发改投资〔2016〕2231 号)这两份规范性文件中,公私合作的运作模式分为转让—运营—移交(TOT)、改建—运营—移交(ROT)、建设—拥有—运营(BOO)、建设—运营—移交(BOT)、管理合同(MC)、委托运营(O&M)、建设—拥有—运营—移交(BOOT)、设计—建设—融资—运营—移交(DBFOT)等形式。

社会资本支付相应对价,保证社会资本获得合理收益。①何为社会资本?字面上这一概念并不排斥国有企业。国有企业如果具备相应的投资、运营、管理能力,也应有资格按照要求参与投标。上述其他国家的立法中,公私合作当事方被明确表达为"公共部门和私营企业"。国有企业在我国的国民经济中体量极大,政府部门选择合作对象时,没有理由不考虑很具竞争力的国有企业。

基础设施和公共服务领域的公私合作被界定为政府采用竞争性的方式,选择具有投资、建设、运营能力的企业;政府和社会资本订立合同,明确各自的权利和义务,项目投资、建设、运营由社会资本方负责,通过使用者付费、政府付费、政府提供补助等方式获得合理收益。②这一表达同样采用政府与社会资本合作这一术语,也没有排除国有企业。因此,我国的特许经营制度在法律上对国有企业、私营企业一视同仁。

特许经营在 21 世纪初就得到多个部委的重视。从 2004 年到 2010 年,每年都有涉及基础设施特许经营的文件颁布。这些文件从不同方面、不同程度规范我国的特许经营活动。③2010 年后,我国各部委文件的措辞将特许经营模式、公私合作一并提及,奠定了基础设施领域特许经营活动的政策导向和法规基础。④除中央部委,深圳、北京、天津、上海等地方政

---

① 《关于在公共服务领域推广政府和社会资本合作模式的指导意见》,国发办〔2015〕42 号,第 1 条。

② 2017 年 7 月 21 日,国务院法制办发布《基础设施和公共服务领域政府和社会资本合作条例(征求意见稿)》,第 2 条。

③ 《国务院关于投资体制改革的决定》(国发〔2004〕20 号)、《国务院关于鼓励支持和引导个体私营等非公有制经济发展的若干意见》(国发〔2005〕3 号)、《国务院关于加快发展服务业的若干意见》(国发〔2007〕7 号)、《国务院办公厅关于加快发展服务业若干政策措施的实施意见》(国办发〔2008〕11 号)、《国务院关于批准发展改革委关于2009 年深化经济体制改革工作意见的通知》(国发〔2009〕26 号)等文件均涉及特许经营问题。李兆:《PPP 的法律规制——以基础设施特许经营为中心》,法律出版社 2015年版,第 2—30 页。

④ 《国务院关于鼓励和引导民间投资健康发展的若干意见》(国发〔2010〕13号)、《国务院关于创新重点领域投融资机制鼓励社会投资的指导意见》(国发〔2014〕60号)、《国务院办公厅转发财政部、国家发展改革委、中国人民银行关于在公共服务领域推广政府和社会资本合作模式的指导意见》(国办发〔2015〕42 号)标题上都采用了民间投资、社会投资、政府与社会资本合作等公私合作制度的表达。李兆:《PPP 的法律规制——以基础设施特许经营为中心》,法律出版社 2015 年版,第 2—30 页。

府又先后以政府令、地方性法规的形式发布了公用事业、基础设施领域的特许经营管理办法，[①]为特许经营活动的范围和实施提供了重要依据。

特许经营是众多公私合作模式中最常被采用的一种，在我国基础设施和公用事业中的重要性远胜过一般意义上的公私合作。2015 年《基础设施和公用事业特许经营管理办法》由发改委、财政部、住房和城乡建设部、交通运输部、水利部、人民银行六部委共同颁布，可见特许经营活动的重要性及对其进行规范的必要性。特许经营人从事经营活动时，参与基础设施建设和公共服务，其经营活动与提高公共职能出现重叠。特许经营人在参与招投标之前，是普通的市场主体；中标后仍然是以牟利为目的，从事经营活动的企业。但其经营活动由于与公共服务重叠具备了较高的"公共含量"，实际履行经营活动、承担公共职能，特许经营人因此与一般的市场主体呈现明显的区别。这种服务的公共性在上文提到的资源开采、铁路、邮政、城市燃气、排水和污水处理以及本书探讨的港口等领域中均有体现。

二、特许经营的内容与公法人行为构造的契合

特许经营人提供的公共服务，符合公共用途，本身具有一定的公共性。特许经营人基于其所提供的服务的公共性，与使用其服务的社会公众建立密切的联系，从而也便于行使一些本应由政府部门行使的行政管理职责。这符合公法人理论中为公共用途而提供服务，并代政府部门实际履行一些公权力的行为构造。

（一）特许经营人提供服务的公共用途

特许经营这一概念近些年才得到重视，授予特许经营权的模式才开始在实践中广泛出现。城市燃气、排水和污水处理以及本书探讨的港口领域中的特许经营权，与在铁路、邮政等具有专营历史的领域中的专营权是同源概念。二者的明显区别是专营权通常是历史上以行政手段确立

---

① 例如，2006 年《深圳市公用事业特许经营条例》经深圳市第四届人民代表大会常务委员会第二次会议于 2005 年 9 月 27 日通过，广东省第十届人民代表大会常务委员会第二十一次会议于 2005 年 12 月 2 日批准，自 2006 年 3 月 1 日起施行；2003 年《北京市城市基础设施特许经营办法》，北京市人民政府令第 134 号；2005 年《天津市市政公用事业特许经营管理办法》，天津市人民政府令第 91 号；2010 年《上海市城市基础设施特许经营管理办法》，上海市人民政府令第 55 号。

的,特许经营权则通过招投标等经济活动确立。燃气公司、城市排水系统等领域的建设属于市政基础设施,该领域的相关制度与本书探讨的港口领域都具有一定的代表性。

1. 市政基础设施建设中的特许经营权

燃气公司由我国各市级地方政府授予特许经营权,开展特许经营活动。其具体程序是首先要通过审批获得资质,然后经过招投标的程序确认其特许经营权。这一领域的限制条件十分严格。实践中,由于市级地方政府辖区内符合条件的申请人数量有限,这一领域的特许经营权与审批的联系非常密切。①如此安排是为保障燃气这一生活必需品的持续、稳定供给,保障正常的生产和生活秩序。

城市排水、污水处理设施在建设完工后,也由主管部门公开招标选择合适的经营单位,管理排水和污水设施。②这些单位虽然遵循企业的运行模式,但仍然相当程度上依赖地方政府的财政支持,才能维持收支平衡。排水设施尤其如此,作为市政基础设施中的主要组成部分,投资巨大,通常与道路一并建设,再通过招标选择运营主体。这一领域的特许经营权在实践中更是与审批相似,因其服务的公共性,具有浓厚的公权力色彩。

2. 港口建设和经营中的特许经营权

政企分开改革初期,我国港口的投融资和建设的主体为地方政府。地方政府在完成投融资中的出资任务后,交由港口经营人建设、经营。我国港口经营人在港口的建设、经营中充当事实上的主体角色。我国各主要港口的大规模集中建设完成后,如今的港口建设活动主要表现为增加或扩建码头等港口基础设施,经营活动主要表现为增加在港区内或附近从事拖航、仓储、驳运、客运等经营活动的公司。

我国《港口规划管理规定》(简称《规划规定》)是有关港口各项事项调整的重要行政法规。③第22—25条规定了港口规划调整的主管部门和相

---

① 《城镇燃气管理条例》(国务院令第583号公布),经2016年修正。燃气领域的特许经营在定期招投标的过程中参加者并不多,在严格的申请条件下,符合条件、取得资质者极为有限。笔者调研的哈尔滨、沈阳等城市均是如此。

② 《城市排水与污水处理条例》(国务院令第641号),2014年1月1日起实施,有关特许经营权的规定见第16条。

③ 《港口规划管理规定》(交通部令2007年第11号),于2007年11月30日经第12次部委会议通过,2008年2月1日起实行。

应的审批流程。对于我国大多数港口,即地市级港口而言,港口各项事项调整需经由市人民政府港口行政管理部门报市级人民政府审核后,再由市级人民政府报交通部和省、自治区人民政府审批。即港口各项事项变动的审批权归属于港口所在市的上一级政府。实践中,港口所在市政府报批后如果获批,该港口城市的主要港口经营人即成为获批项目的建设主体。此后,港口经营人可作为甲方,通过招标方式引入适宜的建筑工程施工方,开展增设码头等港口建设活动。这一过程与政府部门招标建设市政基础设施项目的流程一致。港口领域独特的专业性决定了港口经营人在其从事建设、经营活动中发挥着影响标准制定的重要作用。港口经营人向港口行政管理部门报送,省级主管部门审批后将建设项目发包时,港口经营人均实质参与甚至决定了希望建设的项目的蓝图和标准。这种对制定标准过程的实质参与带有很强的公权力色彩。

特许经营制度的这种公权力色彩并不妨碍其在公用事业领域创造的巨大价值。这一制度的实施与具有专营权历史的领域相比,仍然推动了基础设施和公用事业领域的市场化。特许经营针对的是禁止一般公众参与的基础设施和公用事业领域,出发点是改变由政府提供该类公共产品和服务的状况,引导企业参与基础设施和公用事业的建设经营,实现利益共享和风险共担,让符合条件的特定经营人更好地参与社会治理。[1]这既有利于优化竞争环境,也有利于实现资源的最优化配置,创造最佳社会福祉。[2]在公用事业领域,特许经营的公共用途既符合公法人的公共用途要素,又发挥了这一制度的优越性。

(二)垄断时代结束后特许经营人代履行的政府部门职责

港口领域的政企分开改革后,大型港口经营人已不再如大规模集中建设时期享有泛泛的垄断经营权。但如今的港口经营人仍然在实际履行一些公共性极强的职能。我国港口经营人承担的安全检查权、紧急状态下的处置权,以及浙江省港口经营人还拥有的对拒不配合安全检查的人的制止权在上一节中已通过表格列举分析。市政基础设施建设领域的燃气公司、城市排水和污水处理公司作为特许经营人,基于其特许经营权,

---

① 胡改蓉:《PPP 模式中公私利益的冲突与协调》,《法学》2015 年第 11 期。

② 一些学者认为公用事业民营化的双向收益体现了美国有关私人部门在公法中地位的"国家行为主义"。参见杨海坤、郭朋:《公用事业民营化管制与公共利益保护》,《当代法学》2006 年第 5 期。

同样能够依法行使一定程度的公共职责。

1. 市政领域特许经营人行使的政府部门职责

按照国务院发布的条例规定,我国的燃气公司作为燃气特许经营单位有权、也有义务定期巡查、检测和维修燃气相关设备,及时制止和处理外界的可能破坏,保障设备的正常运营。①这种检查权和制止权,与铁路领域的安全检查权在性质上一般无二。同时,燃气公司对于建设实施中的燃气项目还有制定安全保护方案,进行现场指导的权力。②这种指导具有行政指导的性质。

排水管网作为市政设施,其经营单位也具有巡查、养护相关设施的权力,以保障设施的安全和正常运营。③这同样是排水和污水处理这一领域的安全检查权。但条例没有规定排水设施遭到人为破坏时的制止权,实践中只能依照《治安管理处罚法》中破坏公共设施的规定,报警处理。即使这样,这种检查权也是具有公权力性质的。这一领域的特许经营人代履行政府部门权力的另一表现是标准制定的参与权。由于各地的土地表层、深层结构不一,排水设施的安排差异较大。这一领域又具有极强的专业性,地方政府操作起来难度极大,需要遵循经营单位的意见。排水和污水处理公司在制定标准时具有强大的话语权,实践中的方案通常需经过这些经营单位的同意才能施工。这种参与权本身具有行政指导的特征,实践中更是已经接近一种审批行为,带有很强的公权力外观。

2. 市政领域特许经营人行使相应职责的公法人构造

我国的国有企业和私营企业均有资格参与基础设施和公用事业项目招投标,均有可能成为特许经营人。当国有企业参与招投标,中标后进行特许经营活动时,其经营依托的财产也是国有资产。其主体身份和提供公共服务的经营活动都具备了"公共含量"。公用事业领域的特许经营人协助政府部门履行有限的公权力的行为,与上述大陆法系国家中的公法人的行为构造更是契合。④

---

① 《城镇燃气管理条例》第 35 条。

② 《城镇燃气管理条例》第 37 条。

③ 《城市排水与污水处理条例》第 38 条。

④ 何为本来应由政府承担的职能,这一范畴实践中也是变化的。本书探讨的是当下社会生活中的状态,当提到特定历史阶段时,本书也单独注明。政府职能的动态性,参见毕洪海:《本质上政府的职能》,《行政法学研究》2015 年第 1 期。

特许经营制度让承担公用事业的企业代履行一些有限的、专业领域的公权力,有利于促进政府职能的转变,切实提高政府治理能力。政府在特许经营项目中仅负责事前授权和事中监管,以保障项目的公益性和公共性。对项目实施中的具体事务,政府的参与由经营变为监管。政府部门仍保留在监管中就法律、制度问题发表意见的资格。这有利于推动政府职能的转变,促进国家治理体系和治理能力的现代化。特许经营人从事具有"公共含量"的公共服务,还代为履行与其提供服务关系密切的一些行政管理权,体现了承担公用事业的企业的公法人特征。

本 章 小 结

公法人理论在大陆法系国家的公法中渊源深厚,从德国的"国家法人说"发展至今,可以为承担公用事业的企业的公法属性提供理论基础。港口领域属于基础设施和公用事业领域。港口所在地的"公物"特征、港口经营人依公法成立并拥有其法人财产,服务于公共用途的特征都使得港口经营人具备公法人的外观。港口经营人从事经营活动时提供的服务具有天然公共性,符合社会行政的横向公务分权特征;同时港口经营人还代政府部门履行一些公权力职责,符合国家行政中法律、法规授权的组织承担公共职能的特征。二者均使港口经营人具有公法人的理论和行为构造。公法人理论可为港口经营人的公法属性提供支撑。特许经营制度是公法人理论在公用事业领域的制度展开方式。以竞标方式获得公用事业领域特许经营权的企业为特许经营人,与在具有专营历史的领域、经过法律授权而获得专营权的企业承担的职责并无本质区别。因此,特许经营权也具备一定程度的公法色彩。特许经营人在承担公用事业,提供公共服务时,是社会行政的组成部分,与国家行政存在区别,但不妨碍其承担公共职能的理论和现实可能性。

第三章

港口经营人法律属性的历史考察

本章将追溯我国有关港口经营人的立法简史（广义的立法，包涵法律法规及各类规范性文件），观察我国港口经营人在港口立法不同阶段中的法律地位、与其他相关主体的关系，并通过这些要素窥探其法律属性。2000 年"港规"（已废止）赋予了港口经营人独立的法律地位，为其确定了严格责任的归责原则。①2003 年《港口法》规定了港口经营人的行政法律关系，但未明确港口经营人的民事法律关系。《港口法》和《规定》为港口经营人划定的外延范围中，从事不同职责的港口经营人根据其从事职责的"公共含量"不同，呈现的公法属性具有一定的差异。一些职责在《港口法》的修正中发生微妙的变化，这对港口经营人的法律属性也产生一定影响。

第一节　受水路运输法律调整时期
港口经营人的法律属性

我国有关港口的立法工作起步的时间较晚，整体上落后于我国在水路货运方面的立法工作。②改革开放和建设社会主义市场经济的政策推

---

① 交通部于 2000 年 7 月制定并颁布了《水路货物运输规则》和《港口货物作业规则》（后者简称"港规"），《港口货物作业规则》于 2001 年 1 月 1 日起实行。在此以前规范港口经营人责任的法规是 1995 年交通部的《水路货物运输规则》及《水路货物运输管理规则》以及附录于"两规"的《中华人民共和国交通部关于港口作业事故处理的几项规定》及《中华人民共和国交通部关于港口作业事故处理的几项补充规定》。

② 叶红军：《我国水路运输法律体系中的一部"龙头法"——解读〈港口法〉》，《水路运输文摘》2003 年第 7 期。

行后,我国港口在短时间内迅猛建设发展,港口立法才被倒逼而生。在我国针对港口进行专门的立法之前,与港口、港口经营人相关的各类法律关系受水路运输相关法律调整。这类法律规范对内河港口与沿海港口并不作区分。当时,沿海港口在我国航运经济中的地位和重要性整体上还不及内河港。我国有关水路货物运输的法律规范以交通部〔95〕交水发 221 号文颁布的新《水路货物运输规则》与《水路货物运输管理规则》为标志,经历了从"港航不分"到"港航逐渐分离"的两个界限鲜明的阶段。伴随港航逐渐分离,港口经营人逐渐获得事实上、法律上的独立主体地位。此后,港口经营人的概念才逐渐在立法中有所体现。

一、"港航不分"阶段港口经营人的强公法属性

计划经济时代的港口经营人无法脱离行政主管部门的约束,其履行国家水路运输计划、促进水路交通运输的职能具备天然的强"公共含量",表现出鲜明的公法特征。这一时期,我国采取政企不分的港口治理模式,更使得港口经营人的公法属性格外鲜明。"港航不分",即港口经营人和航运企业共同作为承运人对水路货物运输的全过程负责,二者关系为承运人的内部关系,也受水路运输相关法律调整。这一局面持续到 1995 年。这一时期的立法中没有对港口经营人的规定,但水路运输法中一些规则已经实质地涉及了港口经营人的各项职能及相应责任。港口和船舶承运人在承运和验收、装船、运输、卸船、到达交付、货损货差责任划分各个环节的权利、义务、分工和责任界限也越来越分明。

(一)从新中国建立初期到改革开放之前有关港口经营人的文件规定

交通部 20 世纪 50 年代颁布的部门规章《关于沿海货物运输船港交接责任暂行办法》(已废止)是新中国成立后明确提到港口工作的第一份文件。①其中第一条规定"为加强对沿海承运货物全程统一负责起见,必须明确港湾与船舶在货物保管装卸运送过程中之交接责任,以减免营业事故。""船港交接"就是在这一条中规定的。"两航一港"同为承运人也是这一时期的产物,港口和船东同时(或说在同一段时间内)扮演承运人角

---

① 上海地方志办公室:《上海沿海运输志》,载上海地方志办公室网站 http://www.shtong.gov.cn/dfz_web/DFZ/Info?idnode=67462&tableName=userobject1a&id=64428,2021 年 12 月 1 日。

色,履行承运人的责任。货物的安全是计划经济背景下港航行政主管部门的核心关切。这一时期的规定以货物安全为目标,整体上体现了港口经营人极强的"公共含量",表现出鲜明的公法属性。

1. 有关港口经营人责任承担的规定

1953 年 4 月,华东区海运管理局成立了专门的理货业务科,作为一个理货专业机构,实行随船理货制度。其主要任务是"保证装入舱内的货物的质量、数量是良好、完整的,把货物安全运到目的港"①。

(1) 特殊时期的"水手理货合一制"

1954 年上海海运局根据全国交通会议的精神及海运总局的《关于紧缩船员编制的初步意见》(已废止),将原互不关联的水手、理货、看舱三个独立工种变为水手理货(包括看舱)合一制,由水手担负理货工作。②后为改进上海进出口船舶货物的交接工作,以求数量正确、货物井井有条,简化收发筹计数手续,提高运输效率,上海区港务管理局和上海海运局共同拟定《上海港进出口船舶货物点垛交接暂行办法》(已废止)。③

此后,随水运事业的加速发展,水手兼职理货的船港交接制度渐显弊端。一方面,水手负担太过沉重;另一方面,没有港口工作人员的协助,水手在不熟悉的港口从事理货作业存在难度。于是 1957 年,交通部考虑由"船港交接"改为"港港交接",并试点推行。其具体表现为货物运输由起运港和目的港交接,而货损货差均由两港负责,船舶只负责监装监卸。④在其运输过程中,交通部要求"按单装卸"和建立"运输标志"制度,以避免发生混装混卸事故。

(2) 加重港口负担的"港港交接"办法

1959 年 2 月,交通部颁发《北洋沿海航线港港交接试行办法》(已废止),在北方沿海各港先后实行。⑤"港港交接"办法在实行中也存在明显弊端,给水手减轻负担,却加重了港口的负担。各港口实行"港港交接"工作,需要专业理货人员,通常需要航运单位调拨和支援。由两港负责货损货差也不尽合理。因为运输过程近乎都在船方的控制下,对于运输中发生的损耗,两港根本无法控制。船方又完全不承担此风险,我们很难期待其妥善管货。

---

①②③④⑤　上海地方志办公室:《上海沿海运输志》,载上海地方志办公室网站 http://www.shtong.gov.cn/dfz_web/DFZ/Info?idnode=67462&tableName=userob-ject1a&id=64428,2021 年 12 月 1 日。

（3）"货运事故报告制度"体现的安全关切

交通部于 1961 年 11 月出台《水上货物运输交接责任划分办法》（已废止），于 1962 年 3 月 1 日开始实行。这一规章首次明确划分了水上运输的各环节在保证货运质量方面的责任及出现货损货差时各方应承担的责任界限。其中规定起运港和船舶应通力合作、相互配合并监督，共同努力保证计数正确。货物送达后船舶负责监卸，如有差错应首先复查证实，并切实认真搜查；如搜查实在无果，损失应由起运港和船舶共同承担。此前实践中，现装现提、直接换装的作业最容易出差错。为此，这一规章具体规定了到达港和船舶两方共同负责以及起运港、到达港和船舶三方共同负责的条款，强调船港间必须相互协作、监督、帮助，发扬这一新型关系才能实现确保货运质量这一目标。1964 年底，交通部又出台《直属水运企业货运质量标准及统计考核暂行办法》（已废止）。这一文件首次提及要求各单位建立"货运事故报告制度"，表达了对航运和港口安全这一公法属性较强的问题的关切。[①]

1966 年至 1976 年，我国各类法律法规难逃时代背景的巨大冲击，调整港口法律关系的规则也停滞了较长时间。1973 年交通部颁布的〔73〕交水运字 2246 号文是我国第一部《水路货物运输规则》（已废止）。这一文件首次提及承运人和港口的关系，一定程度上表达出对承运人和港口区分看待的倾向。[②]这在计划经济背景下，对规范计划性水运市场具有相当的积极意义。但这一倾向微弱，且没能付诸实施，无法折射出港口经营人的私法属性。

2. 港口经营人的相关法律关系

从新中国建立初期到改革开放政策实施前，国家是港口投资和经营的唯一直接主体。相应地，我国对港口始终采取计划经济主导下的、政企

---

① 并提出具体的运输质量考核指标，主要包括：1.消灭重大货运事故，货损率不超过万分之一，货差率不超过万分之一；2.消灭散、堆装货物混堆、混装大事故；3.赔偿比率为，全年货运收入超过 200 万元的企业，不超过万分之五；全年货运收入不足 200 万元的企业不超过万分之十。上海地方志办公室：《上海沿海运输志》，载上海地方志办公室网站 http://www.shtong.gov.cn/dfz_web/DFZ/Info?idnode=67462&tableName=userobject1a&id=64428，2021 年 12 月 1 日。

② 上海地方志办公室：《上海沿海运输志》，载上海地方志办公室网站 http://www.shtong.gov.cn/dfz_web/DFZ/Info?idnode=67462&tableName=userobject1a&id=64428，2021 年 12 月 1 日。

合一的法定组织形式。①在政政关系上,交通部代表中央政府统一管理港务局(包括主要大型港口企业),地方政府则直接管理小港口企业。

(1)这一阶段的政资关系、政企关系

新中国成立时,国家在政资关系上垄断港口的投资和经营,需要足够的资金。这笔资金主要来自中央人民政府对官僚资本和外国资本的接管及对私营资本的社会主义改造。②统一的港埠企业和港口管理当局也在这时建立起来。1950年《政务院财政经济委员会关于统一航务港务管理的指示》(已废止)是我国有关港口建设的第一份规范性文件。该文件提出建立统一航务及港务管理机构——中央人民政府交通部航务总局和各地港务局;将工作重心从航务行政管理转为船舶装卸、仓库理货等生产经营活动。③这一文件的精神是实行港航一体化,并增加对港口的重视程度。港航一体化的本质是以港护航,二者协力促成国家运输计划圆满完成。由于国家是港口的投资主体,政资关系已经合一,港口是国家政治生活的一部分。计划经济时代,政治系统占据绝对主导,社会系统基本没有表现的机会。港口和国家之间的关系完全受公法规制。政企合一的形式下,港口企业的经营也完全受公法规制。

1954年《中华人民共和国海港管理暂行条例》(已废止)规定沿海各港口由交通部根据贸易和运输等需要,依据吞吐任务、设备能力设置相应的港务管理局、分局、办事处等;由港务局负责执行海港行政管理工作与业务事项。④港务局局长作为管理港口的最高级别官员,对海港生产和财务计划的完成、海港财产设备的维护和使用、港区安全和港内秩序的维持负有全部责任。在港务局的指挥下,沿海港口仅为少数国营运输大亨服务,港口生产任务皆由交通部安排。因此,当时的港口经营人虽名为港口企业,实质是港务局中负责港口生产任务的执行单位。港务局局长充当生产工作的实际指挥者,对政企事务统一负责。港口经营人没有任何制定计划、自主经营的资格和能力,只负责生产和完成计划,因此不具备私法属性,只体现公法属性。

(2)这一阶段的政政关系

政政关系上,大型港口在港务局之下,基本由中央负责。地方国营运输企业与地方港口另外存在一套系统,不在交通部管辖之内。确切来说,当时的港口治理中的政政关系是"央地双轨",并不是完全由中央政府负

---

①②③④ 叶红军:《港口法解析》,人民交通出版社2003年版,第66—89页。

责。但地方港口的规模、为完成运输计划所作贡献无法与中央所辖的大型港口相比,因此常常被忽略。"文革"初期,港口曾经下放地方,实行军事管制。①这是我国大型港口治理权限首次下放地方。但"文革"期间,各项经济建设工作近乎停滞,因而未能见到地方政府管理港口的优势。1973年周恩来总理提出"三年改变港口面貌"号召,掀起了我国历史上第一次建设港口的高潮。②此时,港口治理权力又收回了中央。

(二)改革开放到建设社会主义市场经济前与港口经营人相关的文件规定

改革开放初期,与港口经营人相关的文件包括1978年的《关于港口作业事故处理的几项规定》(已废止)、1979年的《关于港口作业事故处理的几项补充规定》(已废止)、1979年的新《水路货物运输规则》(已废止)以及1987年重新颁布的《水路货物运输管理规则》(已废止)。这些文件中,港口经营人已经逐渐表现出与航运企业的鲜明区别。

1. 主要文件中与港口经营人相关的内容

1979年交通部的〔79〕交水字1090号文还被称为新《水路货物运输规则》(已废止)。③这部规章仅调整承运人、托运人与收货人的关系,将承运人与港口的关系留给《水路货物运输管理规则》(已废止)调整和规范。当时,交通部曾表达制定新规则是为建立健全承运人和托运人的权利义务关系,明确责任归属和界限,以适应四个现代化的总目标,多快好省完成运输这一重要任务。④交通部曾解释称承运人由港口和船方共同构成,这一规章为针对承运人内部关系的规定,这表明港航这时仍然不分。但港口经营人依照1978年的《关于港口作业事故处理的几项规定》和1979年的《关于港口作业事故处理的几项补充规定》(均已废止)可以享受相应的责任限制,仅承担过错责任。这一定程度上能表现出港口经营人的独立地位已经出现苗头,与之对应的私法属性也崭露头角。

---

① 叶红军:《港口法解析》,人民交通出版社2003年版,第66—89页。

② 参见吕洪文:《党史博采——纪实(上)》2016年第11期,周恩来号召在秦皇岛港首先发生作用。

③ 《国内水路运输管理条例》2017年3月1日生效。

④ 上海地方志办公室:《上海沿海运输志》,载上海地方志办公室网站 http://www.shtong.gov.cn/dfz_web/DFZ/Info? idnode＝67462&tableName＝userobject1a&id＝64428,2021年12月1日。

（1）对港口经营事故比例的要求

在计划经济时代，港航产业的核心职能可理解为贯彻国家的经济发展计划。交通运输计划对促进经济发展意义重大，是国家宏观经济计划中的重要一环。在执行计划的过程中，各环节都严格控制损害结果的发生，理论上的过错责任在实践中能够履行的比例可能更低。因此，改革开放初期，港航仍然不分，其完成任务的"公共含量"有增无减，港口经营人的强公法属性并未发生改变。这一点从 1978 年交通部重新出台的货运质量考核指标"消灭重大事故、货损率不超过万分之零点五、货差率不超过万分之零点五、赔偿金额比例不超过万分之五"就可窥见一斑。①

（2）港口经营人与承运人的分离

80 年代前，交通部的《水路货物运输规则》和《水路货物运输管理规则（试行）》（均已废止）两规章都对货损、货差的责任划分作出明确规定。1987 年 6 月，重新修订颁发的《水路货物运输管理规则》（也已废止）规定水运货物交接实行"港船交接"，同时详细规定了港、航企业在承运和验收、装船、运输、卸船、到达交付、货损货差责任划分各个环节的权利、义务、分工和责任界限。②为贯彻落实《水路货物运输管理规则》的货运规章制度，上海海运局特别制订了船舶货运人员岗位责任制度，规定各轮的货运工作由大副主管；各杂货船配有货运员和理货员；装卸货有专人看舱。货运员、理货员和看舱员都有明确的岗位工作细则。③这一时期，港口经营人与承运人的具体功能定位和责任承担已呈现显著差别，但法律地位上并不区分或至少区分得不明确，还是同为承运人的范畴。

2. 港口经营人的相关法律关系变化

"政企不分"且缺乏专门立法时，港口经营人没有明确的法律地位。在顺利完成计划时万事大吉，出现各种意外而无法顺利完成时，相应的政府部门作为发号施令者则担心计划落空的责任。政府的忧心忡忡直接导致对港航承担职责的全过程不敢放手，港口经营人完全没有经营自主性。因此，这一阶段的港口经营人因其职责的超高"公共含量"，表现出极强的公法属性，基本不体现私法属性。

---

① ② ③　上海地方志办公室：《上海沿海运输志》，载上海地方志办公室网站 http://www.shtong.gov.cn/dfz_web/DFZ/Info?idnode=67462&tableName=userobject1a&id=64428，2021 年 12 月 1 日。

（1）政政关系的变化

改革开放政策推行后，一些港口的管理工作由交通部试点性地放权给地方。除试点港口外，当时的主要港口仍然实行固定资产投资和计划管理，养港资金、经营和专用资金等基本的建设投资仍由中央筹措。1986年开始，港口的基本建设投资由国家预算内拨款变为"拨改贷"的有偿使用。①1988年到1994年，国家成立交通投资公司，港口的基本建设投资改为经营基金，由交通投资公司安排。②1994年，原国家专业投资公司被撤销后改设国家开发银行，负责安排基础设施国家大中型基本建设项目的资金配置。③

1984年中共中央、国务院批复交通部、天津市委市政府《关于天津港管理体制改革试点问题的请示》，在天津开始实行"交通部与地方双重领导、地方为主"的试点工作，财务上实行"以港养港，以收抵支，定额上交（或补贴）"几年内不变。④这一决定既改变政政关系，也调整了政资关系。因为放权给地方后，地方政府要在诸多问题上为港口自筹资金。⑤从下面列举的这一时期的数据来看，中央和地方的双重领导对于缓解经济发展导致的港口紧张状况具有重要的历史作用。

（2）政资关系的变化

试点放权改革中，交通部仍然负责统一制定和修改全国性港口的管理法规，对执行的情况进行监督、检查，按照全国港口建设和分工的总规划。作为试点港口城市，天津市负责编制港口生产建设具体计划，组织实施行政业务、生产和安全工作。这一时期港口的政政关系表现为中央和地方对港口的双重领导。港务局在体制上隶属于地方的市级政府，地方政府对港口建设的引领作用极大地加强。"港为城用、城以港兴"，地方城市建设发展规划和港口的建设规划实现了有机统一。"以港养港"的财务计划调动了地方政府进行港口自我发展的积极性，港口拥有了部分稳定资金后建设的自主权明显提升。港口经营人对计划外运输管理、中小型基本建设项目的审批、技术和设备的升级更新、专项资金的使用拥有一些自由度，这对港口生产建设稳步增长功不可没。

---

①②③⑤　叶红军：《港口法解析》，人民交通出版社2003年版，第66—89页。

④　网信滨海：滨海非凡十年｜天津港志在万里　绘就世界一流智慧绿色港口壮阔蓝图，载网信海滨百家号 https://baijiahao.baidu.com/s?id=17461609065785109 26&wfr=spider&for=pc，2022年2月1日。

二、港航逐渐分离后增强的港口经营人私法属性

1995 年,交通部颁发了新《水路货物运输规则》和《水路货物运输管理规则》("两规",已废止),文件号为〔95〕交水发 221 号。"两规"中,港口经营人首次作为一个独立法律概念出现。在归责原则上,"两规"采过错责任的形式。2000 年的《国内水路货物运输规则》和《港口货物作业规则》(后者为"港规",二者合称新"两规",均已废止)维持并明确了港口经营人的独立地位,在责任承担上采用严格责任形式。从"两规"(已废止)到新"两规"(已废止),港口经营人逐步取得独立的法律地位,承担职责的"公共含量"降低,私法属性逐渐增强。

(一)"两规"中的港口经营人概念及其法律属性

"两规"(已废止)对于港口经营人逐步取得独立的法律地位具有重要意义。它们不仅理顺了交通运输计划和交通运输合同的关系,还明确了港埠企业和航运企业的关系。其中明确表达船公司是承运人,港口企业是港口经营人;还规定了船代、货代各方的业务范围;并明确了代理应符合多家经营、自愿委托的原则。①这一鲜明的进步与国家提出建设社会主义市场经济体制,推进企业转换经营机制,严格实行政企分开的大背景密切相关。企业能享有独立的民事主体地位是建立现代企业制度的前提条件。因此,政企分开后必须赋予港、航企业独立的地位和相应自主权。港口经营人借机拥有了独立的主体资格。港口经营人能够自主决定一些事项时,受市场主体谋取利润的本性驱使,其经营活动的"公共含量"降低,从而表现出一定程度的私法属性。港口经营人具备了缔结合同的资格后,相关法律关系除受《港口法》等公法调整外,还要受民法的调整。其经营活动开始受私法调整,也是其私法属性增强的表现。

1. 港口经营人的独立民事法律地位

过去港、航企业同时被视为承运人时,二者的权责关系在事实上、法律上很难明确。二者都拥有独立地位后,二者之间的关系也需要由承运人内部关系转换为平等的民事主体之间的关系。这一关系通过建立合同得以确立和维持,因而受民法中有关合同的规则调整。

---

① 叶红军:《我国水路运输法律体系中的一部"龙头法"——解读〈港口法〉》,《水路运输文摘》2003 年第 7 期。

"两规"(已废止)一定程度上体现了水运经济关系的市场化,按照市场需求进行水运生产,市场在调节港、航资源中占主导地位。"两规"(已废止)还允许多种经济成分和多渠道运输,国有企业、集体企业、股份企业、个体企业等均作为市场经济的主体,享有理论上平等的法律地位,可以平等地参加水运市场的竞争。①这符合早期的公平竞争规则的特征。港口经营人与承运人的关系变为平等的合同关系后,允许合同定价运输。但这一时期的合同仍然以国家规定的价格作为基准。所谓合同定价,指的是允许水运价格在国家规定价格的基础上由企业在一定幅度内调整浮动。"两规"(已废止)对港口经营人的责任承担形式规定的是过错责任。即使出现了安全方面的问题,港口经营人无过错则可以不担责。这验证了港口经营人取得独立地位后,私法属性增强。

2. 有待进一步明确的港口经营人内涵和外延

"两规"(已废止)中虽然首次出现了港口经营人这一概念,但并没有对其内涵、外延进行明确的界定,只是以"本人或委托他人以本人名义与作业委托人订立作业合同的人"的表达赋予其一个大体的身份。按照交通部的解释,这一定义来源于 1991 年的《联合国国际贸易运输港站经营人赔偿责任公约》。②该公约对港口经营人的定义为"在其业务中、在其控制下的某一区域或其有权出入或使用的某一区域,负责接管国际运输货物、从事或安排从事与运输有关服务的人,但属于承运人的除外"③。其中,"国际运输"指经营人接管货物时确定的起始地和目的地在不同国家的货物运输;"与运输有关的服务"包括堆存、仓储、装货、卸货、积载、平舱、隔垫和绑扎等服务。④这一定义从外延上不仅限于海运港口经营人,还包括公路、铁路、空运等运输港站经营人,但地理范围上仅限于国际货物运输,不包括旅客的运输和其他服务,且起始地和目的地必须在不同国家。该公约的核心内容是赔偿责任限制。"两规"对该公约文本的引用能

---

① 叶红军:《我国水路运输法律体系中的一部"龙头法"——解读〈港口法〉》,《水路运输文摘》2003 年第 7 期。

② 叶红军:《我国水路运输法律体系中的一部"龙头法"——解读〈港口法〉》,《水路运输文摘》2003 年第 7 期;陈友喜、吕进良、刘俊:《集装箱货物运输中港站经营人责任分析》,《集装箱化》2003 年第 6 期。

③ 《联合国国际贸易运输港站经营人赔偿责任公约》第 1 条(a)。

④ 《联合国国际贸易运输港站经营人赔偿责任公约》第 1 条(c)。

在一定程度上表明当时我国已经认可了港口经营人的民事主体地位,也认可了其私法属性。

(二)新"两规"中的港口经营人概念及其法律属性

2000年的"新港规"(已废止)对"两规"作出了根本性的修订。原《水路货物运输管理规则》被废止,《合同法》的精神和法律原则被更深入地贯彻进调整水上货物运输和港口作业的部门规章中。①没让人失望的是,新"两规"维持并进一步明确了港口经营人的独立法律主体地位。

1. 增强的港口经营人私法属性

新"两规"均以民事关系为调整对象,港口经营人与船公司的关系更为明确。"港规"(现已废止)明确了港口经营人的定义,第3条第2款将港口经营人定义为"与作业委托人订立作业合同的人";第3款将作业委托人定义为"与港口经营人订立作业合同的人"。这一循环规定看似一头雾水,但实际上明确了两个问题:港口经营人仅是水路运输经营人,不包括公路、铁路和航空运输经营人;港口经营人不仅为货物提供服务,还可以至少为船舶和旅客提供服务。

在责任承担问题上,"港规"(已废止)将港口经营人的责任承担形式规定为严格责任。其中,第45条规定"港口经营人对港口作业合同履行过程中货物的损坏、灭失或延迟交付承担损害责任赔偿",并列出八项免责事由。②在没有免责事由的情况下,对于由港口作业造成的货物灭失、损坏或延迟交付,港口经营人不再享受责任限制,而按照实际损失承担赔偿责任。这一时期,港口经营人在立法中的外延逐渐明确,港口经营人逐渐享有明确、独立的事实地位和法律地位,尽管为此需要承担的责任加重了。当港口经营人只能承担极为有限的责任时,事故的损失仍需政府为之兜底。赋予港口经营人承担更大程度的责任的能力和资格,符合市场

---

① 雷孟林:《运输合同法》,人民交通出版社2006年版,第17页。

② 这些免责事由包括:第45条港口经营人对港口作业合同履行过程中货物的损坏、灭失或者迟延交付承担损害赔偿责任,但港口经营人证明货物的损坏、灭失或者迟延交付是由于下列原因造成的除外:(一)不可抗力;(二)货物的自然属性和潜在缺陷;(三)货物的自然减量和合理损耗;(四)包装不符合要求;(五)包装完好但货物与港口经营人签发的收据记载内容不符;(六)作业委托人申报的货物重量不准确;(七)普通货物中夹带危险、流质、易腐货物;(八)作业委托人、货物接收人的其他过错。

主体的风险承担原则。因此,1995 年"两规"(已废止)和 2000 年"港规"(已废止)在明确港口经营人的独立法律地位的过程中,赋予其更大程度的承担责任的能力,也是增强其私法属性的表现。

2. 港口经营人相关法律关系的新变化

这一宏观经济政策影响下,交通部对水运体制作出了四项改革方案,港口改革是其中一个重要组成部分。1994 年、1995 年,海南省、深圳市和重庆市均进行了试点,由双重领导改为下放地方管理,提出政企分开、权责明确的改革思路,要求加强政府的宏观管理职能,建立现代企业制度。①

(1) 政政关系、政资关系的新变化

2001 年,国务院办公厅发布《国务院办公厅转发交通部等部门关于深化中央直属和双重领导港口管理体制改革意见的通知》(国办发〔2001〕91 号),将当时由中央管理的秦皇岛港和中央、地方双重管理的港口全部下放地方,下放后原则上交由港口所在市的人民政府管理;需要由省级政府管理的事务由省级政府按照"一港一政"原则自行确定具体的方式方法。②权力下放后,港口的管理严格实行政企分开。港口经营人不再承担任何行政管理职能,要按照现代企业制度要求深化企业内部改革,成为自主经营、自负盈亏的独立法人实体。改革后的港口财务变为"收支两条线",取消港口经营人定额上缴、以收抵支的办法,转为按国家的税收管理有关规定征缴港口企业所得税的新办法。③

(2) 政企关系的新变化

政政关系和政资关系的试点调整也影响了国家的政企关系政策。20 世纪 90 年代初,党的十四大明确提出建立社会主义市场经济体制,在国家宏观调控下,让市场发挥资源配置的基础性作用。④现代企业制度的基本要求是明晰企业的产权关系,由包括国家在内的出资人投资形成企业的法人财产权,企业以独立的法人财产自负盈亏,同时对出资人承担保值增值的责任。政府的职责是转变职能,将对经济的管理变直接为间接,

---

① 《国务院办公厅转发国家体改委、国家经贸委关于深圳口岸管理体制改革试点方案的通知》,国办发〔1995〕42 号。

②③ 《国务院办公厅转发交通部等部门关于深化中央直属和双重领导港口管理体制改革意见的通知》,国办发〔2001〕91 号。

④ 《经济日报》:《围绕经济体制改革攻坚克难》,载中国共产党新闻网 http://theory.people.com.cn/n1/2018/0816/c40531-30231493.html,2022 年 2 月 1 日。

运用经济手段、法律手段以及必要的行政手段调控国民经济的运行,而不再直接参与企业的生产经营。

第二节 《港口法》中港口经营人的法律属性透视

2003年《港口法》仅从纵向规定港口经营人的行政法律关系,未从横向规定港口经营人的民事法律关系。其原因在于《港口法》起草时,有关部门对于港口经营人是否应为独立的民事法律主体这一问题存在争议。该法最终仅规定了港口经营人的行政法律关系,港口经营人的各类经营活动受公法约束。《港口法》的内容整体上体现了有关部门在港口经营人的公法、私法属性之间摇摆纠结的过程。

一、《港口法》中的港口经营人相关法律关系

《港口法》首次对港口的概念及港口的治理模式作出规定。该法对港口的定义基本从港口的功能出发,涵盖了第一代港口的几项主要功能;同时为便于港口管理,还以地理位置的重要性、吞吐量大小、对经济发展的影响大小这三个弹性标准确定不同港口的行政管理部门。①该法对港口的定义保留至今,在后来的三次《港口法》修正中均未触碰,可见这一定义在当时的前瞻性。《港口法》规定了严格实行政企分开的港口治理模式,凸显了港口经营人促进经济发展、创造收益的私法属性。但该法并未对港口经营人的民事关系作出规定,使得政企分开之后,本应具有市场主体地位的港口经营人的私法属性无从在法律中得到确认。

(一)《港口法》未规定港口经营人民事法律关系的原因

《港口法》立法工作中,在港口经营人是否应为独立的民事法律主体问题上,争议主要有以下几个方面。

其一,呼吁设立独立的民事法律制度的本意是为实现港口产业的更好发展,即作为民事主体享有独立的法律地位本应使港口经营人在责任基础、赔偿责任限制等方面享有更为有利的规定。但2000年"港规"在责任承担上反其道而行之,赋予港口经营人独立的法律地位却规定严格责任的形式。这某种程度上表明希望港口经营人享受更优待遇的政策导向

---

① 叶红军:《港口法解析》,人民交通出版社2003年版,第66—89页。

初心未必能通过赋予其独立的法律地位实现。

其二,当时有关国际海上货物运输的条约《海牙规则》《维斯比规则》《汉堡规则》以及我国当时的《海商法》都没有对接受承运人委托提供相应服务的港站经营人的法律地位作特别明确的规定。UNCITRAL 的"统一运输法草案"采取了与航空运输相似的方式,将港站经营人统一规定为"履约方"(performing party),这曾被认为是当时有关交通运输国际立法的发展方向。

其三,我国当时的《民用航空法》和《铁路法》都没有赋予机场、车站经营人独立的民事法律地位;机场经营人是航空运输经营人的代理人,铁路更是路站一家。因此,在海上运输问题上赋予港口经营人独立的法律地位容易造成我国各部法律之间的不协调。①

当时世界上其他国家的运输、港口立法也近乎都没有赋予港口经营人独立的地位,这一定程度上影响了我国当时决策者的判断。法国《运输法》规定港口经营人与承运人享有相同的赔偿责任限制,但也没有明确港口经营人的民事法律地位。②新加坡《港口法》也只规定了港口经营人的行政法律关系,与其民事法律关系相关的内容极少。③美国 1999 年《海上货物运输法(草案)》将承运人分为履约承运人和海运承运人,将港口经营人列入履约承运人行列。④立法过程中,当时的决策者基于上述原因,就港口经营人是否应被赋予独立的民事法律地位莫衷一是。港口产业的发展迫切需要《港口法》迅速问世,有关部门只能回避这一问题,仅规定港口经营人的行政法律关系。

(二)《港口法》中政企、政政与政资关系的变化

这次改革首次确立了政企分开的模式,省级或港口所在市级人民政府按照"一港一政"的原则形成了多元化投资主体。港口经营人成为独立的市场主体,依法独立从事经营活动,开始表现出私法属性。这一对政企关系的重大调整也影响了港口的政资关系,港口由原先的中央出资调整

---

① 本段的信息参见交通部:关于报送《中华人民共和国港口法(送审稿)》的报告,交水发〔1995〕1261 号,1995 年 12 月 28 日。

② Theo Notteboom, Athanasios Pallis and Jean-Paul Rodrigue, *Port Economics, Management and Policy*, Routledge 2022, p.220.

③ Ibid., p.280.

④ Ibid., p.340.

为地方出资占较大比重。改革后的港口资产除交由国家开发投资公司管理的部分外,均无偿划归地方政府,债权债务关系也随之一并转移。地方政府需多方筹措港口建设资金,为港口发展创设更为有利的条件。

在政政关系上,这次改革基本形成部、省、市级政府分级管理港口的框架:交通部为中央政府的行业主管部门,对全国港口实行统一行政管理,负责制定规划、发展政策和法规;省级人民政府交通主管部门负责行政区域内的港口行政管理工作;市级人民政府的港口行政管理部门承担具体的工作。

二、《港口法》中港口经营人相关法律关系呈现的属性规律

严格实行政企分开后,我国的港口经营人不是公法人,而是私法人。港口经营人的财产从权属上说,与政企合一时的港务局财产相比,"公共含量"明显降低。港口经营人承担公共职能时,是将其拥有的私法人财产投入公共用途。整体上,政企分开意味着港口经营人的私法属性增强,公法属性降低。只有其从事的职责蕴含的"公共含量"明显增加,才能增强其公法属性。

(一)《港口法》在港口经营人双重属性之间的平衡

我国的大型港口经营人主要是国有企业,港口经营人的资产虽然与国家的财产分离,但主体部分仍是国有资产。这一事实为判断港口经营人的法律属性又增加一层迷雾。况且,《港口法》没有规定港口经营人的民事法律关系,港口经营人从事经营活动只受公法规制,反而使其公法属性的外观较强,私法属性略弱。从该法条文的设计和布局来看,有关部门已经意识到这一问题,并试图通过对体现港口经营人不同职能的"疏解"来调控港口经营人公法、私法属性之间的平衡。

1. 第22条经营行为体现的弱公法属性

《港口法》第22条在对港口经营行为作出规定时,其列举的港口经营行为——装卸、仓储和驳运都是以营利为目的、谋取商业利润的职能。该条文规定的港口经营人从事这些职能,并以此取得报酬,体现出较强的私法属性。

拖轮业务具有维护港口安全和秩序的功能,在顺序上被放在最后。以保证货物运输质量为目标的理货业务被单独规定在第25条中,而以维护国家主权为宗旨的引航业务在第39条中被交由交通安全法和相应的行政法规来规范。整体上,第22条通过把握港口经营活动、港口经营人

的外延范围,控制其公法属性的强弱。将公法属性过强的职能排除在港口经营的条文之外,一定程度上抑制了港口经营人的公法属性在文本中的表达。

2. 港口经营人在港口建设、投融资中作用的弱化

《港口法》在港口经营人的公法、私法属性之间谋求平衡的意图还表现为对港口建设行为和港口经营行为的割裂,弱化港口经营人在港口建设中的作用。第 22 条将港口经营人的活动局限于"经营行为",第 7 条、第 14 条将港口建设纳入港口规划中,从而实现企业的归企业、政府的归政府。

与港口规划和港口建设相关的内容位于《港口法》第二章,与港口经营的章节相互独立。这产生了将港口经营人的活动局限于规划建设已完成后的经营活动的效果。《港口法》中有关港口规划和建设的条文明显地偏重港口规划。①第 7 条将港口规划置于国民经济发展全局中的重要地位。港口建设在这一章中处于次要的附属地位。第 14 条明确了"港口建设应当符合港口规划;不得违反港口规划建设任何港口设施"。港口建设完全被作为履行港口规划的方式手段,与港口经营人之间没有任何实质联系。

第 15 条至第 18 条则是对港口建设需要遵循的技术规范、程序规范和安全标准等事项的规定。②港口规划渗透在港口建设的各环节中,一定程度上反映了当时的基础设施建设仍受计划经济的深刻影响。而有关港口建设的规定对港口建设中投融资问题的反映极为有限,港口经营人在建设中的资金、人员方面的投入也被淹没。但实践中,当时主要几个港口的建设历程均包含港口经营人的实质参与,③港口经营人在港口投融

---

①　《港口法》第 7 条规定"港口规划应当根据国民经济和社会发展的要求以及国防建设的需要编制,体现合理利用岸线资源的原则,符合城镇体系规划,并与土地利用总体规划、城市总体规划、江河流域规划、防洪规划、海洋功能区划、水路运输发展规划和其他运输方式发展规划以及法律、行政法规规定的其他有关规划相衔接、协调"。

②　《港口法》第 15—18 条分别规定港口建设工程项目需经审批手续并遵循相应的技术标准和规范;建设中使用土地和水域需要遵照相关的行政法律、法规;危险货物作业场所和实施卫生除害处理的场所需符合港口总体规划并应经过相应行政管理部门审批;航标设施等辅助性设施需同步进行。

③　上海、天津、广州、大连、青岛等主要港口均在港务局的指引下进行建设,建设过程中由各港口的港口集团负责了相当多的内容。

资中当仁不让地占有一席之地。遗憾的是，这一历史作用没有体现在该法的条文中。

第5条规定"国家鼓励国内外经济组织和个人依法投资建设港口"。这里的"投资建设港口"根据其字面意思和上下文，应既包括港口的经营性设施，也包括港口基础设施。但第20条中"县级以上有关人民政府应当保证必要的资金投入，用于港口公用的航道、防波堤、锚地等基础设施的建设和维护"又表达了政府是港口设施建设和维护的投资主体。由此，港口经营人在港口的投融资中处于补充地位，在地方政府无法保证必要的资金注入时，《港口法》鼓励港口经营人的出资。

港口是社会基础设施的重要组成部分，对其投资规模需求大、建设周期长、一次性、不可分、回报率不稳定。①港口保证社会生产等经济活动的顺利进行，其经营活动本身也具有公共职能的特点。港口经营人为港口建设增砖添瓦，在港口建设环节中投入巨大，这能够增强港口经营人的公法属性。第18条规定"港口内有关行政管理机构办公设施的建设应当符合港口总体规划，建设费用不得向港口经营人摊派"更是直接明确了政资分开、公私分明的思路，对港口经营人在投融资建设阶段承担的任务的属性和份额进行限制。《港口法》鼓励港口经营人出资，却又不希望港口经营人发挥的作用过强，又表达了通过明确其私法属性来平衡、限制其公法属性的意图。

（二）《港口法》对港口经营人法律属性的持续调控

港口作为社会基础设施，具备天然的公共用途。这一公共用途不仅解释了港口经营在一些国家的自然垄断状态，②也极大地增加了港口经营活动的"公共含量"。港口经营人任一职责都离不开公共服务的特征，都具有一定的公法属性。2003年《港口法》为贯彻政企分开的改革总方针，只能通过为港口经营人实际从事的经营活动划定界限，在其公法属性和私法属性之间尽力谋求艰难的平衡。上述条文便是这一艰难平衡的产物。然而，这种平衡是刻意制造、维持的静态平衡。伴随港航事业的不断发展，港口经营人的各项职能并非一成不变。港口经营人的任一职能发

---

① 世界银行：《1994年世界发展报告：为发展提供基础设施》，中国财政出版社1994年版，第2页。

② 涂敏：《我国港口民营化动因、目标及模式选择》，浙江大学2008年博士学位论文。

生变化,都会产生"牵一发动全身"的效果,破坏其公法、私法属性之间的平衡。在《港口法》之前,我国与港口经营人相关的法律法规也在谋求其公法、私法属性之间的平衡。笔者发现,港口经营人法律属性的发展演变存在一个明显的规律:某一阶段,当港口经营人的某一属性得到更为明显的表达时,有关部门就通过强化另一属性与之制衡。

1. 调控港口经营人法律属性的历史依据

2000 年"港规"(已废止)明确了港口经营人的独立法律地位,却取消了原先的过错责任,转而实行严格责任。港口经营人能作为名正言顺的市场主体与其他主体进行商业行为,但不再享有此前的责任限制,需要承担较重的责任负担。严格责任的本意是相应主体对损害的发生没有过错时,也需承担相应责任。这并不严格符合私法中权利责任相统一原则,是民法中基于公平考虑而进行的拟制。①港口经营人在发生事故、造成损害时的归责原则援引了这一拟制,更是在港口经营人谋取商业利润的经营行为和港口经营人的社会责任之间谋求平衡。前者偏重港口经营人的私法属性,后者偏重港口经营人的公法属性。这一平衡也是在港口经营人的公法、私法属性之间谋求平衡。

2.《港口法》的修正对港口经营人法律属性的处理

《港口法》的三次修正内容中,第三次对港口经营人职能的调整占很大比重。这表明我国港航事业的迅速发展对港口治理、港口经营人经营活动提出了新要求,也表明 2003 年《港口法》刻意维持的港口经营人公法、私法属性的静态平衡并不稳定。2015 年、2017 年的前两次修正主要涉及港口行政管理部门的职权调整,②促进了港口治理的专业化和规范化。2018 年的第三次修正明确了港口理货业务经营人的独立法律地

---

① 李翔:《刑法中"行政处罚"入罪要素的立法运用和限缩解释》,《上海大学学报》(社会科学版)2018 年第 1 期。

② 第一次修正取消了海事管理机构对港口安全生产的监督权,将可能危及港口安全的采掘、爆破等活动由港口行政管理部门与海事管理机构共同管理转为由港口行政管理部门专门管理。第二次修正调整了在港口从事危险货物作业的前置程序,取消了港口行政部门对建设港口危险货物作业和实施卫生除害处理的专用场所的审批权。经修改后,建设这些场所如果符合港口总体规划和国家有关安全生产、消防、检验检疫和环境保护要求,与人口密集区和港口客运设施的距离也符合国务院有关部门的规定,依法办理手续即可建设。

位。①理货业务经营人的法律地位在 2003 年《港口法》中未能明确,就其性质,有些类似公证业务。对货物的质量进行客观、独立的证明这一职能有利于保证货物质量和运输安全,蕴含的"公共含量"较高,能够体现较强的公法属性。修正提到,这类经营人不得兼营其他港口业务。这一限制性规定的目的是防止这类经营人的公法属性被其他港口业务的私法属性侵蚀,保证这类经营人可以公平、公正地完成理货业务。对理货业务经营人法律地位的明确认可一定程度上增强了港口经营人的公法属性。

第三节 《港口经营管理规定》中港口经营人的法律属性检视

2009 年《规定》从诸多方面对《港口法》进行了重要补充,对港口经营人的行政法律关系作了更为完善的规定。除第 4 条对港口行政管理部门进行界定外,第 5 条还对港口经营人的市场竞争行为作出规定。《规定》鼓励港口经营人凭借自身的业务优势进行公平竞争,有利于倡导港口经营人作为市场主体,充分发挥其私法属性。禁止垄断要求又约束了港口经营人谋取利润、进行竞争活动的方式和方法,又抑制了港口经营人的私法属性。②《规定》出台后的数次修正中,总则部分内容没有变化。这反映了《规定》的前瞻性。

一、《规定》对港口经营人的资质要求与港口经营人的法律属性

2009 年《规定》第二章对港口经营人的资质管理从不同角度提出一些要求。其中,第 7 条、第 8 条、第 9 条为从实体角度作出的规定;第 6 条、第 10 条至第 16 条为从程序角度作出的规定。这些条文及后续修

---

① 第三次修正中,第 25 条被修改为"国务院交通主管部门应当制定港口理货服务标准和规范。经营港口理货业务,应当按照规定报港口行政管理部门备案。港口理货业务经营人应当公正、准确地办理理货业务;不得兼营本法第 22 条第 3 款规定的货物装卸经营业务和仓储经营业务"。

② "国家鼓励港口经营性业务多家经营、公平竞争,港口经营人不得实施垄断行为;任何组织和部门不得以任何形式实施地区保护和部门保护。"港口经营人恶性竞争的情况在当时还不是十分明显,这一规定的价值近十年更加凸显。

正内容都从不同角度展示了港口经营人的公法属性、私法属性的交叉和勾连。

（一）有关港口经营人资质的实体要求

《规定》第 7 条规定从事理货业务、船舶污染物接收业务外的港口经营人需要具备的资质条件；第 8 条、第 9 条分别规定从事理货业务的经营人、从事船舶污染物接收的经营人需要具备的条件。①

对港口经营人从事经营活动的资质要求是一种公法上的规制。某一经营人具备了法定资格才能从事相应的业务，有利于保证特定行业领域的职业规范和稳定。资质管理明确的领域通常比资质管理混乱的领域更安全，更具可信度。受公法规制是公法人的重要特征。港口经营人取得法定资质后，方能从事经营活动，也方能承担公共职能。加强对从事相应业务的港口经营人的资质管理，有利于明确对港口经营人的公法约束，体现了港口经营人的公法属性。

（二）有关港口经营人资质的程序要求

2009 年《规定》第二章第 7 条、第 8 条、第 9 条之外的其他条文为从程序角度作出的规定。②对港口经营人资质的程序性要求为从事港口经营业务设定了法定门槛，有利于维护港口领域的公共安全和秩序。

1. 从事港口经营业务的许可要求

第 6 条规定从事港口经营，应申请取得港口经营许可；同时规定实施港口经营许可应当遵循公平、公正和公开透明的原则，不得收取费用，还应当接受社会监督。为港口经营活动设置合理的程序门槛，是配合港口经营的实体资质要求，使得港口经营行为受公法的妥善规制。当港口经营人从事经营活动的程序门槛较高时，有关部门更多考虑到港口公共安全和港口经营活动的特殊性，港口经营人体现出较强的公法属性。当港口经营人从事经营活动的程序门槛较低时，有关部门更多考虑到港口经营活动谋取利润的强大能力和推动经济发展的巨大作用，港口经营人体现出较强的私法属性。

第 10 条是对申请从事港口经营业务许可的申请程序、相应的港口行

---

① 第 9 条在 2018 年修正中被修改为港口拖轮经营人需要具备的条件，经 2019 年的修正变为第 8 条；原第 8 条在 2019 年第四次修正中被删除（又增加第 17 条，对港口理货业务经营人作出专门规定）。

② 这些条文经 2019 年修正后为第 6 条、第 10 条至第 16 条。

政管理部门答复程序的要求。①后经 2019 年第五次修正,该条对申请流程的具体规定被删除,只保留了申请时需要提供的文件;从事船舶港口服务、港口设施设备和机械租赁维修的经营人及港口理货业务经营人的原许可要求转为备案要求。这既体现从事各类业务的港口经营人都需要履行公法上的程序要求,又保障港口经营人作为私主体、行政相对人在与行政主体的关系中享有合法的程序性权利。行政许可要求的简化、专业化,符合简政放权、市场调节的改革思路,增强了港口经营人的私法属性。

2. 申请变更港口经营业务范围、停业或歇业的要求

第 13 条、第 14 条要求港口经营人按照港口行政管理部门许可的经营范围从事经营活动。港口经营人如变更经营范围,应就其变更事项办理许可手续,并到市场监督管理部门办理相应的变更登记手续。社会公众对港口经营业务的需求具有稳定性,而港口经营人从事经营活动的也需稳定性才能具备公信力。严格要求港口经营人在其经营范围内经营、变更经营范围需履行额外法定程序的要求都体现了港口经营人的公法属性。②

第 16 条规定港口经营人停业或歇业,应提前 30 工作日告知原许可机关。其法律后果是原许可机关应当收回并注销其《港口经营许可证》,并以适当方式向社会公布。不再从事相应业务的港口经营人,需要以法定的公示的方式告知社会公众,需要这些服务的社会公众才能够根据这些信息重新选择相应的港口经营人。这与变更经营范围的要求同是对提供公共服务的主体的公信力要求,体现了港口经营人的公法属性。

2020 年第五次修正在港口经营人的从业资质问题上整体放宽,体现了优化港口营商环境的改革思路,增强了港口经营人的私法属性。经修

---

① 第 10 条规定申请从事港口经营业务的,申请人应当向相应的港口行政管理部门提出,并需要准备第 9 条规定的相关文件资料。2020 年的第五次修正后,港口行政管理部门应当自受理申请之日起 20 个工作日内作出许可或者不予许可的决定(原期限为 30 天)。对于符合资质条件的,由港口行政管理部门颁发《港口经营许可证》,并通过信息网络、报刊公布;不符合条件的,不予行政许可,并应当将不予许可的决定及理由书面通知申请人。

② 第五次修正将第 13 条第 1 款中的"并到市场监督管理部门办理相应的变更登记手续"删除;并将第 2 款中的"法定代表人"修改为"法定代表人或者负责人"。原来的"变更许可+登记",经过修正后变为变更许可(不需登记);申请人也不再必须是法定代表人。这实际上放宽了对变更经营范围的程序要求,赋予了港口经营人作为私主体变更其经营范围的更大自由度,增强了其私法属性。

正后《规定》打破了拖轮经营人需在港口所在地注册的条件限制。这有利于推动形成全国统一的拖轮市场,促进全国拖轮经营人在更高水平的平台上公平竞争。修正还落实了国务院《关于加快推进全国一体化在线政务服务平台建设的指导意见》(国发〔2018〕27号),不再强制要求需要延续经营期限的港口经营人提交书面材料。对港口经营延续申请材料的简化极大地便利了相对人,有利于其私法属性更大程度地发挥。①

二、《规定》对港口经营人经营活动的要求与港口经营人的法律属性

《规定》第三章"经营管理"是对港口经营人从事经营活动的规定,2019年第四次修正、2020年第六次修正对该章修正幅度较大。此时,《港口法》已经数次修正,港口理货业务经营人取得了独立法律地位。《规定》增加有关港口理货业务经营人的规定,体现了与《港口法》修正的配合。

（一）理货业务经营人体现的港口经营人法律属性

2019年,《规定》修正两次。年初的第四次修正幅度较大,年末的第五次修正涉及内容较少。第四次修正主要涉及从事船舶港口服务、港口设施设备和机械租赁维修的经营人及港口理货业务经营人的备案要求,港口经营人、港口理货业务经营人及从事船舶港口服务、港口设施设备和机械租赁维修的经营人核定、维护设备的要求。这些修正延续了《港口法》的思路,在从事相应业务的港口经营人的公法、私法属性谋取平衡。

1. 港口经营人、港口理货业务经营人的备案要求

2019年第四次、第五次修正后《规定》第16条要求从事船舶港口服务、港口设施设备和机械租赁维修的经营人及港口理货业务经营人向港口行政管理部门备案,方能从事经营活动。在字面上,这一规定接近对港口经营人的资质的规定。但这些经营人从事相应的经营活动不再需要许可,只需备案即可经营。因此,这一规定被放置在经营活动的章节中,也顺理成章。

《港口法》已对从事理货业务的经营人实施备案要求。理货业务经营人如保证独立、客观地开具证明,只需具备理货资质,不再需要额外的法定程序。港口设施设备和机械租赁维修等业务的经营人在海上货物运输、港口经济发展的全局中作用较为边缘,其开展相应经营活动的资质也

---

① 按照"证照分离"改革要求,港口经营许可时限从30日压缩到20日,许可变更和企业登记变更不再绑定。

被相应地放宽。其法理依据是，这些业务对于港口经营活动具备更强的可替代性。具备资质的人只要在一定时间内完成维修任务，并不需要设立畸高门槛。放宽这些业务的经营人门槛，一方面是让港口经营人作为市场主体更充分地竞争，另一方面也是出于节约公共资源的考虑。维修活动虽然也在一定程度上关系到港口工作能否顺利进行，但其蕴含的"公共含量"较低，因而《规定》侧重其私法属性。

2. 港口经营人核定、维护其从事的业务所需设备的要求

2019 年第四次、第五次修正，《规定》第 19 条要求港口经营人、港口理货业务经营人及从事船舶港口服务、港口设施设备和机械租赁维修的经营人按照核定功能使用和维护港口经营设施、设备，并使其保持正常状态。港口的任何设备，即使是小型设备，对于港口的安全也具有极大的影响。维护港口设施，使其正常运行，才能保证港口的生产经营秩序。即使这些业务的"公共含量"不高，从事这些业务的港口经营人也具备一定程度的公法属性。①

（二）《规定》对港口经营人承担公共职责的调整

2020 年的第六次修正对港口经营人从事经营活动提出环境保护要求、安全生产要求、正当处理危险货物和旅客危险随身物品要求、突发事件应对要求、合理定价和公平竞争的要求等。这些要求的出发点是公共安全，因而在"公共含量"上较高。

1. 港口经营人的环境保护要求

2020 年第六次修正增加第 19 条，即"港口经营人应当落实船舶污染物接收设施配置责任，按照国家有关规定加强港口接收设施与城市公共转运、处置设施的衔接，不得拒绝接收船舶送交的垃圾、生活污水、含油污水。鼓励港口经营人优先使用清洁能源或者新能源的设施设备，并采取有效措施，防止港口作业过程造成污染。"原第 19 条变为第 20 条，在申请从事一些经营业务的港口经营人许可条件中增加了"岸电"设施。②这是依法落实国家关于推进船舶靠港使用岸电的有关要求，在新能源广泛应用时，对港口经营人提出使用新能源、尽量减少港口经营活动引起污染的

---

① 第 20 条规定港口经营人如需变更或者改造码头、堆场、仓库、储罐和污水垃圾处理设施等固定经营设施，应依法履行相应手续；其出发点与第 19 条基本一致。

② 将原第 19 条改为第 20 条，将其中的"码头、堆场、仓库、储罐和污水垃圾处理设施"修改为"码头、客运站、堆场、仓库、储罐、岸电和污水预处理设施"。

要求。

控制水域污染、保护生态环境的要求包含较高的"公共含量",体现出港口经营人的公法属性。《规定》还明确了港口经营人的船舶污染物接收设施配置责任和接收义务以及与城市公共转运处置设施有效衔接的要求。满足港口污染物接收处置需求、减少污染物流向城市、保护港口周边城市环境,同样包含"公共含量",体现港口经营人的公法属性。

2. 港口经营人的安全生产要求

这次修正还增加第 21 条、第 22 条,从建立安全生产责任制度、严格落实按照法定级别泊船、控制集装箱最大营运总量、把握海、河航区及港区的合理界限等角度明确了对港口经营人的安全生产要求。第 21 条要求"港口经营人、港口理货业务经营人应当建立健全安全生产责任制度和安全生产规章制度,推进安全生产标准化建设,依法提取和使用安全生产费用,完善安全生产条件,建立实施安全风险分级管控和隐患排查治理制度,并严格落实治理措施";该条还提出港口经营人应"对从业人员进行安全生产教育、培训并如实记录相关情况,确保安全生产"。最后,该条还提出"港口经营人应按照国家有关规定落实港口大型机械的防阵风防台风措施"。港口安全关系到国民经济的平稳运行、人民群众的生命财产。港口一旦出现安全问题,为国民经济、社会稳定带来的损失非一般企业所能比拟。因此,对港口安全的关切包含较高的"公共含量"。对港口经营人提出安全生产要求,能够体现一定的公法属性,与一般企业需要履行的安全生产义务差异较大。

第 22 条要求港口经营人"按照码头竣工验收确定的泊位性质和功能接靠船舶,不得超过码头靠泊等级接靠船舶,但按照交通运输部的规定接靠满足相关条件的减载船舶除外"。第 23 条要求"港口经营人不得安排超过船舶载(乘)客定额数量的旅客上船。港口经营人不得装载超过最大营运总质量的集装箱,不得超出船舶、车辆载货定额装载货物。沿海港口经营人不得为超出航区的内河船舶提供货物装卸服务"。该条还提到"港口经营人应当配合海事管理机构做好恶劣天气条件下船舶靠离泊管理"。不按照等级泊船、集装箱超载、船舶在海港与内河港之间任意停靠都是高频导致事故发生的安全隐患。[1]这次修正新增的两条内容充分考虑到了

---

① 凤凰金刚网:《对于避免船舶停泊事故,你了解多少?》,载搜狐网 https://www.sohu.com/a/344216956_100239915,2022 年 2 月 1 日。

近年来港口事故的发生率及这些安全隐患的原因。对港口经营人提出这些要求表达了有关部门从源头处控制各类港口安全隐患、减少事故发生的决心,在"公共含量"上仍较高,体现港口经营人的公法属性。

3. 港口经营人正当处理危险货物和旅客危险随身物品的要求

第六次修正增加第 24 条,即:"港口作业委托人应当向港口经营人如实提供其身份信息以及货物和集装箱信息,不得在委托作业的普通货物中夹带危险货物和禁止运输的物品,不得匿报、谎报危险货物和禁止运输的物品。对未提供上述信息的,港口经营人不得接受港口作业委托。"该条还提出:"港口经营人收到实名举报或者相关证据证明港口作业委托人涉嫌在普通货物中夹带危险货物或者将危险货物匿报、谎报为普通货物的,应当对相关货物进行检查。港口经营人发现存在上述情形或者港口作业委托人不接受检查的,应当拒绝提供港口服务,并按照规定及时将核实情况向海事管理机构、港口行政管理部门及有关部门报告。"最后,该条提出:"危险货物装卸作业前,船舶应当向危险货物港口经营人提供船舶适装证书;对于不符合船舶适装证书所明确的危险货物范围的,港口经营人不得安排装卸作业。"这一新条文前半部分要求港口作业委托人向港口经营人如实提供相关信息,后半部分要求港口经营人检查货物中可能存在的危险货物;在明确是危险货物的情况下,港口经营人还有责任检查相关证书是否完备。

危险货物运输对港口和航行安全的危害程度远远大于其他货物。因此,如作业委托人可能对港口经营人隐瞒携带危险货物的事实,对港口经营人提出审慎地检查物品的要求,有利于尽早发现隐藏的危险。这一要求对于在港口处排查危险物品,尽早解决安全隐患具有重要的实践意义。危险货物运输可能带来的公共危害极大,防范这一公共危害的需要蕴含高"公共含量"。因此,这些要求体现了港口经营人的公法属性。

修正后原第 20 条改为第 25 条,规定了港口经营人与可能携带危险行李的旅客之间的关系。第 1 款要求"从事港口旅客运输服务的经营人,应当按照国家有关规定设置安全、消防、救生以及反恐防范设施设备,配备安全检查人员和必要的安全检查设施设备,对登船旅客及其携带或者托运的行李、物品以及滚装车辆进行安全检查,落实旅客实名制相关要求,保证旅客基本生活用品的供应,保持安全、快捷、良好的候船条件和环境"。增加 1 款,作为第 2 款,要求"旅客或者滚装车辆拒绝接受安全检查或者携带国家规定禁止上船物品的,不得上船"。这里的港口经营人指从事旅客运输的经营人，即客运站。旅客如在其行李中携带危险物质，对港口安全和航行安全的危害程度与危险货物类似，但具有更大程度的隐蔽性。对旅客行李可能包含的危险物品的检查要求更大程度地表达了港口经营人排查风险、降低隐患的需要。这一维护公共安全的需要蕴含高"公共含量"，体现了港口经营人的公法属性。

4. 港口经营人的突发事件应对要求

修正后原第 21 条改为第 26 条，其第 1 款要求"港口经营人优先安排突发事件处置、关系国计民生紧急运输和国防建设急需物资及人员的港口作业"；将原第 2 款中"征用"修正为"征收征用"。原第 22 条改为第 27 条，规定港口经营人"优先安排抢险、救灾和国防建设急需物资的港口作业；并服从政府在紧急情况下征用港口设施的指挥"。这是紧急情况下对港口经营人的突发事件应对要求。

我国《突发事件应对法》是这一领域的上位法，①规定任何承担公共职能的主体都承担着紧急情况下配合政府进行突发事件应对的义务。这一要求完善了港口经营人的应急管理措施，与 2020 年初以来的新冠肺炎疫情防控实践具有一定的联系。在紧急情况下，港口经营人有义务优先安排突发事件处置的任务和关系国计民生的运输任务，甚至可以将一些私人财产征用，服务于公共目的。这些任务本身蕴含着较高的公共含量，深刻地体现了港口经营人的公法属性。

紧急情况下，配合政府征用港口设施的要求与我国民事主体（包括公民、法人和其他组织）在紧急情况下配合征用措施的义务类似，又略显不同。港口经营人的经济活动本身就蕴含一定的"公共含量"。要求港口经营人配合政府在紧急情况下的征用，是为更迫切的公共需要暂时牺牲或限制一般的公共利益。同为公共职责，"公共含量"较低的职责让位于"公共含量"更高的职责。这既是对港口经营人公法属性的强调，也是对其公法属性的限制。

---

① 《中华人民共和国突发事件应对法》由中华人民共和国第十届全国人民代表大会常务委员会第二十九次会议于 2007 年 8 月 30 日通过，主席令第 69 号公布，自 2007 年 11 月 1 日起施行。第 2 条规定突发事件的预防与应急准备、监测与预警、应急处置与救援、事后恢复与重建等应对活动，适用本法。第 3 条规定，本法所称突发事件，是指突然发生，造成或者可能造成严重社会危害，需要采取应急处置措施予以应对的自然灾害、事故灾难、公共卫生事件和社会安全事件。

原第 24 条改为第 29 条，①将第 2 款中的"并保障组织实施"修正为"按照国家有关规定落实配备应急物资、定期开展应急培训和演练、修订相关预案等组织保障措施"；将第 3 款修正为："港口经营人、港口理货业务经营人按照前款规定制定的各项预案应当与港口行政管理部门及有关部门制定的预案做好衔接，并报送港口行政管理部门和港口所在地海事管理机构备案。"第 29 条是对港口经营人突发事件应对中各项应急措施的具体实施提出的要求。日常配备应急物资、开展培训和演练、准备和修订预案都有利于在紧急情况下加快应对的反应速度，提升应对质量，促进与港口行政管理部门的衔接。这一要求是将港口经营人置于危机应对的整体局面中，作为政府可以调动的力量的一部分，与政府组成部分直接配合。政企分开改革推行后，港口经营人一直在配合政府履行公共职能。港口经营人的日常公共职能是政企分开的改革不彻底导致的，蕴含的"公共含量"并不高。紧急情况下港口经营人配合政府承担公共职能则蕴含更高的"公共含量"，体现了港口经营人的公法属性。

5. 港口经营人的合理定价和公平竞争要求

经第六次修正后，原第 26 条变为第 31 条，在港口经营人"经营服务收费项目和收费标准"后增加"并通过多种渠道公开"。该条要求各类港口经营人从事业务遵守有关法律、法规、规章及相关服务标准，依法履行合同义务，公正、准确地办理港口经营和理货等业务，为客户提供公平、良好的服务。要求其履行合同义务，提供相应领域的专业、优质服务，是对港口经营人作为市场主体的要求，体现其私法属性。在合同法面前，港口经营人诚信履约的义务与其他市场主体并无差别。

公开收费标准要求（原第 27 条）在修正后第 32 条中有所体现。该条要求各类港口经营人遵守国家有关港口经营价格和收费的规定，在其经营场所公布经营服务收费项目和收费标准，并使用国家规定的港口经营票据。这是对港口经营人从事经营业务的社会公信要求。港口经营人的收费标准不仅需要向社会公开，公开的标准还要在一定时间内保持稳定。使用标准票据是为与社会其他行业在财务领域能够妥善地衔接。社会公

---

① 删去第 1 款：港口经营人、港口理货业务经营人应当依照有关法律、法规和交通运输部有关港口安全作业的规定，加强安全生产管理，完善安全生产条件，建立健全安全生产责任制等规章制度，加强落实，确保安全生产。原第 1 款的内容为宣誓性的，后面几款的修改内容也更为具体，这体现了将安全工作落到实处。

众使用港口经营服务时,购买的服务为公共产品。服务的价格是经过国家指导、确认的,与完全受市场影响的其他商品的定价不同。在定价和收费标准问题上,公立医院、公立学校等事业法人都遵循类似的要求。大型港口经营人作为国有企业法人,在这一问题上与事业法人非常相似。这种收费方式体现了公共产品本身蕴含的较高的"公共含量",进而体现了港口经营人的公法属性。

原第28条变为第33条,与总则中第五条相照应,是对各类港口经营人的竞争行为的更为具体的规定:即港口经营人不得采取不正当手段,排挤竞争对手,限制或者妨碍公平竞争;不得对具有同等条件的服务对象实行歧视;不得以任何手段强迫他人接受其提供的港口服务。港口经营人从事竞争行为时,是私法上的市场主体。政府对港口服务市场的干预意在防止港口经营人过度追逐利润,其私法属性过度扩张,从而侵蚀公共利益。规范港口经营人的竞争行为是指引港口经营人注意表现其私法属性的方式和尺度,提醒港口经营人其业务蕴含的"公共含量"。

三、《规定》对港口经营人监督管理和责任的规定与港口经营人的法律属性

《规定》的第四章、第五章更大程度地体现了港口经营人与港口行政管理部门之间的关系,更具有行政主体与行政相对人之间法律关系的特征。这两章内容在2020年第六次修正中变化较大,一些条文更明显地体现了港口经营人的公法属性。

（一）对港口经营人加强信用监管

第六次修正前,《规定》第四章"监督管理"主要内容为针对港口行政管理部门作出的规定,仅原第32条针对港口经营人。该条要求各类港口经营人按照国家有关规定,及时向港口行政管理部门如实提供港口统计资料及有关信息。其他公民、法人在必要时也应配合行政机关提供相应的个人信息和经营信息。但依照我国《公司法》的规定,①普通市场主体需要披露的信息外延有限。一些关系到实际经营的信息会落入商业机密

---

① 如果是上市公司,还需要依照《上市公司信息披露管理办法》进行必要的信息披露。这一文件于2021年3月4日中国证券监督管理委员会2021年第3次委务会议审议通过,由中国证券监督管理委员会令第182号公布,已自2021年5月1日起施行。

的范畴。港口经营人需如实提供的信息不仅从外延上更广，从内容上也更为具体和详尽。

第六次修正后，第 40 条规定："港口经营人、港口理货业务经营人以及从事船舶港口服务、港口设施设备和机械租赁维修的经营人有违反本规定行为的，港口行政管理部门依照有关法律、行政法规的规定将其信用信息录入水路运输信用信息管理系统，并予以公示。"这强化了对港口经营人的信用监管措施，并明确港口行政管理部门信用信息录入职责和渠道，有利于加强社会公众对于提供公共产品企业的监督。港口经营人与使用港口经营人服务的社会公众之间的关系受公法规制，这凸显了港口经营人提供服务的较高"公共含量"，体现了港口经营人的公法属性。

（二）为港口经营人承担公共职能设定法律责任

第五章关于法律责任的规定与第三章有关港口经营人的经营活动一一对应，是对港口经营人的经营活动的法律化、规范化。其法理逻辑是通过对港口经营人违背上述要求的行为设置行政处罚，保证其经营活动始终考虑公共安全，维护公共利益。

1. 对不按照规定许可或备案等行为的处罚

原第 38 条对未依法取得港口经营许可证从事港口经营的以及港口理货业务经营人兼营货物装卸经营、仓储经营业务的法律责任作出规定；其法律责任包括责令停止违法经营、没收违法所得、并处罚款等。[①]

《规定》对新增加的港口经营人安全生产要求依法设定行政处罚，有利于加强法律监督，落实相应的法律责任。在对港口经营人设置行政处罚时，是将港口经营人作为行政相对人、私主体对待。然而，这些行政处罚针对第三章中港口经营人从事经营活动需承担的公共职能而设立，其目的是保证港口经营人更好地履行公共职责。行政处罚的设置虽将港口经营人视为私主体，却也增加了港口经营人从事活动的"公共含量"，体现

[①] 第六次修正后，原第 38 条改为第 42 条，删去第 2 款中的"港口理货业务经营人"；增加第 3 款，规定港口经营人未按照国家有关规定落实港口大型机械防阵风防台风措施、未按照码头泊位性质和功能接靠船舶或者超过码头靠泊等级接靠船舶（接靠满足相关条件的减载船舶除外）、未对登船旅客及其携带或者托运行李、物品以及滚装车辆进行安全检查、装载超出最大营运总质量的集装箱或者超出船舶、车辆载货定额装载货物、未按照国家有关规定设置相应设施设备或者配备安全检查人员的，由港口行政管理部门责令改正，并处 1 万元以上 3 万元以下罚款。

了一定程度的公法属性。

2. 对违背突发事件应对要求的处罚

修正后第 44 条规定对港口经营人不优先安排抢险物资、救灾物资、国防建设急需物资的作业的规定责令改正；对造成严重后果的规定吊销《港口经营许可证》，并向社会公布。突发事件应对要求的"公共含量"极高，港口经营人在突发事件中拒不履行公共职能，可能危害公共利益，侵蚀其自身的公法属性。设置行政处罚，有利于督促港口经营人在紧急情况下履行公共职责，维护公共安全，保障其公法属性不受侵蚀。

3. 对违背合理定价和公平竞争要求的处罚

修正后第 46 条对各类港口经营人违背第 27 条定价和票据使用规定、违背第 28 条公平竞争规定设置法律责任。该条为维护公平竞争环境和港口领域市场秩序，对港口经营人竞争的方式和手段提出要求，是抑制其私法属性的膨胀，维护港口经营活动的"公共含量的表现"。然而，这一规定字面上较为含混，很难实质地约束港口经营人的不正当竞争行为。①

4. 对不遵循监督管理的处罚

修正后第 47 条，对港口经营人不及时、不如实向港口行政管理部门提供港口统计资料及有关信息的行为规定行政处罚。这一要求强化了港口经营人与使用港口服务的社会公众之间的联系。要求经营人及时、如实向社会公众提供相应资料，将港口经营人与社会公众的关系纳入公法规制。对拒不履行这一公法义务的港口经营人设置行政处罚，提高了如实提供信息这一公共职责的"公共含量"，凸显了港口经营人的公法属性。

本 章 小 结

从新中国成立到改革开放，再到实行社会主义市场经济和《港口法》的实施，我国港口领域立法对港口概念、港口经营人及与之相关的政政关系、政资关系、政企关系的规定经过了漫长微妙的发展历程。个中规则的变化均对港口经营人的法律属性具有一定的影响。整体上，当港口治理实行政企合一，港口经营的实际权力由中央把控时，港口经营人表现出更

---

① 这也部分解释了为何当下港口经营人的不正当竞争行为愈演愈烈，后文还将结合港口整合的新发展从经济法角度再提及这一问题。

为明显的公法属性。2003 年《港口法》明确实行政企分开,强化了港口经营人在理论上的私法属性。但由于该法未规定港口经营人的民事法律关系,条文设计整体上在港口经营人的两种属性之间谋求平衡。《规定》是交通运输部的部门规章,以港口经营人的行政法律关系为主要内容,偏重对港口经营人公法关系的规定。《规定》的六次修正中,港口经营人承担的公共职责越来越多,"公共含量"呈现上升趋势。

第四章

实践中港口经营人法律
属性的问题

我国港口经营人经过有关部门的审批,取得特许经营权,从而开展建设项目,从事经营活动。港口经营人提供的服务具有一定的公共性,又根据地方性法规的授权可以行使一些安全检查、紧急处置等政府部门职责。港口经营人提供的服务、承担的公权力职责符合公法人的理论架构,在实践中又以市场主体身份从事经营活动。其双重属性的矛盾身份在《港口法》和《规定》的立法历史中已显露头角,在当下的特许经营实践中表现得更为明显。经营实践中的种种乱象进入司法视野后,法院由于缺乏有关港口经营人法律属性的明确规则,在司法实践中只能含糊其词,就事论事,一定程度上影响了司法实践的准确性。

第一节　特许经营实践中港口经营人
法律属性的乱象

特许经营制度本是公法人理论在制度层面的延伸。政府深思熟虑选择的特许经营人提供公共服务,是公法人接受政府的横向公务分权、承担公共职能的另一表现形式,二者在理论上并无逻辑矛盾。但特许经营人是依法成立的市场主体,其从事的经营活动除具备特许经营这一领域本身的特殊性外,不再有其他的公法特征。与铁路、邮政等传统的专营领域不同,我国有关特许经营活动的规范并不健全。港口领域在确立政企分开之后,企业以特许经营的方式从事经营活动。港口经营人的法律属性不明确,可能导致其在特许经营活动中对商业活动和公共利益的权衡不当,行使特许经营权不慎,乱象丛生。

一、港口经营人享有的特许经营权

特许经营是公私合作的一种独特形式,公私合作适用于政府负有提供责任又适宜市场化运作的公共服务类、基础设施类项目。[①]燃气、供电、供水、供热、污水及垃圾处理等市政设施,公路、铁路、机场、港口、城市轨道等交通设施,医疗、旅游、教育培训、健康养老等公共服务项目及水利、资源环境和生态保护等公益类项目均适宜采用公私合作模式,进行政府与企业的合作。港口领域作为交通领域的基础设施的一类,被列入我国有关公私合作的文件中。如上述,特许经营在我国基础设施和公共服务领域中扮演重要角色,其应用比其他形式的公私合作更为广泛。我国港口领域基础设施建设和经营活动的主体部分是以特许经营形式展开的。

根据项目是否具有明确的经营性,公私合作项目包括经营性项目、准经营性项目和非经营性项目。[②]特许经营项目中,纯粹的非经营性项目较少,主体部分是经营性项目和准经营性项目。港口经营是自然垄断属性较强的行业。在政企分开改革推行时,有关部门就意识到一些经营活动由港口经营人进行更有利于发挥其效率优势;一些非经营活动由港口经营人进行也能提供港口领域的专业化服务。依法开放港口经营项目的建设、经营市场,推动这些行业从自然垄断逐步过渡至实行特许经营,有利于这些领域的市场化和公共服务的规范化。

(一)港口经营人对经营性项目的定价权

经营性项目指具有明确的收费基础且经营收费能够完全覆盖投资成本的项目。[③]这类项目全部是特许经营项目。[④]政府授予特许经营人特许经营权后,这类项目可采用建设—运营—移交(BOT)、建设—拥有—运营—移交(BOOT)等模式推进。这类项目收费需符合公私合作的公益性

---

① 发改委《关于开展政府和社会资本合作的指导意见》,(发改投资〔2014〕2724 号)。

② 邓连喜:《公私合作模式在准经营性基础设施项目中的应用》,《城市轨道交通研究》2007 年第 11 期。

③ 杨靖文:《公私合作与行政法的回应》,西南政法大学 2017 年博士学位论文。

④ 这种收费项目具有经营性,在基础设施和公共服务领域的这类项目必然需要特许经营权。所以这一类完全落入特许经营项目中,理论上没有例外。实践中,笔者也暂未见到例外项目。

目的,其标准要公开、公正。这类项目的收费标准公开问题及公众在使用项目时与特许经营人的关系问题受公法规制。这也再次验证了特许经营人符合公法人的理论特征。我国各港口的各项经营活动的收费标准均公开可查,这与港口经营人作为特许经营人的公法属性相符合。

我国港口经营人的收费权是其特许经营权的组成部分,港口领域的设施保安费、停泊费、港口包干费和库场使用费的收费均由港口经营人负责。然而,几项由港口经营人负责收费的类别中,各类收费的标准不都由港口经营人独自决定,而是依据交通部的《港口收费计费办法》(《收费办法》)存在不同的定价方式(见表2)。

表2　港口经营人享有收费权(依定价方式)的项目类别

序号	收费项目	定价方式①	法条依据
①	港口设施保安费	政府定价	《港口收费计费办法》第12条:经由港口吞吐的外贸进出口货物及集装箱,由港口经营人向货方或其代理人分别计收进、出港港口设施保安费。
②	停泊费	政府发布指导价	《港口收费计费办法》第28条:停泊在港口码头、浮筒的船舶,由提供停泊服务的港口经营人向船方或其代理人计收停泊费。
③	港口包干费	市场调节价	《港口收费计费办法》第35条:港口经营人为船舶运输的货物及集装箱提供港口装卸等劳务性作业,向船方、货方或其代理人等综合计收港口作业包干费。
④	库场使用费	市场调节价	《港口收费计费办法》第39条:货物及集装箱在港口仓库、堆场堆存,由港口经营人向货方或其代理人收取库场使用费。

整体来看,由港口经营人负责收费的经营活动主要包括为港口设施提供安保、为船只提供停泊服务、为船舶运输的货物提供装卸等劳

---

①　定价方式由《港口收费计费办法》第3条规定:"港口收费包括实行政府定价、政府指导价和市场调节价的经营服务性收费,其中实行政府定价的港口收费包括货物港务费、港口设施保安费;实行政府指导价的港口收费包括引航(移泊)费、拖轮费、停泊费和围油栏使用费;实行市场调节价的港口收费包括港口作业包干费、库场使用费、船舶供应服务费、船舶污染物接收处理服务费、理货服务费。"

务性服务,为客船提供港站使用服务以及为货方提供仓储、堆存服务。①根据交通部《收费办法》的规定,这些服务的定价标准不同。②还有一些较为典型的港口经营人的经营项目(见表3),实践中负责收费的主体不完全是港口经营人。交通部允许地方性法规将该职责授予其他部门,因而在《收费办法》中收费单位为"提供……服务的单位"。这些项目的收费事实上仍然由港口经营人负责,本书依据定价标准的不同单独列举。

表3 事实上由港口经营人负责收费的项目类别

序号	收费项目	定价方式③	法条依据
①	拖轮费	政府发布指导价	《港口收费计费办法》第25条:船舶靠离泊使用拖轮和引航或移泊使用拖轮,提供拖轮服务的单位向船方或其代理人计收拖轮费。
②	围油栏使用费	政府发布指导价	《港口收费计费办法》第33条:船舶按规定使用围油栏,由提供围油栏服务的单位向相关规定明确的布设围油栏义务人收取围油栏使用费。
③	船舶供应服务费	市场调节价	《港口收费计费办法》第41条:为船舶提供供水(物料)、供油(气)、供岸电等供应服务,由提供服务的单位向船方或其代理人收取船舶供应服务费。
④	船舶污染物接收处理服务费	市场调节价	《港口收费计费办法》第42条:为船舶提供垃圾接收处理、污油水接收处理等船舶污染物接收处理服务,由提供服务的单位向船方或其代理人收取船舶污染物接收处理服务费。

---

① 见交水规〔2019〕2号,《港口收费计费办法》第12、28、35、39条。

② 见交水规〔2019〕2号,《港口收费计费办法》第3条。

③ 定价方式由《港收费计费办法》第3条规定:"港口收费包括实行政府定价、政府指导价和市场调节价的经营服务性收费,其中实行政府定价的港口收费包括货物港务费、港口设施保安费;实行政府指导价的港口收费包括引航(移泊)费、拖轮费、停泊费和围油栏使用费;实行市场调节价的港口收费包括港口作业包干费、库场使用费、船舶供应服务费、船舶污染物接收处理服务费、理货服务费。"

1. 由政府定价的经营活动

港口设施保安费是由政府定价的,港口经营人仅仅作为一个执行人,向货方或其代理人收取。根据《收费办法》第12条,港口经营人必须按照交通部制定的港口设施保安费费率表,按集装箱件数或者货物重量收取港口设施保安费。

2. 由政府发布指导价的经营活动

停泊费由政府发布指导价,这意味着港口经营人可在不超过上限收费标准的范围内自主制定具体收费标准。[1]这给予了港口经营人一定的自主裁量权。一些港口经营人可以通过减免停泊费的优惠来吸引更多船只靠泊和使用配套服务。[2]这客观上有利于促进港口间的良性竞争,加强我国港口的整体竞争力。

举例而言,港口拖轮经营活动在救援、不适宜船舶自主航行的港口区域航行中均不可或缺。这项活动以港区航行安全为出发点,符合公共利益。这些活动还具有经营性,各港口的拖轮特许经营人的收费标准均公开。一些港口拖轮经营以航次为收费基准,根据所需拖船的吨位、长度调整相应的费率;进出港、船舶的靠泊等具体业务收费不同。烟台港采用这一做法,一次性收齐拖航费后,作业时长不再影响收费。[3]厦门港则按照出动船舶的马力不同和作业时间长短计算最终收费,救援船舶的拖航也按这一标准计算费用。[4]各港口的收费需要遵照交通部的既有标准,并事先公示。

3. 由港口经营人根据市场自主定价的经营活动

港口包干费和库场使用费是完全由港口经营人自己定价的,[5]但港

---

[1]　见交水规〔2019〕2号,《港口收费计费办法》第28条。

[2]　如2022年3月24日,上海港发布公告,对经停上海港使用新能源燃料及靠港时使用港口岸电的外贸船舶,给予靠港船舶停泊费50%的优惠减免。参见上港集团:《关于给予新能源船舶及靠港使用岸电船舶的优惠公告》,载上港集团官网https://www.portshanghai.com.cn/ywgg/2342.jhtml,2022年4月22日。

[3]　烟台港的计费单位为元/拖轮航次,不同航线、不同船舶类型、不同船长,分别规定固定数额的价格。

[4]　《厦门港船舶使用拖轮标准及计费办法》分内、外贸;外贸按照交水发〔2001〕542号文件规定0.48元/马力·小时,内贸按交水发〔2005〕432号文件规定0.35元/马力·小时。我国南海救捞局进行救捞作业时,就采这一计费方式。这一方式可能导致出现加百利号中,救捞船派出后发现不适宜作业,在海上逗留时间过长引起的争议。

[5]　见交水规〔2019〕2号,《港口收费计费办法》第35、39条。

口经营人必须主动公开价格目录和收费标准,接受公众监督。通过这种方式,港口经营人可以根据市场供求关系、生产经营成本和竞争的激烈程度自主定价,从而实现其利益的最大化。

这些项目的投资成本远不及基础设施项目,回报率极高;虽然这些服务收费不高,但使用受众广泛。除一些泊位闲置较为严重的少数港口,主要港口在正常时期的货物运输、旺季的旅客运输创造的收入能轻松覆盖其运输成本。这类项目按照财政部《政府和社会资本合作法(征求意见稿)》(简称《合作法》)为典型的经营性项目。①港口经营人作为特许经营人享受的收费权是特许经营权的一部分。

(二)港口经营人对港口基础设施的经营权

准经营性项目指虽然也以经营为基础向公众收费,但收费不足以覆盖投资成本,需政府补贴部分资金或资源才能进行的项目。②这类项目在实践中可通过政府授予特许经营权附加部分补贴或直接投资参股等措施,采用BOT、建设—拥有—运营(BOO)等模式推进。准经营性项目的定位仍然是经营性项目,但其开展初期,前景并不明朗,因而无从保障投资者获得收益的预期。因此,这类项目的运行模式需要在政府和企业之间建立投资、补贴与价格的协同机制。这种机制确立政府与企业利益共享、风险共担的机制,为企业日后获得合理回报创造积极条件,尽可能降低政府的风险。③

1. 属于准经营性项目的港口基础设施建设项目

我国的主要港口建设和经营依赖特许经营制度。除小型码头上层设施经一般许可即可经营,大型港口的基础设施、上层设施建设的经营人均为特许经营人。④《合作法》第10条规定政府与社会资本合作项目包括基

---

① 第25条规定合作协议可以约定社会资本通过政府付费、向使用公共产品或服务的用户收费、可行性缺口补助、与合作项目相关的其他配套开发经营权益、经县级以上人民政府依法批准的其他方式获取收益。

② 邓连喜:《公私合作模式在准经营性基础设施项目中的应用》,《城市轨道交通研究》2007年第11期。

③ 优化风险分配机制也是财政部文件的要求,这正是考虑到公私合作实践中存在大量的准经营性项目。见2014年《政府与社会资本合作模式操作指南(试行)》第8条,2019年《政府与社会资本合作模式操作指南(修订稿)》第12条。财政部修订原文件,将评估风险的方法由定性、定量综合评价变为定量评价。

④ 《关于明确港口经营管理有关问题的通知》交水发〔2005〕416号对港口岸线使用、港口土地使用等都作说明。港口经营许可除这一文件,还见本书第二章的《港口法》《规定》。

础设施类和公共服务类项目。①港口建设和经营项目被明确列为基础设施类项目。

港口是基础设施的重要组成部分,港口建设经营是基础设施建设经营的一个子类。港口区域的特定性,在交通运输中的不可替代性导致其在世界上多个国家从古至今都具备一定的自然垄断属性。②港口经营活动的完成还必须依托设备设施。港口设施的主体部分为基础设施,剩余部分为上层设施。港口基础设施具有投资大、建设和回收周期长、建设不可分等特点。这些设备的建设和经营,受港口的自然垄断属性以及基础设施建设大规模、不可分等特点的双重影响,具有自然垄断属性。一些港口基础设施项目具备一定的收费基础(如一些航道的使用),但收费不足以覆盖其巨大的前期成本。这些应属于准经营性项目。

(1)港口基础设施及其建设经营的较强"公共性"

根据港口基础设施所处的海向、陆向区域的差异,港口基础设施可分为海域基础设施和陆域基础设施。海域基础设施包括港口航道、港池、防波堤、导流堤、护岸、船闸、浮筒、助导航设施(灯塔、灯船)等;陆域基础设施包括港内道路和铁路。这二者均具有大规模、不可分、回收周期长的特点,同时都服务于公共目的。建设经营这些设施的活动"公共含量"高,参与经营建设这些设施的特许经营人也具有较强的公法属性。海域设施具有很强的专业性,掌握海域、航道等方面知识和技能的团队才能完成。陆域设施与陆上其他交通设施类似。一些国家政府指定专门部门承担这些设施,而不交由负责港口建设的部门承担。③

此外,港口设施还包括上层设施。这类设施投资规模整体较小、回收周期短,具有可移动性。④这些设施对于港口经营活动仍然不可或缺,但公共用途较弱。比如,码头、堆场、仓库、办公楼等设施均为特定公司处理一些货物所用。这些设施公共用途不强,因而"公共含量"不高。但我国

---

① 其中,基础设施类项目包括公路、铁路、港口、机场、城市轨道交通、供水、供暖、燃气和污水垃圾处理等项目;公共服务类项目包括环境保护、大气污染治理、教育培训、公共医疗卫生、养老服务、住房保障、行政事业单位房产运行维护等项目。

② 马宗武:《港口经济学》,中国城市经济社会出版社1989年版,第60—105页。

③ 例如,德国水体法规定,港口内基础设施的规划虽然在地方政府引领下由港口经营人自行负责,联邦政府仍然负责把公路、铁路、航道建到紧贴港口的位置。

④ 柯水平:《集装箱港口陆域集疏设施规模优化配置》,天津大学2015年博士学位论文。

大型港口经营人承担主要港口基础设施时,也会一并建设上层设施。主要港口的上层设施也由大型港口经营人以特许的方式打包建设、经营。因此,港口经营人在建设经营港口设施中谋取了商业利润,体现出私法属性;同时服务于公共目的,实现公共用途,具有"公共含量",也体现出公法属性。

（2）具有"公共性"的普通许可经营人

我国大型港口经营人主要为国有企业,它们承担港口基础设施建设以及我国主要港口的上层设施建设。①伴随航运经济的迅猛发展,世界范围内的港口功能均在发生日新月异的变化,港口经营人的经营活动极大地扩张。每一项主要经营活动都扩展出相应的边缘经营活动,原先的上层设施也逐步扩张。②港口经营人需要提供的服务在种类、规模上均增加和扩大。为此,我国逐渐放宽对于港口经营人从事相应活动的许可要求。港口经营人的外延也随之扩大。承担重要程度和操作难度略低,"公共含量"也较低的维修、养护等职能的小型港口经营人陆续进入这一范畴。此外,社会生活的日趋丰富也对港口经营人提出一些新的职能要求。不同国家的海关制度的完善也需要港口经营人为一些职责提供支持。

港口经营人的外延扩大是否影响其公共性?这种变化并不明显。港口的双重职能是港口经营人具备双重属性的客观基础。而港口职能扩张必然伴随其双重属性的职能都在扩张(未必同时同步)。无论承担"公共含量"巨大的公共职责的拖轮经营人,还是承担边缘经营活动的小型港口经营人,其营利途径均是提供公共服务。港口经营人从事经营活动与其提供公共服务职能的天然重叠并未消失。

承担"公共含量"较低的职能的小型港口经营人如只需一般许可,便不再是特许经营人,但其提供公共服务的职能与其经营活动的交织重叠并未改变。这类经营人提供的服务的"公共含量"低,但仍然服务于公共

---

① 国有企业这里是广义概念,国有资本控股即为国有企业。我国大型港口经营人包含私营企业的股份,一些港口的建设还可能有外资(真正的外资较少,主要是香港资本)进入并维持一定程度的参与度。如招商局在我国各主要港口的建设中都具备较高的参与度,在中远集团的年报中,港资和外资仍有些区别,有时港资会用"其他"来表达。

② 作为上层设施的经营活动也在扩张。如港口经营人的商业功能从最初的简易休息区扩展出餐饮、读书区、豪华客房区等。

目的;其公法属性可能减弱,但这类经营人整体规模小,在港口经营活动中占比不大,对于港口经营人作为一个法学主体的公法属性不会产生明显影响。这些项目虽然从性质上不再是特许经营项目,但实践中通常伴随一些主要的准经营性项目一并完成。因此,我们很难将这些项目从港口基础设施项目中完全剥离出去。

2. 扩大解释的"准经营性项目"

非经营性项目系指缺乏"使用者付费"的基础,主要依靠"政府付费"回收投资成本的项目。①这类项目在基础设施建设领域数量较多,在公共服务和公用事业提供领域较少。这类项目可通过政府购买服务、BOO、政府委托运营等市场化模式推进。由于这类项目要求政府的资金具备较高的参与度,实施过程中要合理审慎确定购买标的和价格,切实提高资金使用效益,谨防国有资产流失。这类合同一旦实施不当,很可能危害公共利益。因此,政府部门在非经营性项目中通常具有一些终止协议等特权。只要政府部门出于善意(good faith),就掌握了公共利益的界定和解释资格。②

我国《港口法》严格落实政企分开的改革要求,成为市场主体的港口经营人理论上已经不再负担非经营性项目。即使是前期消耗极大的港口建设工程,也因其盈利的前景具有一定的经营性,至少可归入上述准经营性项目。还有一些港口建设项目与港口的主要功能关系并不密切,在港口尤其是大型港口的建设中还必不可少,如港口的滨海公园、港湾栈道等。这些项目的建设投入不低,但公众使用这些设施通常无需付费。这些设施与陆上同类设施并无二致,具有"公物"的特征。但港口设施位置处在港区内或附近,因其长期受海水腐蚀,需要格外维护,具有向公众收取费用的基础。政府也应依法参与这类项目的风险分担。③这些项目也

---

① 杨靖文:《公私合作与行政法的回应》,西南政法大学 2017 年博士学位论文。

② 参见常江:《美国政府购买服务制度及其启示》,《政治与法律》2014 年第 1 期。

③ 《合作法》第 9 条规定政府和社会资本合作项目应当具有公共性、公益性,其风险可分担,并满足物有所值的评价以及法律法规规定的其他要求。非经营性项目中,港口经营人如付出了较大成本,还没能从这些设施中直接获得回报,公私合作项目合同中政府与港口经营人的约定就很重要,需要妥善地考虑各方面因素,才能公平、合理地约定相关的权利和义务。然而,事实上港口经营人承担了这类设施的大多是费用,政府部门在订立合同时十分担心自身利益受损,将"一关三检"设施都全盘安排给港口经营人,而且港口经营人只能在未来经营活动中得到收益。

应归入准经营性项目。

二、港口经营人滥用特许经营权的表现及后果

港口经营人的经营活动既是为其商业利润，也是为保障港口安全和正常运行。港口经营人承担建设、参与经营的项目中，经营性项目占比较大。港口经营人还享有一些项目的收费权。收费权的行使具有代政府部门行使权力的公权力特征。尤其是在港口经营人可以自主定价的项目上，港口经营人的权力"公共含量"较高。按照公法人理论要求，港口经营人承担"公共含量"如此高的职责，不仅应公示其收费目录清单，还应严格依照法律规定定价和收费，接受政府与公众的监督。港口经营人还有权在安全检查、紧急处置等方面代政府部门行使权力。这更需要谨慎行事。然而，我国的一些港口经营人并未做到妥善行使特许经营权，审慎地履行其依法代为行使的公共职责。

（一）港口经营人对收费权的滥用

港口滥收费的问题在实践中由来已久。早在政企分开初期，1990年，交通部便颁布《航行国际航线船舶及国外进出口货物港口费收规则》（现已废止），意在整治港口收费混乱的局面。交通运输部更于2015年会同发改委制定《港口收费计费办法》，详细规定了各项港口费用的收费主体和定价标准。但这些举措并未从根本上解决港口滥收费现象。尤其以港口经营人为收费主体的收费项目，至今仍是港口乱收费问题的重灾区。一些港口经营人对其收费权并未做到依法行使，滥用该权力的现象严重。为此，市场监管总局、发改委、交通运输部多次发文要求各地方市场监管局（包括厅、委），交通运输厅（包括委）以及各直属海事局开展专项行动，对港口经营人滥用收费权的现象进行规制，并在2015年、2019年、2021年连续三次发布港口经营人乱收费典型案例（其列举见表4）。①下表列举的港口经营人违规收费项目中，引航并非港口经营人的职能，其本由引航站负责。这一职能公法属性更强，码头公司违规收取引航费性质更为恶劣。2021年的这次集中惩处将港口各环节的滥收费现象一并处理，本书

---

① 参见发改委《关于开展进出口环节收费紧急检查的通知》发改电〔2015〕551号；市场监管总局、交通运输部：《关于港口航运环节违规收费案例的通报》；央视网：市场监管总局公布六起交通领域涉企乱收费典型案例，载国家市场监督管理总局官网https://www.samr.gov.cn/xw/mtjj/202112/t20211227_338479.html，2022年5月1日。

一并列举。综合来看,港口经营人乱收费现象主要分为以下三类。①

1. 不按国家规定的收费项目收费

《港口收费计费办法》对港口收费项目有严格规定,但部分港口经营人巧立名目,将收费项目"分割",变相地超额收取港口费用。例如,海南洋浦益明港口服务有限公司等八家港口经营人将《港口收费计费办法》规定的"围油栏使用费"拆分为围油栏使用费和围油栏布防服务费两项,变相超标准收费。广东惠州大亚湾航鹏环保服务有限公司在围油栏使用费外,还加收"夜班费"。②

超出使用者对港口经营人服务项目的需要,捆绑其他服务,是不按国家规定的收费项目收费的一个隐形表现形式。例如,广东江门市新会晋业水上码头防污工程有限公司提供围油栏布设服务过程中强买强卖,捆绑收取进出港签证、船员接送等其他代理服务,并收取费用。③

2. 不按国家规定的收费标准收费

《中华人民共和国港口收费规则》(已于 2016 年废止)对各项港口收费项目的定价方式进行了详细规定。2016 年之前,对于实行政府定价或政府指导定价的项目,部分港口经营人违反规定,超额收费。例如,浙江台州鼎安海运服务有限公司在 2014 年 1 月至 2015 年 6 月期间,收取拖轮费时,不执行政府定价、政府指导价格,擅自改变拖轮费计费方式,按照每艘次 1 万元的标准收费。④

3. 不执行国家收费减免政策

近年来,为了优化营商环境,降低企业物流成本,刺激实体经济发展,减少新冠疫情带来的不利影响,国家出台了一系列交通领域优惠减费政策,降低部分港口收费项目的收费标准。但部分港口经营人并未执行,仍按原标准收费。例如,浙江五矿物流有限公司于 2020 年 3 月至

---

① 《国家市场监管总局召开"治理涉企收费 减轻企业负担"专题新闻发布会》,《中国价格与反垄断》2022 年第 1 期,第 8—12 页。

② 市场监管总局、交通运输部:《关于港口航运环节违规收费案例的通报》。

③ 参见发改委《关于开展进出口环节收费紧急检查的通知》发改电〔2015〕551号;市场监管总局、交通运输部:《关于港口航运环节违规收费案例的通报》;央视网:市场监管总局公布六起交通领域涉企乱收费典型案例,载国家市场监督管理总局官网 https://www.samr.gov.cn/xw/mtjj/202112/t20211227_338479.html,2022 年 5 月1 日。

④ 发改委:《关于开展进出口环节收费紧急检查的通知》发改电〔2015〕551 号。

12月期间,未落实疫情期间货物港务费、港口设施保安费减免20%的优惠政策,违规依照此前的高标准收费,多收取港口设施保安费和货物港务费9.40万元。[1]

表4 港口经营人滥用收费权被曝光案例

序号	违法主体	违法事由	违反的法律法规
①	浙江宁波大港引航有限公司	2014年1月至2015年7月期间,不执行政府定价,多收引航费。	《中华人民共和国港口收费规则》(已废止)
②	江苏南通友邦港口服务有限公司	2015年1月至8月,擅自改变计费方式,超标收取拖轮费。	《中华人民共和国港口收费规则》(已废止)
③	浙江台州鼎安海运服务有限公司	2014年1月至2015年6月,擅自改变计费方式,收取拖轮费。	《中华人民共和国港口收费规则》(已废止)
④	辽宁丹东德海船舶服务有限公司	2014年上半年,超标收取倾倒垃圾费。	《中华人民共和国港口收费规则》(已废止)
⑤	海南洋浦益明港口服务有限公司等八所分公司	将围油栏使用费私自拆分为围油栏使用费和围油栏布防服务费,变相地超标收费。	《港口收费计费办法》
⑥	天津信航技术设备服务有限公司、辽宁大连汇通水域工程有限公司	超出政府定价标准,收取围油栏使用费。	《港口收费计费办法》
⑦	广东惠州大亚湾航鹏环保服务有限公司	违反规定在围油栏使用费之外加收"夜班费"。	《港口收费计费办法》
⑧	广东江门市新会晋业水上码头防污工程有限公司	提供围油栏布设服务过程中,强买强卖,捆绑收取进出港签证、船员接送等其他代理服务费用。	《港口收费计费办法》

---

① 央视网:市场监管总局公布六起交通领域涉企乱收费典型案例,载国家市场监督管理总局官网 https://www.samr.gov.cn/xw/mtjj/202112/t20211227_338479.html,2022年5月1日。

（续表）

序号	违法主体	违法事由	违反的法律法规
⑨	中国石油广西石化公司码头、中国石化北海石化公司码头	违规要求在港口码头装卸航空煤油等非持久性油类的船舶布设围油栏并收取费用。	《船舶及其有关作业活动污染海洋环境防治管理规定》
⑩	山东青岛实华原油码头	违反中国籍船舶引航范围"应由海事管理机构会同市级地方人民政府的港口主管部门提出，报交通部批准发布"的规定，要求进入该码头的所有中国籍船舶引航并收取费用。	《船舶引航管理规定》
⑪	山东胜利油田长安中法工贸有限公司、山东万通集团东营海欣船舶服务有限公司	违反规定，超出标准收取拖轮费。	《港口收费计费办法》
⑫	辽宁盘锦港物流发展有限公司（盘锦港子公司）	自立收费项目收取"消防监护费"。	《港口收费计费办法》
⑬	裕佳昌（上海）国际物流有限公司	2020年5月至8月，当事人在开展集装箱清洗服务过程中，对部分集装箱未提供水洗或者化洗服务而收取污箱费，多收价款共计6.69万元。	《中华人民共和国价格法》（《价格法》）①
⑭	五矿物流浙江有限公司	2020年3月至12月，当事人未落实疫情期间，我国主管部门对货物港务费、港口设施保安费予以减免20%的优惠政策，违规多收港口设施保安费和货物港务费9.40万元。	《价格法》以及2020年3月3日国务院发布的《支持交通运输快递等物流业纾解困难加快恢复发展的措施》文件

---

① 《中华人民共和国价格法》1997年12月29日第八届全国人民代表大会常务委员会第二十九次会议通过，1997年12月29日中华人民共和国主席令第九十二号公布自1998年5月1日起施行。

（二）港口经营人对地方性法规授权的公共职责的滥用

上述港口经营人收费不当被曝光的案例中,诸多案例还同时涉及港口经营人依法代政府部门行使的行政权力。这些港口经营人享有的极为有限的公权力需要严格的地方性法规授权,其行使也应受到政府相关部门与社会公众的监督。然而,一些港口经营人将这些权力与其特许经营权混同,认为这些公权力是其作为港口的特许经营人应当享有的对港口资源的支配权的组成部分。这些或望文生义或自欺欺人的误解导致港口经营人对其有限的公权力的行使,在实践中也很混乱。同时,港口经营人还承担了一些并未经过地方性法规明确授权,但出于事态紧急有一些临时通知作为法律依据的公共职责。这类职责通常是配合政府部门承担的,港口经营人从事的任务比例虽然不大,但行使时缺乏明确的法律依据,总是难以实现"以名举实"。

上述公布的港口经营人滥收费典型案例中,一些港口经营人还对地方性法规赋予的行政权能作不当的理解,以条文中的只言片语为依据,向使用港口服务的当事人施加压力。这些港口经营人滥用地方性法规赋予的有限的政府部门权力,原因一定程度上在于其对自身的身份和属性理解有误,认为其具有一些公法人的理论权力,经过法定程序享有特许经营权,又未能做到接受政府部门和社会公众的监督,妥善行使相应权力。

1. 港口经营人对拒不配合安全检查的制止权的滥用

浙江台州鼎安海运服务有限公司在违法收取拖轮费的过程中,曾经遭到一些当事人的抗拒。①当时全国港口作业的收费情况整体较为混乱,规制收费的法律规则处在 2016 年被废止的《港口收费规则》与后来交通部出台的《收费办法》的交替期。2014 年到 2015 年年底,旧规则仍然有效,但了解新规则部分内容的经营人已经开始从中摘取对自身收费有利的内容,并在实践中按照更有利的标准收费。

在此期间,浙江台州鼎安海运服务有限公司不仅违规收取拖航费,还在遭遇当事人质疑时,违法使用《浙江省港口条例》赋予其对货主、旅客拒

---

① 参见发改委:《关于开展进出口环节收费紧急检查的通知》,发改电〔2015〕551号;市场监管总局、交通运输部:《关于港口航运环节违规收费案例的通报》,2019 年 2 月 17 日;央视网:市场监管总局公布六起交通领域涉企乱收费典型案例,载国家市场监督管理总局官网 https://www.samr.gov.cn/xw/mtjj/202112/t20211227_338479.html,2022 年 5 月 1 日。

不配合安全检查等行为的制止权。在当事人拒绝按照其要求多交拖轮费时，该港口经营人制止该船入港，拒不提供拖轮服务。这种行为对法律赋予其在特定情况下方能行使的政府权力作出了变相演绎，且其擅自的解读既缺乏法律依据，也不符合文字和基本的逻辑。这恐将对港口领域的整体发展，对港口经营人提供服务的整体形象带来极大的破坏。

2. 港口经营人对紧急状态下的处置权的滥用

五矿物流浙江有限公司不执行疫情期间国务院下发的有关减免各港口的港务收费的规定，按照原先高标准收费的行为不仅与《价格法》抵触，也实质地违背了国务院发布的《支持交通运输快递等物流业纾解困难加快恢复发展的措施》的要求。新冠疫情在目前国内外多起诉讼中被认定为不可抗力，最高人民法院也通过发布指导意见验证了其这一地位。[①] 按照一般理解，新冠疫情理应能够成为我国地方性法规中规定的紧急状态。

五矿物流浙江有限公司出于弥补新冠疫情最为严重的几个月内由于港口物流大大减少产生的损失，还按照原标准收费，并声称这是紧急状态下其作为港口经营人有权作出的解释。[②] 言外之意是，即使港口经营人在新冠疫情期间对收费上调，也是有明确法律依据的。这同样是对《浙江省港口条例》的错误解读。该港口经营人在进行该解读，超标准收费时，仅仅考虑到法理赋予其自身的权力，而没有考虑到其行使该权力需要受到的约束和限制。在经营活动中，该港口经营人对其自身的角色的理解与其在港口经营实践中的应然角色存在较大差距。

三、港口经营人公共职责的合法性依据缺位

现代社会对港口经营人的要求越来越复杂，除经营活动与提供公共服务职能耦合的情形，港口经营人还为政府分担一些与其经营活动无关的纯公共服务职能。[③] 港口经营人行使一些公权力具有地方性法规的授

---

① 最高人民法院《关于依法妥善审理涉新冠肺炎疫情民事案件若干问题的指导意见（一）》。

② 央视网：市场监管总局公布六起交通领域涉企乱收费典型案例，载国家市场监督管理总局官网 https://www.samr.gov.cn/xw/mtjj/202112/t20211227_338479. html，2022 年 5 月 1 日。

③ 本由政府承担的职能也可以是动态的，本书讨论的是当下社会的情形。参见当提到特定历史阶段时，本书也单独注明。政府职能的动态性，参见毕洪海：《本质上政府的职能》，《行政法学研究》2015 年第 1 期。

权,还有一些较为紧急、临时的情况中,港口经营人并无授权,也在实际行使政府部门的部分权力。安全检查等通常即由港口经营人自主承担的职责在各省(市)的港口条例中均作规定。

(一)一些港口经营人公共职责的紧急性、临时性特征

地方性法规授权之外的职能通常或与时代发展有关,或与其紧急、临时的特征相关。这类职能通常不由港口经营人独立承担,而由港口经营人配合相应的行政机关完成。例如,为防止生物入侵而设的强制船舶更换压载水要求,属于行政执法职责,在诸多国家都由卫生行政部门和港口经营人共同完成。①港口经营人配合履行的具体职责比重不大,但其职责"公共含量"极高。该职责体现的港口经营人的公法属性极强。然而,或由于压载水这一领域的技术性和专业性,或由于这一问题出现时间不长,很少有国家就这一问题在海洋、港口相关立法中作专门规定。②再如,新冠病毒大流行期间,各国均为保障境内卫生,作出相应的旅行限制。对来自特定国家或区域的旅客、货物进行的病毒查验工作在许多国家都由海关行政部门和港口经营人共同完成。港口经营人需要承担的职责比重较小,但该职责诠释的公共性却十分明显。如今,我国港口的检验检疫工作现状也是由港口所在地海关、港口经营人及当地的卫生行政管理部门共同完成。③

(二)职责承担比例与"公共含量"的关系

当港口经营人配合政府部门承担临时、紧急的公共职能时,其公法属性便不再来自特许经营制度的双重性,而是来自该项职能的高"公共含量"。如前文所述的法国公产制度中,私人财产遇到临时情形被征用而作为公法人财产时,其用途的高"公共含量"便补强了其财产欠缺的公法属性。港口经营人承担的这类新型职能与其经营活动不甚相关,但因其在区位、专业知识等方面见长,其配合政府承担这一职能又具有优越性。这种职能通常有政府部门的明确授权。该职责的明确法律依据,加之其高

---

① 加拿大较为典型。参见李志文、杜萱:《我国港口防治海洋外来入侵的法律对策研究》,法律出版社 2015 年版,第 39—44 页。

② 李志文、杜萱:《我国港口防治海洋外来入侵的法律对策研究》,法律出版社 2015 年版,第 39 页。

③ 对天津、大连港防止疫情境外输入工作负责人的调研,访谈时间为 2021 年 12 月 19 日。

"公共含量",导致其超出港口经营人的特许经营权的范围,也能依法进行,且体现港口经营人更为鲜明的公法属性。这种公法属性极强的职责缺乏法律的明确授权,在合法性上面临一些理论障碍。

第二节 司法实践中港口经营人法律属性的困惑

港口经营人的法律属性不明,也为我国司法实践带来一些困惑。在我国各级法院的审判实践中港口经营人出现的概率不低。在中国裁判文书网上,以关键词"港口经营人"检索,共搜索到 328 篇文书。按照案由类型划分,共计民事案由 225 篇,行政案由 29 篇,刑事案由 1 篇,执行案由 1 篇;按照审理法院层级划分,共计基层法院审理 50 篇,中级法院 170 篇,高级法院 95 篇,最高人民法院 12 篇。[①]从这些案件的时间来看,最早出现在 2009 年,2014 年之前案件总数仅有 13 篇(2009 年 2 篇,2011 年 3 篇,2012 年 1 篇,2013 年 6 篇);2014 年起,案件数量明显增加,从 2014 年到 2021 年案件数量分别为:2014 年 28 篇,2015 年 30 篇,2016 年 41 篇,2017 年 43 篇,2018 年 48 篇,2019 年 47 篇,2020 年 53 篇,2021 年 26 篇。在上述裁判文书中,仅有的一篇刑事案由的文书所涉罪名是合同诈骗罪,[②]与港口经营人的直接关联有限。因此,本节从民事和行政案由裁判文书中选取较有代表性的几篇,厘清其核心争议点与港口经营人法律属性的联系,通过法庭的用语和表述分析判断港口经营人的法律属性在我国各级法院的司法视野中如何呈现。

一、港口特许经营对民事交易行为的影响

在上述裁判文书中,民事案由的 225 篇包含"合同"这一关键词的有 158 篇,包含"港口作业"这一关键词的有 59 篇,包含"承运人"的 37 篇,包含"保管"的 34 篇,包含"托运人"的 32 篇。从审理法院的层级来看,基层法院审理其中的 30 篇,中级法院(包括各地的海事法院)117 篇,高级法院 66 篇,最高人民法院 11 篇。从审判程序来看,最高人民

---

① 本部分数据来源于中国裁判文书网。

② 黄妃付合同诈骗、故意伤害一审刑事判决书,〔2017〕粤 0891 刑初 305 号。

法院作出的 11 篇文书均为民事再审、民事审判监督或其他程序,高级法院作出的文书则多为民事二审程序;中级法院作出的则既包括民事一审,也包括民事二审和少量的民事再审。从当事人的情况来看,高级法院作出的文书包含的当事人与中级法院的当事人具有较高的重合度:高级法院处理的二审案件当事人多为中级法院曾一审的案件的原、被告。中、高级法院作出的裁判文书都具备相当的代表性。因此,本书采高级法院、海事法院审理的(后者涉及内河港口经营人)两个较为典型的案例,分析判断港口经营人法律属性在与港口经营人相关的民事争议中的表现。

(一) 特许经营对市场交易行为的限制

宁波泛迪钢铁贸易有限公司、宁波海通疏浚工程有限公司海事海商纠纷中,核心争议是港口经营人从事码头经营活动一段时间之后,可否以"不再经营"为理由注销其资质,并通过协议将该码头交由其他刚刚经申请获得资质的经营人,接替其从事码头经营活动。①

1. 两公司之间的关系是合作还是"转租"

海通公司是宁波舟山港的甬江港区海通绿林码头 1♯泊位 1000 吨级码头所有人,对该码头的办公楼、仓库等设备享有所有权。2014 年 4 月 30 日,泛迪公司因生产需要与海通公司签订码头租赁协议,约定承租海通公司的码头及办公楼的部分楼层和场内仓库。协议还约定,泛迪公司在租赁期内不得未经海通公司许可将标的转租,也不得违法经营,一旦有此类行为被行政处罚,海通公司有权单方解除协议。协议还约定在租赁期内,泛迪公司应确保安全生产,杜绝一切事故,对因管理不当发生的各类事故(包括意外)需承担全部责任。此后,泛迪公司因租赁涉案的码头,经过宁波市港口管理局的审批,取得港口经营许可证。在该许可证上,泛迪公司被准予从事为船舶提供码头设施和在港区内从事货物的装卸服务这两项业务。

泛迪公司此后为扩大经营,与案外人鑫宏公司签订码头合作经营协议,约定鑫宏公司以渣土海上中转清运的合法资质进行参股,双方合作经营该码头上的这类项目,共同管理并共享收益。2017 年 8 月 18 日,海通公司与鑫宏公司签订码头租赁合同与安全协议书。2019 年 1 月 4 日,泛

---

① 宁波泛迪钢铁贸易有限公司、宁波海通疏浚工程有限公司海事海商纠纷二审民事判决书,〔2019〕浙民终 1301 号。

迪公司以"不再经营"为由向宁波市港口管理局提出申请,希望注销港口经营许可证,并于 1 月 8 日获得批准。2019 年 6 月 14 日,宁波市港口管理局作出(浙甬)港经证〔0058〕号港口经营许可证,允许鑫宏公司在涉案码头为船舶提供码头设施,并在港区内提供货物的装卸这两项业务。海通公司认为泛迪公司与鑫宏公司的合作实为转租,其自行注销经营许可,违反此前的码头租赁协议,于是发出通知书单方解除在先的合同。泛迪公司认为解除理由不成立,要求继续履行合同。

2. 港口领域特许经营的"公共性"对码头"转租"的限制

二者在履行码头租赁协议过程中发生的争议,在一审法院和二审法院看来都属于海事海商纠纷。在先码头租赁协议,是二者的共同真实意思表示,其内容合法有效,对双方均有拘束力。而港口经营许可证是本案有关是否继续履行这一争议的关键节点。二审法院认可了被上诉人海通公司的主张,即港口经营是国家特许经营的,这一行为必须取得码头经营许可证。泛迪公司以码头承租权和他人合作经营,其前提是自己必须持有有效的港口经营许可证;而泛迪公司自行注销了许可,鑫宏公司也领取了新的许可,同一个码头的泊位只能发放一张许可,泛迪公司与海通公司的码头租赁协议已经失去基础。泛迪公司对内试图以承租人的形式保持协议的继续履行,对外将鑫宏公司作为码头的实际承租人和港口经营人,这是对行政主管部门的欺骗。在这种关系下,一旦发生安全事故,码头实际承租人需要承担相应的责任。按照浙江省交通厅港航管理局的答复,这已经是完全意义上的转租。

本案的一审和二审中都将案件争议的性质概括为海事海商纠纷,本案案由也为民事案由。然而,港口经营人作为特许经营人,需要承担落实安全生产、保障港口安全等职责。港口经营人提供的服务为公共服务,其承担的职责具备"公共含量"。因此,港口码头不能随意转租。本案中被告引入第三方,随后自行注销许可,短时间内第三方又重新取得许可的情形,可能影响到港口经营人履行公共职能、保证港口安全秩序的效果。这种事实上的转租行为侵蚀了港口经营人的公法属性,因而不能得到认可。该案中,港口经营人的公法属性实质地影响了海事海商纠纷的审理思路。

(二)港口经营人的资质是否影响其成为适格的运输合同当事人

紫金财产保险股份有限公司徐州中心支公司与汤继忠、徐州孟家沟国际集装箱码头有限公司海上、通海水域货物运输合同纠纷中,①核心争议在于沉船事故发生后,保险人紫金财险赔付加瑞公司的损失后产生的代位求偿法律关系中,哪些是适格的赔偿主体。

1. 多重委托中水路运输任务的实际完成人无资质的后果

2018 年 8 月 10 日,江苏加瑞电力燃料(加瑞公司)委托"苏徐州货 1678"轮运输 2070 吨精煤至江苏江阴港,8 月 17 日,沉船,精煤全损。与加瑞公司签订货物运输合同的另一当事人是汤继忠,而水路货物运输单据上加盖公章的承运人是徐州孟家沟国际集装箱码头有限公司(孟家沟公司)。"苏徐州货 1678"轮所有人是王超,挂靠在江苏捷信通物流有限公司(捷信通公司)的名下。加瑞公司在事故发生后,向其投保的原告紫金财产保险股份有限公司徐州中心支公司(紫金财险徐州公司)索赔,本案原告与加瑞公司商量赔偿数额,就 163 万元达成一致,原告赔付 163 万后依照《合同法》在其赔偿数额内取得代位求偿权。紫金财险徐州公司向汤继忠、孟家沟公司、王超、江苏捷信通物流有限公司提出代位求偿之诉。

在这一通航水域货物运输合同纠纷案中,汤继忠签订合同是接受王超的委托,货物运输由王超独立完成,且二人都不具有水路运输的经营资质;运单上孟家沟公司的印章是由港口经营人徐州港务集团邳州港有限公司加盖的,其本来的用途是为查阅是否收取港口服务费。

2. 违反国家有关特许经营法律的合同的效力评价

《最高人民法院关于适用〈中华人民共和国合同法〉若干问题的解释(一)》第 10 条规定:当事人超越经营范围订立合同,人民法院不因此认定合同无效;但违反国家限制经营、特许经营以及法律、行政法规禁止经营规定的除外。沿海内河运输属于国家许可的经营项目,从事国内水路运输的企业和个人应当达到并保持相应的经营资质条件并在核定的经营资质范围内从事水路运输经营活动。汤、王均无资质,因此与加瑞公司签订的合同是无效合同。按照《合同法》第 58 条对无效合同情形的规定,实际承运人王超应对精煤的损失承担相应的赔偿责任。2017 年修订的《内河交通安全管理条例》第 10 条规定船舶浮动设施的所有人、经营人应加强安全管理,建立健全安全制度,并对船舶、浮动设施的安全负责。捷信通

---

① 紫金财产保险股份有限公司徐州中心支公司与汤继忠、徐州孟家沟国际集装箱码头有限公司海上、通海水域货物运输合同纠纷一审民事判决书,〔2019〕鄂 72 民初 972 号。

公司是该船名义上的所有人,由于其没有尽到对船舶安全管理的义务,应承担连带赔偿责任。汤继忠和孟家沟公司不承担责任。

本案的核心争议与港口经营人的关联并不紧密,但也透露出武汉海事法院对港口经营人法律属性的一些态度。首先,在沉船事故造成损害后,保险公司代位求偿的法律关系中,本案的港口经营人对事故的发生没有任何过错,不承担任何责任。无过错不担责,是在正常的民事法律关系中,港口经营人作为普通民事主体的责任形态,这体现的是港口经营人的私法属性。实践中,港口经营人承担一些与船舶安全相关的查验职责。这类职责是能够体现港口经营人的公法属性的,但这种查验的职责多发生在港区范围内。其次,实际承运人王超需要具备的经营资质并不在港口经营人的查验职责范围内,港口经营人也无从实际知晓王超不具有资质的情况。但港口领域及与之相关的领域的经营人均受国家有关特许经营的禁止性规定约束,即使在平等的民事主体之间发生的民商事交易中,其合同的效力也受我国有关特许经营法律的约束。因此,港口领域的公法属性对一个水路运输合同的效力产生了实质影响。

二、港口服务的公共性对一般民法原则的影响

行政案由的案件中,港口经营人的私法属性时不时地在诉求中出现,对港口经营人的公法属性构成一些旁敲侧击的干扰。当港口经营人的公法、私法属性在诉求中都有所体现时,案件的裁判思路便是港口经营人提供服务的公共性特征是否影响、在多大程度上影响民法中一般法律原则的适用。以"港口经营人"为关键词搜索出的上述裁判文书中,行政案由的29篇里包含11篇由基层法院审理的,10篇由中级法院审理的,7篇由高级法院审理的及1篇由最高人民法院审理的。这些文书中包含"利害关系"这一关键词的有5篇,"港口作业"的4篇,"公平竞争"的1篇。行政案件与民事案件不同的是,不管是基层法院与中级法院审理的案件当事人相比,还是中级法院与高级法院审理的案件当事人相比,重合度都不明显。这一定程度上表明与港口经营人相关的行政案由的案件上诉率并不高,相当多的案子在一审阶段就已经结束。因此,这部分选取一个基层法院审理案件的裁判文书(该案涉及内河港口经营人),一个高级法院二审案件裁判文书,分析判断港口经营人的法律属性在行政争议中的表现。

（一）申请经营许可的审批手续瑕疵是否影响"公平竞争"

申请港口这一特许经营领域的许可时，如果存在一些程序瑕疵，是否会影响已经获得许可的经营人从事经营活动？在吴江金源钢材市场有限公司与苏州市吴江区交通运输局交通运输行政许可纠纷中，①核心争议是码头的原经营人 A 公司在其许可期限到期后，未及时申请延期，B 公司在空当期经过申请取得经营权后，A 公司发现 B 公司在审批手续等方面存在瑕疵，能否以此为由，要求行政机关撤销其授予 B 公司的许可。

1. 利害关系人对取得许可的经营人审批手续瑕疵的发现

吴江金源钢材市场有限公司（金源公司）不服苏州市吴江区交通运输局（吴江交运局）作出的港口经营许可行为，向苏州市姑苏区人民法院提起诉讼。2007 年 6 月 22 日，吴江交运局向吴江市芦墟汾湖码头装卸部的徐卫明颁发（苏）港经字第〔2007〕584203 号港口经营许可证。2010 年 9 月 30 日，根据临沪经济区规划建设局与金源公司的码头地块转让协议，经芦墟装卸部徐卫明确认，金源公司取得（苏苏吴江）（内河）港经证〔0115〕号港口经营人许可证，有效期至 2013 年 9 月 29 日。金源公司支付对价，同时对码头进行后续投资建设，使得该码头基础设施进一步完善，具有较大经济价值。在有效期届满前，原告未及时申请延期手续。金源公司 2013 年 9 月 29 日取得吴水许可准字〔2013〕第 441 号准予许可决定，后颁发（吴）水〔2013〕占字第（022）号河道工程占用证，时间期限为 2013 年 1 月 25 日至 2016 年 1 月 24 日。

2016 年 10 月 12 日，第三人苏州汾大湖仓储有限公司申请办理港口业务，取得（苏苏吴江）（内河）港经证〔0218〕号港口经营人许可证，经营范围包括港区内货物装卸、仓储服务；经营地域汾大湖公司码头。金源公司发现该第三人提交的审批手续存在一些不确定性，认为其不符合港口经营的基本条件，被告没有尽到审慎的职责，提出该许可证违法，要求予以撤销。

2. 港口领域的"公共含量"对"公平竞争"资格的有限影响

法院审理认为，当事人提起的诉讼符合受理行政诉讼的法定条件。《行政诉讼法》第 25 条第 1 款规定，行政行为的相对人及其他与行政行为

---

① 吴江金源钢材市场有限公司与苏州市吴江区交通运输局交通运输行政许可一审行政裁定书，〔2020〕苏 0508 行初 25 号。

存在"利害关系"的公民、法人或其他组织均有权提起诉讼。《行政诉讼法司法解释》第 12 条又规定涉及相邻权或公平竞争权的,撤销或变更相关行政行为涉及其合法权益的,都属于存在"利害关系"。原告虽然对该码头的建设作出了投资和贡献,但其曾经享有的许可已经在此前三年到期,原告没有及时办理延期手续,在第三人申请办理该码头的许可时,原告曾经享有的河道占用许可证也已经到期。在被告作出对第三人的许可时,原告已经与该码头的经营许可不存在利害关系。至于原告提出的第三人的不确定性问题,应作为民事争议处理,不属于本案的范畴。

《行政诉讼法》对具体行政行为的利害关系人提起行政诉讼的权利给予保障,正是基于公权力进行一项行为时,可能与无关该行为的其他私主体的权利产生交集,并对该私主体的权利产生不利影响。金源公司作为从前的合法港口经营人,如果及时办理延期手续,则很可能得到继续经营该码头的许可。由于金源公司的疏忽,没有及时办理延期,才导致这一许可被批给第三人。在金源公司的许可已到期的情况下,该码头的经营许可处于短期的空当,各公司对该码头的经营许可都有平等的竞争机会。这一判决保护了各个市场主体公平竞争的机会,是将港口经营人看作普通的市场主体。港口经营人的公法属性在本案中未能体现。这一方面是因为经营该码头的职责几乎不包含"公共含量"。另一方面是即使该码头的经营活动包含一定的"公共含量",有资格履行该职责的经营人也可为之公平竞争。因此,这一行政案件中是否存在"利害关系"的问题反映了港口经营人的私法属性。即使港口经营人需要按照法律规定取得资质,其是否能够取得资质,仅受与其资质相关的各项条件的影响。审批手续中与法律规定的其资质取得要件没有直接影响的事由,不影响其通过"公平竞争"成为适格的港口经营人,从事港口经营活动。

（二）港口领域公共安全要求是否突破民事合同的相对性限制

港口领域的公共安全要求是否能够突破民事合同的相对性限制? 在广州港务局与广州市挚诚运输服务有限公司港口行政处罚纠纷中,[①]核心争议是港口行政管理部门发现安全隐患后,对并非合同上港口经营人的法人单位作出的行政处罚的合法性问题。

---

① 广州港务局与广州市挚诚运输服务有限公司港口行政处罚纠纷二审行政判决书,〔2018〕粤行终 1011 号。

1. 因危险品受到处罚的当事人并非合同上的港口经营人的情形

上诉人广州港务局与被上诉人广州市挚诚运输服务有限公司在有关港口行政处罚纠纷一案中，因不服广州海事法院〔2017〕粤72行初8号行政判决，向广东省高级人民法院提起上诉。原审原告广州市挚诚运输服务有限公司于2016年12月1日与粤洋公司签订运输合同，约定为粤洋公司提供运输货物、集装箱事宜。粤洋公司按照规定的标准包装，不得隐瞒托运易燃易爆货物或危险品，否则一旦出现问题，由粤洋公司承担一切后果。原审原告挚诚公司又与润港公司签订码头包干费月结协议，约定挚诚公司按照润港公司指定的业务流程办理各种作业委托，润港公司为挚诚公司代付码头费；还约定挚诚公司应按照货物详细名称及化学名称向润港公司办理码头费托收手续，因危险货物的瞒报、漏报或错报造成的事故或损失，由挚诚公司承担一切责任。润港公司与广东中外运公司于2016年2月16日签订码头装卸协议，约定双方有关船舶业务、码头作业、进出口业务、集装箱及货物处理和费用结算等方面的权利义务。

2017年4月1日，被告广州港务局接到广东中外黄埔仓码头有限公司报案，称黄埔老港海关抽查发现集装箱内实际货物与申报货名不符，后经被告确认实际货物为烟花。被告5月3日立案调查，8月25日作出违法行为调查报告——穗港局埔交罚案〔2017〕HP03号。其中认定挚诚公司作为涉案货柜的港口作业委托人，未按规定向港口经营人提供真实的货物名称，将危险品以"五金"名义办理进港手续，违反了《港口危险货物管理规定》第27条，后经讨论，对其作出20万行政处罚的处理。挚诚公司不服这一具体行政行为，向广州海事法院提起诉讼。

2. 安全关切不足以突破合同的相对性之结论

一审中广州海事法院认为，挚诚公司并不是《港口货物作业规则》定义的作业委托人，因为挚诚公司从未与港口经营人订立作业合同。广东中外运黄埔仓码头有限公司作为港口经营人，与之签订码头装卸协议的是润港公司，润港公司才是港口作业委托人。港口经营人只核对润港公司的盖章，并不知道润港公司之外还有其他主体。关于广州港务局作出该行政处罚是否具有事实依据的问题，广州港务局作出的法律依据主要是交通部2013年2月1日开始施行的《港口危险货物安全管理规定》（2016年5月废止，在作出行政处罚时仍然有效）的第27条、第59条。第27条表述的较为明确，处罚对象应是作业委托人；第59条的表述不是很明确,但根据上下文的意思,也应理解为是对作业委托人的约束。一审法院事实认定和法律适用判断都得到了广东省高级人民法院的认可,即广州港务局的行政处罚不合法,予以撤销。

与港口经营人相关的行政案由案件,关系到港口行政管理部门的行政相对人是不是港口经营人。本案的价值恰在于它体现出港口经营人作为市场主体的私法属性。港口安全这一出自公共利益的要求不能覆盖合同效力的相对性原则,不是港口经营人的法人单位不应受到港口行政管理部门的处罚。本案的被上诉人即原审原告不是与本案中港口经营人缔结合同的作业委托人,因而不应受到该行政处罚的牵连。港口行政管理部门行使的监督和管理港口的行政权力不仅及于港口经营人,也能触碰与港口经营人存在合同关系的当事人。这表明港口行政管理部门的具体行政行为的扩张需要受到一定程度的限制,且这一限制以私法上的权利义务关系为依据。挚诚公司作为一个普通运输服务公司,没有与港口经营人缔结合同,便不存在私法上的权利义务关系,其受到处罚,便是公权力的不合法扩张。这体现了司法实践中港口经营人的市场主体身份,任一市场主体均不会因其他市场主体的不当行为受到牵连。即使在提供公共服务且关系到公共安全的港口领域,再高的"公共含量"也不应突破合同的相对性原则。

三、港口经营人的双重属性在相关诉求中的碰撞

在众多案例中,本书仅选择四个案例作详细分析,无法从逻辑上做到对有关港口经营人法律属性的案件的特点周全总结,得出一以贯之的规律。但本书选取的样本在诸多案例中尽可能地有代表性,行政案由、民事案由的案件兼具,不同层级法院审理的案件兼具,应该能做到理性客观,不以偏概全。

(一)我国法院对港口经营人法律属性的审慎态度

整体而言,我国法院对待港口经营人的法律属性问题,如同其他问题一样,态度一贯谨慎。任一法院均不会轻易就港口经营人的法律属性问题发表意见,而仅会根据其诉求体现的具体问题,作具体分析。有关港口经营人法律属性的内容在裁判文书中表现地十分含混。大多数情况下,案件的诉求与港口经营人的法律属性没有直接的联系,法院也不需要触碰这一概念,就事论事是稳妥的做法。但港口经营人的法律属性问题对于与港口经营人相关的各项制度十分重要,各类诉求均或明或暗、或直接或间接地涉及这一问题。当港口经营人的法律属性问题在诉求中表现出来时,我国法院并未回避,而是从诉求中解析出与现行法律相关的内容,并以法条内容为依据,加以分析和处理,回应当事人的诉求。

（二）特许经营的实体资质要求体现的港口经营人公法属性

在我国港口领域整体实行特许经营的制度下,港口经营人需具备法定资质才能从事这一领域的特许经营活动。这一行政法律关系中的要求对民法中的合同效力产生何种影响,这无疑与港口经营人这一主体的公法、私法属性相关。一些合同的成立和生效是以具备法律明确规定的相应资质为条件的,某一当事方不具备相应资质时,该合同便不能生效。法院根据有特定要求的合同成立的一般原则作出合同效力的认定,既已承认了一个主体的公法属性对其私法上的关系能够产生影响,也进而承认了港口经营人这一主体具备公法属性。

（三）特许经营的程序要求体现的港口经营人公法属性

港口领域的经营活动为特许经营这一事实及从事港口经营活动需要经过申请许可的程序,是否导致其申请中的程序瑕疵影响其作为市场主体、从事经营活动的资格。这是公法的边界位于何处,公法上的关系对市场主体从事私法上的行为究竟有多大的影响的问题。法院就事论事,法院通过评价港口领域的特许经营活动在我国现行法律中的资质要求在何种程度上与特许经营的公共性相关,将与现行法律对经营资质要求无关、关系较小从而不足以影响港口安全的内容排除,认为申请港口经营许可时,程序上的微小瑕疵不足以使得已经获得许可的人失去该资格。这既承认了港口经营人提供的公共服务比照一般市场主体提供的服务的特殊性,承认了该领域的公共特征,也事实上为港口经营人作为市场主体的身份作了背书。

（四）港口经营人公法属性在司法视野中有无合理限度

港口经营人的民商事交易行为需要受到港口领域的"公共含量"的限制。反之,港口经营人以特许经营的方式提供公共服务,又不能从根本上影响其作为市场主体享受民法上的基本权利。港口经营人的双重属性没有在立法中得到明确认可,但在理论上却存在。这一矛盾在司法实践中表现为有关港口经营人的具体制度中,两种属性相互干扰。我国法院通过就事论事,处理港口经营人相关诉求十分得当,通过对事实细节的说明和对法律细节的解释,排除了港口经营人法律属性不明为识别具体问题、处理相应诉求带来的阻碍。但这一做法对司法资源的需求极高。如立法可能明确港口经营人的公法属性，直接对其进行必要的限制，或可节约司法资源，事半功倍。

第三节　改革实践中港口经营人法律属性的难点

　　上一轮改革严格实行政企分开后，我国港口经营人的发展取得了显著成就，但"一城一港、一港一政"的发展弊端日渐暴露。我国各界一直在探索更适合港口发展的改革模式。现阶段我国正在推行的港口一体化改革，也被称为港口一体化整合、港口区域化整合或港口资源整合。①此次改革是我国新时期国有企业改革的重要组成部分，也是国家宏观调控政策的产物。经省级政府为单位的规模整合集中后，我国诞生了一批以省份命名的港口集团——山东港口集团、辽宁港口集团等，一定程度上缓解了港口的重复建设和恶性竞争问题。

一、港口一体化改革的实践发展现状

　　港口一体化改革凸显了各省级单位内部的同质性和每个省级单位的独特性，试图克服各省港口在技术条件、硬软件设施、提供的服务种类、质量等方面的耦合导致的重复建设、同类竞争的问题。同一区域内具备相似特征的各港口经有机整合后，最为稀缺的岸线资源也能得到更充分合理的利用，各港口可通过自身条件的差异谋求独特的发展道路。这一改革充分验证了港口作为"公物"的公共性，也体现了港口经营人作为国家宏观调控中关键一环的重要战略特征。基于港口经营人的私法属性，港口经营人有能力积极参与这次改革，为之提供必要的资源；基于其公法属性，港口经营人有责任参与这次改革，作为新一轮国有企业改革的重要组成部分，更好地融入新形势下"双循环"的发展大局中。

　　（一）我国港口一体化改革的现状和类型

　　整合资源为特点的港口改革在我国开始的时间并不晚，可追溯到

---

　　①　交通运输部发文《关于学习借鉴浙江经验推进区域港口一体化改革的通知》（交水函〔2017〕633号）中使用了"港口一体化改革"一词，因此本书沿用这一表达。

20 世纪末。1997 年,上海组合港管理委员会的成立是我国用制度化手段进行区域港口资源整合的开端。①组合港管委会作为一个跨省的港口间协调机构,意在统筹长三角地区的行政协调工作。②然而,区域内不同部分行政隶属关系的分割,让组合港实质性整合港口资源的力度不甚强大。一些学者以整合完成程度对其归类,将其归为松散型整合。③21 世纪以来,大型港口集团以资本为手段(如参股和并购)整合区域港口资源,力求在区域市场内增强自身发展实力,取得主导地位。上港集团 2002 年提出的"长江战略"就是资本整合的典例。④但资本整合属于典型的市场力量主导的整合,无法解决也没想从根本上解决资源配置的错位问题。

近年港口一体化改革的一个鲜明标志是,越来越注重行政力量和市场力量的一体化。⑤表 5 整理了我国多个省级行政区划的港口整合案例。其中,浙江省的港口资源整合颇具代表性。浙江省在省级层面成立专门机构——浙江海洋港口发展委员会,该委员会与浙江海港投资运营集团有限公司分别从行政层面和市场层面对省内几个主要海港进行整合(宁波—舟山港、嘉兴港、台州港、温州港),建立起全省港口统一规划管理和运营建设的一体化发展局面。浙江省的港口一体化改革考虑到了行政隶属关系可能对改革效果造成不利影响,所以将改革措施限于单一省域内,并组建省级港口行政管理部门和省级港口集团。

---

① 1997 年,为加强上海国际航运中心建设,国务院下达《国务院同意上海组合港组建方案的批复》(国函〔1997〕87 号),同意上海组合港的组建方案。上海组合港管理委员会按照国务院关于建设上海国际航运中心的总体部署,负责开展长三角区域港口综合行政协调、上海国际航运中心建设涉及港航发展的事务协调推进等工作。具体职责包括依照港口规划和发展需求,对组合港范围内深水岸线集装箱泊位的建设进行综合协调,优化资源配置等多方面。参见章强、何凯、Harry Geerlings:《我国省域港口资源整合的驱动机制与实践模式研究》,《浙江海洋学院学报》(人文科学版)2017 年第 4 期。

② 沈寅安、周琴:《长江三角洲区域港口错位发展与港口资源整合研究》,《宁波大学学报》(人文科学版)2011 年第 2 期。

③④ 章强、何凯、Harry Geerlings:《我国省域港口资源整合的驱动机制与实践模式研究》,《浙江海洋学院学报》(人文科学版)2017 年第 4 期。

⑤ 章强、何凯、Harry Geerlings:《中国区域港口一体化的由来、起点、内涵和展望》,《大连海事大学学报(社会科学版)》2018 年第 6 期。

表5　区域港口资源整合的类型化案例①

整合案例	主要地域范围	整合程度/侧重点	发起时间
上海组合港	长三角地区	松散/行政协调	1997 年
上港集团	长江流域	松散/企业运营	2002 年
广西港口一体化	全省域内海港	紧密/行政管理与企业运营	2007 年
河北港口集团的组建	全省域内海港	松散—紧密/企业运营	2009 年
福建港口一体化	省域内部分海港	松散—紧密/行政管理与企业运营	2009 年
武汉新港	省域内部分内河港	紧密/行政管理与企业运营	2010 年
浙江港口一体化	全省域内海港	紧密/行政管理与企业运营	2015 年
安徽港口一体化	省域内部分内河港	/	2015 年
海南港口一体化	全省域内海港	紧密/行政管理与企业运营	2016 年
辽宁港口一体化	全省域内海港	/	2016 年
江苏沿江沿海港口一体化	全省域内主要长江干线内河港与海港	松散—紧密/企业运营	2017 年

1. 依政府参与程度不同的分类

此次改革是政府引导的、国家宏观调控政策的一部分,因此各省域推进港口资源整合的实践均有行政力量参与,但参与程度有所差别。

(1)省级港口集团对具体业务的控制强度不同

在省级层面设立省级港口集团,由新设省级平台公司对下面的市级国有港口企业进行统筹整合,是一种类型。在这种类型下,省级集团对市级企业的控制力是实质的,从开发、建设到投融资、资产运营各环节都由

---

① 由于安徽省、辽宁省对于港口一体化改革的方案一直没有直接公布,从实际情况来看,很难判断遵循了哪一类明显的模式。辽宁省内,营口和大连港的整合并不紧密,但营口港闲置较为严重,很难判断这种不紧密是不是由整合方案直接造成的。本表格中内容参考了章强等的前期研究。

省级单位统筹协调。①

在省级层面设立综合性的港口行政管理机构,将原先分散在各部门的港口行政管理职能集中起来,再成立省级国有港口集团,整合市级港口企业,是另一种类型。这种类型下,省级的国有港口集团事实上成为新设省级港口行政管理机构的延伸,以市场化运营手段组织旗下港口公司的开发、建设、投融资及资产运营。②

此外,还存在一种类型,即以原省级行政管理机构和新设省级平台公司作为整合主体,设立必要的协商讨论制度作为行政支持。这种类型下,改革具体措施的推行仍然依托原有省级港口行政管理机构(如省政府中的交通运输厅)。为保证港口行政资源的有效整合,一些省份在省级层面设立协商议事制度,以省级平台公司整合省域港口的企业资源,负责省域港口公共码头资源的开发、建设、投融资和资产运营。③

(2)不同类型的典型省份代表

上述三种类型中,第一种类型的典型代表为河北省;第二种为浙江省和广西壮族自治区;第三种为海南省。这三种整合类型的共同之处是均设立省级平台公司,资源整合措施的实际推行仍然依赖市场化运作。因此,港口一体化改革在政府和市场的关系问题上仍强调市场在资源配置中的基础性作用。

省级平台的资金来源主要依靠各省的财政支持,适度引入外部战略伙伴分担这一压力,是广西壮族自治区、海南省都采取的做法。整体上,行政力量的具体参与程度如何由省域内的实际情况及省级决策部门的港口改革思路决定,影响因素包括省域内各港口城市之间发展的不平衡程度、省域内市级港口与临近其他省份港口之间的竞争情况等。综合比较,第二种模式中行政力量的参与力度较高。

2. 港口资源整合的条状和块状分类

各省一体化改革依照港口资源整合的实践路径差异,可分为条状类型和块状类型;前者面向具体的业务板块,后者面向市级的港口企业。二者各有其优越性和不足。

(1)条状整合的优越性和不足

江苏省和海南省都采纳前一类型,能够结合实际情况对不同板块区

---

①②③　章强、何凯、Harry Geerlings:《我国省域港口资源整合的驱动机制与实践模式研究》,《浙江海洋学院学报》(人文科学版)2017 年第 4 期。

分对待。但这一做法也割裂了板块的天然关联性。江苏省从锚地、岸线、集装箱航线三大板块进行南京以下沿江区域的港口一体化改革。为此，江苏省专门建立江苏省沿江港口锚泊指挥调度中心，整合锚地资源；还制定一套岸线资源利用评价指标体系和港口岸线资源管理的信息化系统，整合岸线资源；再通过省内外联合开辟航线，整合集装箱航线资源。[1]海南省按照集装箱、散杂货和油气、滚装运输、港口物流、邮轮游艇五大业务板块，进行港口资源整合。[2]

（2）块状整合的优越性和不足

浙江省的海港投资运营集团采块状类型，通过无偿划转、资产注入、股权收购等多种形式，将宁波—舟山港集团有限公司、温州港集团有限公司、嘉兴港口控股集团有限公司、嘉兴港务投资有限公司、浙江头门港投资开发公司等市级港口企业整合起来。[3]这一类型的优越性在于企业之间能够进行整体对接，快速实现整合的一体化目标，相关资源在板块之间的流动配置也随企业调动，相对自由。但整合后的具体情况如何，在整合过程中未经充分考虑，因而很可能还需再进行整合。

（二）港口一体化改革的规模效果和政策支持

港口从古至今一直是大国崛起的重要战略信号，新一轮的港口整合浪潮也将港口行业的发展与竞争推向更高层级。一体化改革形成的省域港口一体化的新格局对港口航运业既是重大的历史机遇，也是全新的挑战。

1. 港口一体化改革取得的显著规模效果

辽宁省对沿海的六市港口进行整合，以大连、盘锦、丹东、营口、锦州和葫芦岛为基点成立了辽宁港口集团，掀起资本市场港口板块上涨的热浪。天津、河北、上海、山东、广东各省和直辖市循序渐进地推进省级港口一体化，大量以省级行政单位命名的港口集团诞生。2017年以来，深化供给侧结构性改革在水运方面的突出表现，就是推动区域港口一体化。[4]

---

① 杨留星：《港口群竞合机制与发展策略研究》，中国科学院大学2015年博士学位论文。

② 章强、王学锋：《治理理论视域下中国港口行政管理体制研究》，《西安电子科技大学学报》（社会科学版）2016年第1期。

③ 林青：《中国对外贸易与现代港口物流发展的互动效应研究——基于VAR模型的实证分析》，《哈尔滨商业大学学报》（社会科学版）2011年第3期。

④ 杜麒栋、孟文君：《港口产能过剩之探讨及解决之道》，《中国港口》2010年第1期。

南京以下沿江区域港口、广西北部湾经济区等区域的一体化改革试点在 2018 年 9 月之前已接近完成,彼时交通运输部正在以二者为经验,推进津冀港口的功能优化。

广西北部湾经济区的同城化改革 2013 年就开始推行,开中国港口整合发展之先河。广西沿海的防城港、钦州港、北海港实行三港合一,统一规划、建设、管理和运营,极大地增强了北部湾的综合实力。①浙江省港口一体化改革进程也起步较早,2015 年 8 月就设立省级港口资源平台;2016 年 11 月,浙江省海港集团和宁波舟山港集团开始实行两块牌子、一套班子的做法,实现货物吞吐量和集装箱吞吐量的短时间内极大增加;至 2017 年年末,宁波舟山港已完成货物吞吐量 10.1 亿吨,成为全球第一个货物吞吐量突破 10 亿的超大港口。②江苏省港口集团于 2017 年 5 月揭牌成立,原省属各港航企业以及南京、苏州、连云港、镇江、常州、扬州、泰州等沿海沿江八个地级市国有港口企业陆续整合并入。③江苏省沿江港口的货物吞吐量上半年达到 8.6 亿吨,外贸货物吞吐量 1.7 亿吨,集装箱吞吐量 611.7 万标箱。④各省级区域单位的数据均显示,港口吞吐量从 2015 年年初的低谷逐渐走出,各省市的港口一体化发展效应显著。

2. 调整政企关系在新一轮国有企业改革中的重要性

全面深化改革的一项核心内容是妥善处理政府与市场的关系,以简政放权、组织结构优化、调控体系健全三方面入手转变政府职能。⑤本次行政体制改革也为港口资源整合提供了关键支撑,中央向省级政府下放码头泊位项目的核准权就是行政体制改革在港口领域的具体表现。在《政府核准的投资项目目录(2016 年本)》中,我国集装箱专用码头和矿石、煤炭、油气专用泊位的核准权已经下放到省级政府,⑥为省级层面推行港口一体化改革、促进资源整合创造了极为有利的条件。

一些省级单位在港口资源整合过程中将分散于多部门的港口行政管理职能向单一部门集中,以优化组织结构,解决多头分割、行政管理的碎

---

① ② ③ ④　贾大山、徐迪:《2019 年沿海港口发展回顾与 2020 年展望》,《中国港口博物馆馆刊专辑》第 10 期。

⑤　唐任伍:《处理好政府与市场关系关键要转变政府职能》,《中国教育报》2013 年 12 月 20 日。

⑥　国务院:《国务院关于发布〈政府核准的投资项目目录(2016 年本)〉的通知》,国发〔2016〕72 号。

片化问题。①在宏观调控方面,交通运输部出台《关于推进港口转型升级的指导意见》,提出现代港口服务从依靠资源投入向资源、科技投入并重发展,从追求吞吐量的增长向质量和效益的提升并重。②这次改革强调产业政策的精准性,以精确有效的产业政策促成产业结构愈发合理化;在港口领域表现为引导港口经营人逐步实现由主要提供装卸等第一代港口的基础服务职能向第四代港口的多元化服务职能转变。③

二、前一轮政企分开改革的"后遗症"表现

港口具备一定的自然垄断属性,这与其自然地理环境、各项资源的配置、综合技术条件、资金和其他资本的投入等多方面因素有关。④这一属性在世界上不同国家都不同程度地存在。港口在经济发展中是国家对外贸易的关键物流节点,还承担着广泛的公共职能。我国的港口经营人更是经历从计划经济向市场主体转型的独特历程,其发展起点是港务管理局。我国港口经营人在发展初期集行政和经济职能于一身,在 20 世纪90 年代的改革中原港务管理局的职能才被明确地分割为行政职能和市场职能。所谓政企分开,即前者由港口管理部门行使,后者由港口经营人行使。⑤港务局的巨大影响很难在短时间内消退。从中分离而生的港口经营人作为职能分割的产物,在成立最初就具备自然垄断色彩。这是港口经营人具备公法属性的时间起点。

(一)"一城一港"在央地之间的资源配置矛盾

前一轮经济体制改革中,我国港口沿着港口行政管理机构改革、港口

---

① 整体性治理指的是以公民需求为治理导向,以信息技术为治理手段,以协调、整合、责任为治理机制,对治理层级、功能、公私部门关系及信息系统等碎片化问题进行有机协调和整合,不断从分散走向集中,从部分走向整体,从破碎走向整合,为公民提供各部分的无缝隙整体性服务。T.E. Notteboom, J.P. Rodrigue, Port Regionalization: towards a New Phase in Port Development, *Maritime Policy & Management*, 2005, 32(3), pp.297—313.

② 交通运输部:《关于推进港口转型升级的指导意见》,交水发〔2014〕112 号。

③ 杜麒栋、孟文君:《港口产能过剩之探讨及解决之道》,《中国港口》2010 年第 1 期。

④ 马宗武:《港口经济学》,中国城市经济社会出版社 1989 年版,第 60—105 页。

⑤ 章强、王学锋:《中国港口行政管理体制改革的回溯性研究》,《中国航海》2015年第 4 期。

行政管理体制改革试点及作为改革背景的实质性体制变革三条路向前走,并行不悖,既相互联系,又逐步递进,并形成了以"政企分开、职能转变、权力下放"为特征的改革成果。①对于我国三十余年来的工业化、城市化、对外开放的进程,这一模式立下汗马功劳。至2015年,我国港口完成的货物吞吐量已达到124.50吨,集装箱吞吐量达到2.12亿TEU,已多年稳居世界首位。②然而,我国人口众多,内需对经济增长的拉动作用较大,港口的发展在很大程度上依赖内需在经贸往来中的作用,这反而遮掩了港口经营人法律属性的遗留弊病。

该轮改革整体上是交通运输部主导的、自上而下的,大多数港口的管理职权都从中央下放到地方,主要是地方的市县级别,并形成以地方港航管理部门为行政主体、以地方港口集团为企业主体的发展模式。③一些学者已意识到,地方分权的港口管理体制引起许多不容忽视的问题。④最为突出的问题表现为地方政府和地方港口集团共同主导港口发展,容易造成过度投资和资源错配,不利于区域港口之间的合理分工和协调,港口发展也难以实现资源优化配置为基础的集约化发展。

当港口经营与地方政府的政绩关联度过于密切时,地方政府主导的港口发展倾向于过度注重港口经营人的私法属性,而忽略港口经营人的公法属性。这种忽略未必表现为不重视港口经营人本应承担的公共职能。地方政府不仅不会降低港口经营人本来的社会责任,还很可能再另行加码。我国港口经营人的主体部分是国有企业,在地方政府能够影响当地国有企业的决策时,很可能倾向于忽视国家经济发展中的宏观调控大局,以地方国有企业为杠杆在地方发展利益和中央宏观调控全局之间进行试探性地博弈。这种做法也是对国有企业公法属性的忽视。

(二)新一轮港口一体化改革的必要性

为什么要进行当下的港口一体化改革?这是港口在市场经济中发展至一定阶段的必然选择。自改革开放,尤其是十三五规划以来,大规模的

---

①③　章强、王学锋:《中国港口行政管理体制改革的回溯性研究》,《中国航海》2015年第4期。

②　贾大山、徐迪:《2019年沿海港口发展回顾与2020年展望》,《中国港口博物馆馆刊专辑》第10期。

④　林青:《中国对外贸易与现代港口物流发展的互动效应研究——基于VAR模型的实证分析》,《哈尔滨商业大学学报》(社会科学版)2011年第3期。

集中投资使得港口建设趋于饱和。①2010年开始,我国各主要港口的集装箱吞吐量增速越发缓慢,已呈现下滑趋势。②依靠投资拉动的增长方式难以持续为港口建设提供长足动力,只得依靠制度创新和机制创新另谋出路。因此,港口资源的整合,最初就是一项国家战略,它体现了从单极增长点向区域集群的转变路径,符合港口和区域互联互动、有机共生的要求。③港口区域一体化改革成为港口的内生发展动力,有利于充分实现港口经营人的私法属性;改革还有力地支撑了从国家发展全局出发、统筹兼顾的科学发展观,体现了港口经营人的公法属性。

党的十九大以来,全面深化改革成为国家政治经济生活的"新常态"。④在这一背景下,港口承担的经济和社会职能更加显著。进一步深化港口体制改革,切实提升其经营活动水平,增强其履行公共职责的能力显得更为必要且紧迫。与地市级政府相比,省级政府在我国当下行政体制中具备更强的宏观经济统筹能力和影响力,又对市级政府具备直接领导资格,因此成为港口一体化改革的主要推动者。正如上述其他国家一样,区域为单位的港口资源整合是港口行业发展到一定阶段的产物。本次改革以省级行政单位为主要的推动力量,也表明我国的港口发展进入了一个以省域为主要空间的新历史阶段。这一新历史阶段要求国家各项政策对港口经营人的公法属性更为重视,将港口经营人置于国家经济发展和宏观调控的全局中。

然而,一体化改革后成立的省级港口集团的职能如何变化,目前看并不明朗。各省级港口经营人仍然在承担上一轮政企分开改革时就面临的公共职能,且仍然缺乏明确的法律依据。表1(第二章)呈现的各省的港口条例中,一些港口条例是在一体化改革开始后修正的,其中有关港口经营人代行使公共职责的授权内容体现了解决政企分开的改革"后遗症"的决心。但这一解决并不彻底,各省港口条例赋权差异很大,连安全检查这一常见的港口经营人职责都不是在所有条例中均有规定。还有一些协助政府部门进行的紧急、临时的职责,在这一轮改革中也没能落实。

---

① ② ③　祝凯家、王海霞:《资源整合背景下港口企业高质量发展思路》,《中国港口》2020年第4期。

④　王香平:《肩负起新时代党的历史使命》,《经济日报》2017年12月22日。

三、港口经营人集中引起的垄断关切

港口一体化改革后,以省级政府直接命名的大量港口集团成立。港口经营人取得了规模效果后,在与承运人的谈判中议价能力得到加强。各省域内的港口组合在一起,在资源和价格上实现协同,这接近一种价格协议。港口经营人整合后,最高指挥中心虽然在级别上提升至省级单位,但一些港口经营人与所在市的连结并未削弱。港口经营人集中在何种程度上对港航之间的公平竞争产生影响,这关系到国际经贸往来中我国的国有企业已频繁引起的竞争中立关切。港口经营人的集中是否会打破其与承运人之间的平衡,我国港口经营人与大型承运人的特殊"关联"同样不容忽视。

这一问题在行政法的维度与在经济法的维度下,存在不同的面向。用经济法的维度衡量港口一体化改革加剧的垄断关切,我国的《反垄断法》可以解决一些问题。港口经营人在接受反垄断规则的影响时,其身份是市场主体。但现行的反垄断规则只能规制和预防潜在的垄断、经营者集中的现象本身,对港口经营人的特殊性,尤其是其双重属性则无能为力。港口经营人集中,带来了其履行的公共职能的集中,这一垄断关切则是行政法的规制范畴。

（一）政策导向对一体化正面效果的渲染

港口一体化改革将港口之间的竞争层级提升至一个新高度。此前市级港口的竞争逐步演变为省级港口群的整合性竞争,市级港口企业组合之后的港口经营人在规模上极大扩张。内部竞争主体的数量减少后,港口经营人的市场控制力和议价能力得到加强。此前的交易相对方难以再从市级港口之间的恶性竞争中获利。一体化改革为港口经营人创造的竞争优势可能影响港航市场的平衡。当下的辽宁港口集团主要由此前的大连港和营口港整合而成。①整合发展后,辽宁港口集团的议价能力增强,在大

---

① 大连港和营口港直线距离不超过 70 公里,地理上可谓非常近,硬件设备的种类和先进程度也基本相似。整合前,二者竞争非常激烈,给交易相对人很有利的议价空间。整合后,处于同一港口区域内的、从事专门种类的经营活动的中小港口企业,也不再能结合自身优势自主地规划经营活动,而必须参照整合后的港口企业的大方向进行调整。这种调整在相当程度上是有利的,因为极大地提升了这些港口的整体利用率。此前的我国北部港口,尤其是营口港的泊位闲置率极高,这和在建设之初就存在一定程度的未经考虑、粗放建设等因素有关。伍玉振:《建国初期城市建设征地闲置浪费问题及其治理——以 1949 至 1957 年的济南市为个案》,《历史教学》(高校版)2013年第 5 期;另见营口港务局退休干部:《回首营口港》,《营口日报》2021 年 8 月 19 日。

连港和营口港之间进行必要的资源调配,对营口港长期以来的惨淡状况带来了实质改善。辽宁港口集团的整体经济效益在整合后也有所提升。①

港口经营人经过资源整合,取得规模优势后,在与承运人的谈判中议价能力必然得到加强。这一变化在既有的政策中并未受到有关部门的重视。交通运输部 2017 年 8 月 17 日向我国沿海沿江省份下发文件《关于学习借鉴浙江经验推进区域港口一体化改革的通知》,明确指出推进区域港口一体化发展是促进港口提效升级、化解过剩产能、优化配置资源的重要举措,对于建设世界一流港口、推进交通强国建设、服务经济社会意义重大。②

交通运输部还专门整理了《浙江强力推进区域港口一体化改革经验》,要求各省主管交通运输部门因地制宜、学习借鉴其经验,推进区域港口一体化改革。这说明交通运输部充分认可了浙江经验,对港口一体化改革可能引起的垄断关切则只字未提。

(二)港口经营人集中对承运人的影响

港口经营人议价能力提升是否会威胁中小型承运人的生存能力？这种可能性虽在理论上存在,但在实践中不会对承运人的利益造成不利影响。至少在短时间内不会。我国港口经营人的整体谈判水平和议价能力与大型承运人不可同日而语。我国的承运人市场中,大型承运人占主流。中小型承运人未来发展如何,受很多不确定因素影响。但相当多的中小企业会被大型承运人并入,从而成为后者的一部分,搭便车地与港口经营人议价。大型承运人在世界范围内整体上十分强势,在与许多国家的港口经营人的交涉中都具备绝对优势。③

这一现实情况一定程度上能解释有关部门并未重视这一问题,或对这一问题采取包容的态度的原因。这种包容有利于充分肯定和扩大港口一体化改革的成果,但也恐将放任这一问题的潜在不利影响。港口经营人集中势必影响其与承运人的关系平衡,其影响有多大,则还需要在实践中仔细观察。

---

① 营口港务局退休干部:《回首营口港》,《营口日报》2021 年 8 月 19 日。

② 交通运输部:《关于学习借鉴浙江经验推进区域港口一体化改革的通知》,交水函〔2017〕633 号。

③ 航运联盟之间的垄断协议在世界航运市场上缺乏牵制,已经活跃多年。各国港口经营人在航运联盟面前均没有议价优势。

四、一体化改革中复杂程度加剧的政企关系

港口一体化改革后,我国虽然在省会城市、副省级城市成立了省级港口集团,但港口经营人位于各市的办公结构和人员改变甚小,与省级港口经营人对接工作、实际负责港口经营活动的港口行政管理部门仍然是港口所在各市的市级政府。"一城一港、一港一政"的局面并未从根本上改变。整合后的港口经营人与市级政府之间的联系并未真正削弱。

在一体化后的港口治理体系中,市级港口主管机关仍是主要的监管者,市级港口经营人也仍是实际从事港口经营活动的单位(整合特别彻底的除外)。市级单位在地方利益最大化的思维驱动下,市级港口主管机关和市级港口经营人之间仍然可能共同谋划,为本市的港口创造更多更有利的资源。

一方面,这可能导致实行港口一体化改革的初心丧失,区域化协同发展的计划落空,使得采取改革措施的成果趋于表面化。

另一方面,整合后的省级港口经营人在层级提高后,能够接触和影响的职能部门扩大,其决策的辐射面扩张。一些港口经营人实现级别提升后,与所在城市的市级政府仍然保持紧密的联结,政企之间的利益输送仍存在成熟的渠道,通过整合暂时得到缓解的恶性竞争问题难保不会卷土重来。同时,省级港口经营人与省级港口行政管理部门之间也具有工作上的联系,这种联系在市级政府的支持下,向何种方向发展也很难预料。省级港口经营人作为纽带,如果在市级政府和省级港口行政管理部门之间建立起微妙的联系,恐将形成与传统的行政垄断不同的另一种垄断形态。

五、港口一体化改革对"竞争中立"要求的诘问

我国港口经营人经过一体化改革后,增强了议价能力,这对公平竞争环境有何影响?现实情况是,港口经营人在较长一段时间内,与承运人的关系中一直处于弱势地位。与在国内外一贯强势的航运联盟相比,港口经营人的能力增强对航运领域的影响不足为惧。承运人的发展不会因港口经营人的谈判优势增强受到损害。但我国大型港口经营人主体部分是国有企业,港口经营人的集中可能对我国国有企业在国际经贸往来中的形象、我国的营商环境带来不利影响。因此,有关港口经营人引起的公平竞争顾虑,与一般国有企业引起的竞争中立问题如出一辙。

（一）竞争中立要求的原始目的

竞争中立最初是澳大利亚针对本国的国有企业改革提出的,在竞争法中具备法理基础,其射程在国际协定中迅速推广,至今已能够影响贸易、投资等多方面国际规则的制定。①竞争中立的出发点是消除国有企业在从事经营活动时的资源分配扭曲。国有企业在从事商业活动时,不因其公共权属享有任何私营企业不能享有的不公平优势,②与私营企业公平竞争。

竞争中立发展至今已出现诸多版本。澳版的原始竞争中立表现为税收中立、债务中立、商业回报率中立、监管中立等要求。澳大利亚依照这些要求推行本国国有企业的公司化改革,促成企业公共服务职能与商业经营职能在财务上的分离,杜绝"搭便车"式的交叉补贴;保证国有企业不因其"国有"的权属享受额外优势,与私营企业同起跑线竞争;在不影响国家安全等核心利益的领域实现"准入前"的竞争中立,允许私人竞争者进入一些垄断经营的领域。③"同起跑线竞争"的改革对国有企业与私营企业一视同仁,并不阻止国有企业凭借与"国有"无关的规模、信誉、资源等优势参与商业竞争。④不享受额外优势包括融资中立、偿债中立及规则一致,其中规则一致主要指国有企业不因"国有"免受卫生、安全等法律标准的规制。⑤对一些国有企业豁免适用一些法律规则是产业政策的隐蔽表现形式。澳版的竞争中立制度将规则的不一致作为额外竞争优势予以限制,体现了将隐蔽的政策支持透明化,对产业政策进行全面管理和规范的目标定位。

---

① 张久琴:《竞争政策与竞争中立规则的演变及中国对策》,《国际贸易》2019 年第 10 期。

② 李晓玉:《"竞争中立规则"的新发展及对中国的影响》,《国际问题研究》2014 年第 2 期。

③ 赵海乐:《是国际造法还是国家间契约——"竞争中立"国际规则形成之惑》,《安徽大学学报》(哲学社会科学版)2015 年第 1 期。

④ 多起案例表明澳大利亚调查机关在严格要求国有企业与私营企业在法律面前平起平坐的同时,并不禁止国有企业凭借实力与民争利,只要其优势与"国有"无关联。Commonwealth Competitive Neutrality Complaints Office 1999, Australian Institute of Sport Swim School, Investigation No.2, 7—8; Australian Government Competitive Neutrality Complaints Office 2011, NBN Co, Investigation No.14, 20; Australian Government Competitive Neutrality Complaints Office 2005, EDI Post, Investigation No.12, 6.

⑤ "澳大利亚邮政局"案中,澳大利亚邮政在海关清算程序中有更大自主权,则就构成了规则适用方面的额外竞争优势。Commonwealth Competitive Neutrality Complaints Office 2000, Customs Treatment of Australia Post, Investigation No.5, 11—13.

（二）一些自贸协定中竞争中立对国有企业的不合理限制

竞争中立得到美欧的极大重视，正是由于它瞄准国有企业的单一指向性。①美欧试图以竞争中立为工具，在区域范围内协调国有企业规则，催生了《全面进步的跨太平洋伙伴关系协定》（CPTPP）、《美国—加拿大—墨西哥协定》（USMCA）等各类自贸协定中专门针对国有企业的章节。②这些竞争中立条款对国有企业从各维度提出纷繁复杂的约束，早已背离澳式原始竞争中立强调国有企业的商业属性、放平起跑线的初心，转而将国有企业视为公共部门，为其施加传统贸易规则中的政府义务，如非歧视待遇等。这些义务过度关注国有企业的所有权、所有制结构，混同了国有企业行为和政府行为，没有实现对各类所有制主体真正地公平对待、一视同仁。

WTO 专家组和上诉机构有关国有企业是否能够作为"公共机构"（public bodies）充当补贴的提供者存在巨大争议。③这反映了区域自贸协定中的国有企业规则在多边层面仍然存在分歧。

我国为在国际经贸往来中争取市场经济地位，在国际贸易和投资中已经付出巨大的努力。我国入世后，一直在用国际经贸规则倒逼国内改革，前一轮的政企分开的改革措施在很大程度上也是我国履行入世承诺的产物。然而，因我国国有企业体量巨大，在我国国民经济中的整体比重过于惹眼，国际贸易、投资领域中有关我国国有企业的纷争已经不少。如果港口一体化改革中，港口经营人的集中对我国多年来争取市场经济地位的努力、对国有企业政企分开的改革在国际社会已经取得的良好收益造成阻碍，整合港口资源的代价实在太过沉重。

六、大型承运人实际掌握港口经营人股权的潜在危险

我国港口经营人与大型承运人之间存在"千丝万缕"的联系。中远海运集团在上海港、天津港均占据较大股份（二者股权结构见图 1、图 2），④

---

① 张琳、东艳：《主要发达经济体推进"竞争中立原则"的实践与比较》，《上海对外经贸大学学报》2015 年第 4 期。

② 荆鸣：《"竞争化"到"竞争中立化"：市场导向标准的困境及协调路径》，《法学》2022 年第 1 期。

③ 张军旗：《WTO 改革背景下〈补贴与反补贴措施协议〉中"公共机构"法律解释的反思》，《当代法学》2021 年第 3 期。

④ 见港口集团官网信息，中远海运集团在上海港口集团中占 14.93％，在天津港集装箱码头公司中占 45％。

能在很大程度上影响港口经营人的决策。港口一体化改革创造了更具竞争力的大型港口,可能引起港口经营人集中、实际控股的大型承运人实力更强的问题。一方面,受区位因素的影响,一体化改革后的港口更具备造成垄断的实力和理论可能。①另一方面,中远海运集团实际掌握了我国多个主要港口的大量股权。未来港口市场一旦紧张,调配港口资源的权力则由承运人掌握,存在一些不稳定因素。

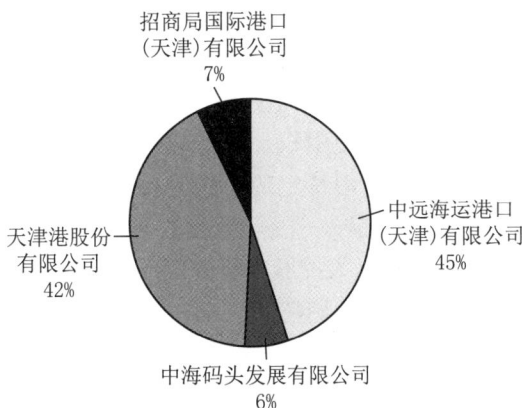

图 1 天津港集装箱码头集团股权结构②

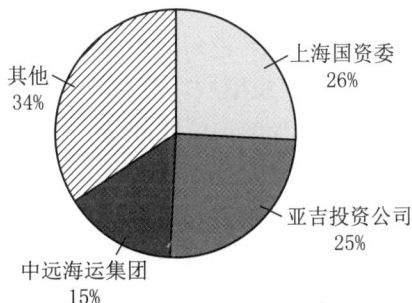

图 2 上港集团股权结构③

---

① 祝凯家、王海霞:《资源整合背景下港口企业高质量发展思路》,《中国港口》2020 年第 4 期。

② 数据来源见:天眼查:天津港集装箱码头有限公司信息,载天眼查官网 https://www.tianyancha.com/company/146310905,2022 年 4 月 23 日。

③ 数据来源见:上港集团:上港集团 2021 年年度报告,载上港集团官网 https://www.portshanghai.com.cn/xxpl/index.jhtml?index=2,2022 年 4 月 23 日。

（一）大型承运人的强私法属性

我国港口经营人与大型承运人之间具备"千丝万缕"的复杂联系。①中远集团旗下的中远海运港口有限公司的股权基本覆盖我国东部沿海地区的主要港口。这一港口服务公司还在世界范围内急速扩张和购买其他国家的港口。②因此，承运人在港口一体化改革中不会丧失议价的能力和优势。

我国大型承运人和港口经营人的特殊"关联"应引起重视。大型承运人在省级港口集团中拥有大量股份，其目的是希望港口资源能够更大程度地为其航运企业服务。港口资源较为丰沛时，承运人享受的优待主要表现为一些指定泊位的优先使用权。这种优待对港口经营人同样有利。大型承运人的船只在优先使用特定的泊位时，通常付费也高于其他承运人，这更能为港口经营人创收。

（二）港口一体化对承运人控股威胁的放大效应

这种暂时的双赢未必能长期持续。未来一旦港口市场发生变化，港口经营人与承运人之间的这一平衡很难长期持续。港口泊位资源十分紧张时，如港口集团的领导层调配港口泊位的权力受到某些承运人的过度影响，恐将不利于港口市场的稳定发展。

大型承运人在我国主要港口经营人的股权结构中占比过大，港口泊位资源的调配权将受承运人影响，港口经营人的公法属性恐将被承运人的私法属性侵蚀。港口经营人集中后，大型承运人涉足特定港口经营人的股权结构，便控制了更大规模的泊位资源，这也为其干涉港口的泊位资源调配创造了更有利的条件。

（三）现行法律中承运人参股港口的规制缺失

港口经营人具备鲜明的公法属性。我国大型港口经营人承担公共职能，具有类似公法人的身份特征。我国在港口领域实行的特许经营模式已经较为成熟，港口经营人取得特许经营权后还需按照法定程序接受监

---

① 在中远、中海合并成立中远海运集团前，中远集团就曾并入一个香港的港口公司，发展为如今旗下的中远海运港口有限公司，开展港口业务，为其承运人业务服务。

② 不仅是希腊的比港，从阿布扎比，到泽布吕赫，再到秘鲁，再到中远—新加坡，中远海运港口公司一直在扩张。杨雪：《中远海运港口全球化布局交出亮眼"成绩单"》，《中国水运报》2019 年 7 月 5 日。

督。但大型承运人并不具备明显的公法属性，扩大营业规模和谋取最大利润是其经营活动的首要目标。尽管我国对主要在我国沿海水域从事航运的承运人也有一些限制条件，但并未实行特许经营模式，与港口领域的严格资质要求偏差较大。我国的大型承运人整体而言，并不具备港口经营人的公法属性。由私法属性较强的承运人掌握具有明显的公法属性的港口经营人的决策权力，在理论上也不符合港口经营人的公法人构造和特许经营人的身份。

港口一体化改革实行至今，配套的制度尚不完备。承运人迅速参股我国主要港口，并涉足与港口经营活动相关的各个领域，应受到监督和制约。至于如何对其权力进行合理的限制，在我国现行法律中尚无答案。这一问题的紧迫性不容忽视，在后续立法中应引起高度重视。

本　章　小　结

港口经营人经过法定程序获得特许经营权，从事经营性、准经营性项目。对经营性项目的收费权是港口经营人享有的特许经营权的重要内容。港口经营人还可根据地方性法规的授权代政府部门行使有限的公权力。但一些港口经营人恣意行使其特许经营权，滥用收费权，还对授权其行使政府权力的法规作不当的解读，滥用其可以行使的公权力，对港口领域的整体发展造成严重损害。一些新型、紧急或临时的公共职能虽事实上由港口经营人承担，但缺乏明确的法律依据，存在名实不符的问题。

我国各级法院在司法实践中面临的与港口经营人相关的争议并不罕见。这些案件通常并不直接涉及港口经营人的法律属性问题，法院也倾向于就事论事，不直接对港口经营人的法律属性发表意见。裁判文书的字里行间仍可透露出港口经营人兼具公法、私法属性的状态，且二者在一些案件诉求中相互干扰。整体上，虽然我国港口经营人的法律属性不明，司法实践中法院通过法理逻辑和一般法律原则仍对具体诉求基本实现了妥善处理。立法如能明确港口经营人的法律属性，将会产生更好的司法效果。

我国当下港口一体化改革创造了大量省级港口集团，在提升规模优势、避免恶性竞争等方面取得显著成效。然而，上一轮改革遗留的政企分开"后遗症"在这次改革中并未得到完全解决。港口经营人整合集中后，可能引起的垄断关切不容忽视。潜在的垄断既表现为其议价能力加强易打破与承运人之间的平衡，也表现为港口经营人层级提升后与市级政府之间的联系仍然微妙，还表现为国有企业占主体的大型港口经营人整合壮大可能触碰国际经贸领域的竞争中立关切。此外，我国大型承运人控股主要港口的情况已不容忽视，在港口经营人整合、集中后，这一问题的潜在危险被再度放大。

第五章

域外港口经营人的法律属性借鉴

港口经营人的法律属性在我国改革实践中问题频出,与其自身的复杂性相关。这一问题并非中国独有的问题,而是关系到港航领域重要企业的法律性质和经营模式在一国对产业发展规则设置和政策导向中的位置,在港航产业较发达的国家具有普遍性。我国的国有企业政企分开改革与入世承诺密切相关。国际规则对国内改革的倒逼功能在港口经营人的法律属性问题上也有体现。其他主要港口国家的港口法有关港口经营人的法律属性的规定对我国港口法既具有历史影响,也具有现实的借鉴意义。诸多国家均在港口经营人的法律属性问题上表达过不同态度。总体而言,最为适合本国国情的港口经营人法律属性定位,最为恰当的政企关系模式最有利于促进一国的港航产业的发展。本章参考域外港口经营人的法律属性,既能在一定程度上验证港口经营人的法律属性难题的普遍性,也有利于我国在立法中参考其他国家的态度,确立最为适合我国港口经营人的属性定位。

第一节　国际公约中港口经营人的法律地位

海事领域国际公约的诞生与船方、货方的矛盾紧密相关。[1]公约通过为港口经营人赋予合适的法律地位,缓解各方矛盾,保证海上贸易得以可持续发展。因此,海事领域的国际公约对港口经营人的规定更为偏重其私法属性,其用语为"港口经营人的法律地位"。这一节先简要梳理在海上货物运输领域较有代表性的国际条约中有关港口经营人法律地位的规定,判断这些规定对港口经营人的法律属性的影响。

---

① 郭政:《浅析〈联合国国际贸易运输港站经营人责任公约〉》,《国际贸易问题》1992年第9期。

一、海事领域主要公约中有关港口经营人的规定

海事领域国际公约是国内外海商法学者的重点研究对象,其中直接涉及港口经营人的条文并不多。1923 年的《国际海港制度公约与规范》是港口领域相关性最强的一个国际性文件。但其时间较早,内容单薄,且缔约国较少,对世界港口发展的影响有限。《海牙—维斯比规则》中并无有关港口经营人的规定,《汉堡规则》《联合国国际贸易运输港站经营人赔偿责任公约》和《鹿特丹规则》中有关港口经营人的内容在国内外海商法学者的研究中已较为充分。这一部分尽可能简明扼要,主要结合这些条约诞生的背景,仅分析涉及港口经营人的具体条文对其法律地位的影响。

(一)《国际海港制度公约与规范》

《国际海港制度公约与规范》最早意识到海港在国际贸易中的重要地位与其位于各国主权的绝对控制之下的内在矛盾。该公约期望保证处于缔约国主权或权力之下的海港能够始终为国际贸易目的服务,实现所有缔约国之间的船舶、其所载货物和旅客待遇的平等。①其中,第 1 条规定海船正常往来并用于对外贸易的一切港口,均应视为本规约中所指的海港。这是海港概念在国际文件中的权威界定。

第 2 条规定除互惠原则和第 8 条第 1 款规定的保留外,各缔约国保证在处于其主权或权力之下的海港,就自由进入港口、使用港口和充分享受港口对船舶、其所载货物和旅客所提供的有关航海和商业活动的利益方面,给予每一其他缔约国的船舶以与本国或任何别国平等的待遇。这是早期的互惠原则、最惠国待遇原则在港口领域的表现。如此确立的平等待遇,应包括各种便利,例如泊位的指定、装卸货设施,以及以政府、公共当局、特许权所有人或任何性质的机构的名义或为其利益而征收的各种税款和费用。文本虽然没有明确港口经营人的定义,但其中提到的泊位指定、装卸货设施等在许多缔约国均为港口经营人的实际工作。特许权所有人的概念与今天的特许经营人为同源的概念,是当时的主要港口国法律中的特许经营概念对该公约的渗透和影响。

第 3 条规定前条规定不得限制港口主管当局为正常经营港口业务采取其认为有力的措施的自由,但这些措施应符合前条规定的平等待遇原

---

① 《国际海港制度公约与规范》及所附规约于 1923 年 11 月 15 日至 12 月 9 日在日内瓦召开的第二届通行与过境大会上通过,1926 年 7 月 26 日生效。

则。这里的港口当局,即可理解为港口行政管理部门。这一条要求各国的港口经营管理部门做到对各国船只一视同仁,不得歧视。这是至今各国港口经营人仍在承担的公共义务。第4条规定为使用港口而征收的一切税款和费用,应在实施之前妥为公布。这体现了各国港口经营人公开各类收费标准,谨慎行使港口这一特殊设施的特别管理权。第四章中我国一些港口经营人滥用特许经营权,尤其是收费权的乱象在各主要港口国的某一历史发展阶段大概都曾出现。规定在每一海港,港口主管当局应备妥一份现行税款和费用表以及港口规则和规章的副本,供有关人员查阅,也是为避免滥用特许权的现象。

《国际海港制度公约与规范》明确了海港的概念和港口经营人、港口当局的职责。后两者的概念虽然在文本中并未明确,但相应的职责及港口经营人承担的职责体现的政企关系在文本中已经有所流露。这在20世纪初期具有巨大的历史开创性。

(二)《海牙—维斯比规则》中港口经营人的空白

《海牙—维斯比规则》中不存在有关港口经营人法律地位的规定。《海牙规则》的制定出发点在于限制承运人在提单上滥用免责条款,规定承运人的最低责任和义务,建立统一的海上货物运输责任体系,[1]被认为是承运人与货主长期尖锐对立的产物。[2]《海牙规则》连承运人的受雇人和代理人、承运人的独立合同人等是何地位都没明确,更不可能为港口经营人的规定留下位置。《维斯比规则》应船方和货方的利益平衡被打破,急需作出利益关系调整而生。[3]代表货主利益的国家希望明确承运人的代理人及受雇人的法律地位,从而在事实上限制承运人可以援引的免责情形。[4]但港口经营人的责任承担方式在《维斯比规则》中仍然留白。

(三)《汉堡规则》对港口经营人私法属性的宣誓

《汉堡规则》反映了航运并不发达的发展中国家和一些代表货主利益

---

①　李璐玲:《〈鹿特丹规则〉对我国港口经营人的影响》,《法学杂志》2013年第1期。

②　张文广:《海上货物运输法的历史发展及其启示》,《中国海商法研究》2013年第2期。

③　国际海事委员会:1959年南斯拉夫里吉卡港的第24届大会的记录。

④　傅廷中:《论国际贸易运输岗站经营人的法律地位》,《清华法学》2008年第5期。

的发达国家全面、实质地修改海牙规则的强烈诉求。①该规则引入"实际承运人"概念,希望实际承担运输职责的人也能对货主的损失负相应责任。②《汉堡规则》明确了承运人的受雇人和代理人的法律地位,对二者在受雇或代理职权的范围内从事的行为仍保留《海牙—维斯比规则》中的承运人责任限制。

《汉堡规则》通过"entrust"表达接受承运人的委托而从事货物运输或部分运输的人,包括接受转委托从事此项运输的其他人。③"Entrust"的本意比委托更广,任何形式的托付都可以。④受委托的人也未必是从事货物运输的人。按照上下文理解,港口经营人从事港口作业的过程可以被这一概念囊括。《汉堡规则》赋予港口经营人作为实际承运人援引责任限制的权利和资格。这是在国际公约中明确了港口经营人作为市场主体的地位及其相应的后果,对港口经营人本就具有的私法属性进行宣誓和确认。

(四)《联合国国际贸易运输港站经营人赔偿责任公约》对港口经营人概念的界定

《港站经营人公约》对"运输港站经营人"作出了概念界定,即"在其业务过程中,在其控制下的某一区域内或在其有权出入或使用的某一区域内,负责接管国际运输的货物,以便对这些货物从事或安排从事有关的服务的人,但不包括依规则为承运人的经营人"⑤。这一概念直接影响了我国 1995 年交通部的"港规"(已废止),是国际公约对我国立法产生影响的早期标志。

但我国并未加入《港站经营人公约》,而且这一公约至今尚未生效。因此,这一公约对我国有关港口经营人立法的影响更多是宣誓性的。当

---

① 李阳:《论〈汉堡规则〉对传统海运强国的影响》,《宁夏社会科学》2014 年第 3 期。

② 司玉琢、李志文:《对我国〈海商法〉下实际承运人责任的理解》,载郭瑜主编:《海商法研究》,法律出版社 2000 年版,第 22 页。

③ 韩立新:《〈鹿特丹规则〉对港口经营人的影响》,《中国海商法年刊》2010 年第 1 期。

④ 交通部政策法规司:《〈海商法〉学习必读》,人民交通出版社 1993 年版,第 63 页。

⑤ See United Nations Convention on the Liability of Operators of Transport Terminals in International Trade(1991,Vienna).

初有关部门制定规则时,对国际社会的既有立法模式进行考察,认识到一些既有规则的合理性,便借鉴而来。

(五)《鹿特丹规则》对港口经营人外延的影响

《鹿特丹规则》将从事有关货物接收、装载、操作、堆放、运输、照料、卸载或交付等作业的港口经营人纳入"海运履约方",从事供油和供水、理货业务、港口设备维修等经营活动的港口经营人则未被列入。因此,《鹿特丹规则》语境中的港口经营人指缔约国中从事有关货物接收、装载、操作、堆放、运输、照料、卸载或交付等作业的经营人。

《鹿特丹规则》出现时间较晚,其中规定析出的港口经营人的外延与我国《港口法》中港口经营人的外延具有很大的重合,也有少量出入。我国至今还未加入《鹿特丹规则》。但这一规则的国际影响力较广,未来我国仍然有可能加入。一旦我国未来加入这一公约,则还需考虑我国有关港口经营人的既有的法律规定与该公约中内容的一致性问题。

二、港口经营人私法属性的国际认可

上述国际公约对港口经营人的规定的发展变化反映了国际航运经济和贸易的发展对港口经营人在不同时期的不同要求。这些规则的更新是对千变万化的国际现实被动的适应和跟进。港口经营人在国际航运领域并不受重视,至少地位远远不及承运人。在被动跟进现实的过程中,其法律地位逐步趋向明确。港口经营人的私法属性在国际规则中逐步得到承认,并在世界范围内受到很大程度的重视。

(一)逐渐明确的港口经营人法律地位

港口经营人在从事经营活动、作为世界贸易的重要一环参与港航产业时,以市场主体的身份存在和运行。

1. 各国对港口经营人地位的争议

在经济学中"理性人"的概念驱使下,市场主体的谋利意图越来越鲜明。港口经营人也倾向于不断扩张其业务范围,享受更大程度的权利,并尽可能减轻其责任。[1]海上运输的全过程中,各主体都不同程度地表现出这一倾向。国际规则的制定就因此变得非常艰难,最终演变为代表不同利益方的国家之间凭实力的强弱博弈。世界不同国家的实力对比十分悬

---

①　John Vickers and George Yarrow, Privatization: An economic analysis, *Journal of Economic Behavior & Organization*, 1990, 14(1), pp.156—157.

殊,因而通过博弈达成的规则很难实现实质公平。即使是针对已经达成的规则,各国在执行中仍然倾向于利用条文的模糊性,作对本国更有利的解释。因此,港口经营人的法律地位作为争议的焦点必然存在含混之处,在解释和适用中均很难彻底明确。

2. 港口经营人相关语词的明确

《汉堡规则》中"entrust"一词,字面意思一般理解为基于对他人的信任而将某项事情委托给其做。在中国民法典和海商法的语境下,基于"委托"的含义,实际承运人仅能包括与承运人签订委托代理合同的情形。[①]但按照"entrust"的意思,雇佣合同、保管合同、运输合同、承揽合同等合同关系都可以包含这一委托的意思。为避免就国际公约文本的解释产生分歧,在 2001 年 10 月联合国国际贸易法委员会第三十四届大会上,中国代表团提出"履约方"应该避开与"委托"和"转委托"相关的用语,以防歧义。这得到了工作组的接受。[②]此后的国际公约一直采用"在承运人的要求、监督或控制下"的表述。

类似地,"货物运输"也可能存在不同理解。较为狭窄的理解仅指货物装载在船舶上进行的海上运输;较为广泛的理解则可包括在装、卸货两港的装卸、仓储等过程;更广泛的理解还可能包括接受承运人的委托从事港口作业的港口经营人。《鹿特丹规则》仅从地理上明确了承运人义务的起止区间,凡在承运人的要求、监督或控制下,履行或承诺履行从港到港的有关货物的接收、装卸、操作、堆放、运输、照管、卸载和交付义务的,无论其事实上是否从事了这些环节的作业,均为公约意义上的海运履约方。这可能扩大港口经营人的外延,但总体上仍然有利于明确港口经营人的法律地位。

(二)公约内容对港口经营人公法属性的涵摄

港口经营人在港航市场上从事经营活动,与从事相近业务的主体之间产生竞争关系,与从事互补业务的主体之间建立合作关系。港口经营人与其竞争、合作的对象基于上述国际公约规则产生的权利和义务联系,主要表现其私法属性。这一点是毋庸置疑的。

---

① 司玉琢、李志文:《对我国〈海商法〉下实际承运人责任的理解》,载郭瑜主编:《海商法研究》,法律出版社 2000 年版,第 22 页。

② 韩立新:《〈鹿特丹规则〉对港口经营人的影响》,《中国海商法年刊》2010 年第 1 期。

1. 港口经营人在国际社会的公共义务

首先,港口经营人在港航市场上作为市场主体存在。其创设以各国的公司法为依据,其存在和从事经营活动都体现其私法属性。其次,港口经营人与其他市场主体之间的竞争、合作联系属于商业往来的范畴。竞争抑或合作,都以谋取利润为目标,也主要体现其私法属性。

国际公约为何关注港口经营人的私法属性(实际承运人的角色能否成立、责任限制能否援用等)? 这一问题可用法律现实主义的逻辑来解释。①港航实务中频繁出现、十分棘手的恰好是与港口经营人私法属性相关的现实问题。国际社会为解决现实问题,便将关注点聚焦于港口经营人的私法属性。这种关注强调港口经营人的私法属性在国际海上运输中的实用价值,但并不能否定港口经营人公法属性的存在。

港口经营人从事经营活动要遵循市场规则,在世界范围内从事经营活动需依照国际公约对其权利义务的规定。国际公约经过必要程序(超过一定比例的成员国签署和批准)生效后,产生约束力。国际公约中一些规则还可能发展成为习惯,从而具有普遍的约束力。任一国家的港口经营人在国际市场上从事经营活动时,需要遵循相应的国际义务,维护港航秩序,促进国际航运市场的稳定发展。因此,即使上述国际公约对港口经营人的规定偏重其私法属性,港口经营人仍在承担国际社会上的公共职责。即使该职责的"公共含量"较低,港口经营人的公法属性仍然存在。

《国际海港制度公约与规范》是上述公约中唯一明确了各国港口经营人的公共职责的国际文件。该公约文本对港口经营人的职责和义务的规定体现了港口在世界经贸往来中的重要性,以及各国港口经营人都存在滥用其享有的公共职能、威胁国际经贸的可能性。港口在一个国家处于陆海相邻的独特地理位置,其从事经营活动、创造收益的商业属性与其身处一个国家战略要地的独特位置,是其具有公共职能并适合承担公共职能的原因。港口作为一个国家对外的窗口,其促进国际往来的世界性与其处于各国主权之下的属地性之间的内在矛盾,是其公共职能必须在一定范围内受到限制的原因。

---

① 参见许庆坤:《从法律形式主义到法律现实主义——美国冲突法理论嬗变的法理》,山东大学 2007 年博士学位论文。国际私法、海商法中的诸多制度都能体现出一定程度的法律现实主义色彩。

2. 公约中的港口经营人对各国港口法的借鉴意义

对一个国家生效的国际规则能在很大程度上推动国内的法律规则随之演变,这表现为国际规则对国内改革的倒逼功能。这些国际公约仅对缔约国具有效力,且其中与港口经营人相关的内容并不多。各国港口经营人实际承担的职责与国际公约中的港口经营人差异也较大。以我国的港口经营人为例,大型港口经营人作为基础设施建设中的特许经营人,承担诸多重要的公共职能。

国际公约中港口经营人的私法属性得到了明确认可,能够在一定程度上影响各国立法对港口经营人私法属性的态度。但公约中内容无法完整地涵摄港口经营人在各国实践中的地位,对各国的港口立法仅具参照价值。港口经营人的法律属性具有很强的地域性,各国在立法时也均注意到本国的特殊情况。

第二节　主要港口国家港口经营人的法律属性一览

我国在港口领域采取的一些改革措施离不开对相关国际公约内容的借鉴,也离不开对世界上主要港口国家立法和实践的学习。与世界上其他港口大国相比,我国港口立法工作起步较晚。我国起草 2003 年《港口法》时也曾经参考世界上一些国家港口法中有关港口经营人的规定。这在《港口立法指南》中有迹可循。本节梳理主要港口国家的港口法中与港口经营人相关的内容,分析判断这些国家港口经营人的法律属性,为我国未来有关港口经营人的规则拟定提供参考。

一、欧盟国家港口法中有关港口经营人的规定

欧盟作为一个高度一体化的国际组织,在许多方面已具备主权国家的特征。在港航法律体系方面,欧盟层面有一些规范性文件。但欧盟的港航法律文件偏重对内河航运的规定,其中与港口经营人相关的内容也主要约束内河港口经营人。究其原因,莱茵河、多瑙河等诸多重要河流流经欧盟主要国家,内河运输在欧盟的物流、客流中占据非常重要的地位。欧盟层面结合物流、客流实践中的问题,需要一些规范性文件对内河运输作出专门规定。

欧盟层面的一些条例中,涉及港口经营人的并不多见。以"港口"为

关键词在欧盟法律数据库中检索,唯有关于港口国管制的第 2009/16/EC 号指令。①这一指令的前身为欧盟理事会第 95/21/EC 号指令,其主要内容是 1982 年《港口国监督巴黎谅解备忘录》。②欧盟之下各个国家仍是完全的主权国家,法国、德国等港口和航运大国都有与港口经营人相关的立法。这些国家的立法只要不与欧盟层面的规定冲突,在本国均能得到完整地实施。这一部分重点介绍欧盟国家中具有代表性的法国、德国的港航立法中与港口经营人相关的规定,分析这些内容对港口经营人法律属性的影响。

（一）法国港口法与港口经营人的法律属性

法国在欧盟乃至世界航运中扮演着重要角色,是名副其实的航运和港口大国。基于船队质量、环境、安全和社会法规等评价标准,法国被国际航运公会（International Chamber of Shipping）指定为 2020 年最佳船旗国之一。③2020 年 7 月,悬挂法国国旗的商船队包括 426 艘总吨位超过 100 吨的船舶;其中 186 艘专用于运输,240 艘为服务船,是世界第 28 大舰队。截至 2020 年 7 月 1 日,法国运输船队的平均船龄为 9.9 年(全球平均船龄为 15.1 年)。2019 年,法国几个大型港口共处理了约 3.15 亿吨货物。新冠疫情对 2020 年法国航运活动产生了重大影响,客运量急剧下降。④

1. 法国《交通运输法》中与港口经营人相关的规定

法国作为欧盟成员国受欧盟层面有约束力的规范性文件的约束。此外,法国还批准了大多数国际海事公约。国际公约以及欧盟层面的相关规范性文件在法国法院理论上可以被直接适用,但大部分规定是以纳入或转化的方式进入法国法的。⑤目前有效的法国航运法在 20 世纪 60 年代就已经诞生,后被编纂成《交通运输法》,成为有关航运和港口

①② See Directive 2009/16/EC of the European Parliament and of the Council of 23 April 2009 on port State control, Official Journal of the European Union, May/28/ 2009.

③ ICS, Shipping Industry Flag State Performance 2020, Jan. 2021, https:// www. ics-shipping. org/publication/shipping-flag-state-performance-table-2020- 2021/, 2021 年 12 月 29 日。

④ 本部分数据来自信德海事,欧盟国家专题。

⑤ 万鄂湘主编:《国际法与国内法关系研究——以国际法在国内的适用为视角》,北京大学出版社 2011 年版,第 70—94 页。

的主要法律。①

法国《交通运输法》规定港口领域的检查由海事局下属的船舶安全中心的检查员进行。②这一条文对于保障港口安全具有重要作用,而港口经营人在检查工作中承担配合的责任。这与我国一些地方港口条例将通常情况下的检查权赋予港口经营人不同。在港口国管制框架内,法国船舶安全中心确定了控制海洋燃料含硫量的目标,尽力减少污染。③在新冠疫情的影响下,法国港口对于防疫工作也十分重视,在此期间停靠法国港口的船舶受到更严格的管制。④

港口管理体制是与港口经营人相关各类法律关系的重要组成部分,尤其关系到政企关系,这深刻地影响港口经营人的法律属性。法国的各港口依照治理模式不同,分成两类:非自治港和自治港。前者直接接受国家的管理,后者则在经营方面拥有一定的自主决策权。⑤

2. 马赛港——法国港口经营人的法律属性管窥

著名的马赛港在 20 世纪 60 年代就是自治港。为不限制各港区发展的独立性,当时的马赛政府不直接参与各港区的日常经营活动,保持甚至鼓励各港口之间的合理、公平竞争。⑥政府还大力支持自由市场的推广,禁止本国和其他国家政府以公共基金计划等名义实际协助港口与其他港口竞争。⑦港口委员会作为马赛港的决策机关,依法享有财政自主,在筹集资金、利润分配及批准预算等方面均有较高自由度。⑧

法国的自治港是世界上较早采用政企分开模式的港口。这有利于充分地发挥港口经营人的私法属性,使其作为市场主体,在港航市场上公平竞争,最大限度获取其经营利润。马赛港务管理局(Port of Marseille Authority)是港口行政部门,也具有独立法人地位。⑨港务局的职责在于保障港口设施的建设、维护、发展和管理。⑩港口具备的公共服务职责交

---

① ② 《航运法》起草小组编译:《欧洲航运政策法规选编》,人民交通出版社 1999 年版,第 178—191 页。

③ 国际海事研究中心:《IMO 2020 燃油含硫量限制——更清洁的空气、更健康的地球》,载国际海事(中国)研究中心官网 https://cimrc.shmtu.edu.cn/2021/0202/c5091a67825/page.htm,2022 年 3 月 1 日。

④ 泰华船管:《新冠疫情下各国港口最新限制政策措施》,载搜狐网 https://www.sohu.com/a/377878995_120056882,2022 年 3 月 1 日。

⑤⑥ 周天麟:《法国港口的考察报告》,《集装箱化》2006 年第 1 期。

⑦⑧⑨⑩ See Port of Marseille fos Governing Bodies.

由港务局实际承担。港口经营人只需要提供相应的服务,其从事大多数活动时表现出私法属性,仅在从事引航等与港区安全极为密切的活动时,才表现出一定程度的公法属性。这与我国政企分开改革初期,港口行政管理部门与港口经营人刚刚分开时的状态非常接近。

马赛港口委员会作为港务局的一个部门,负责制定包括但不限于雇员工资、财务预算标准、港口各项业务的价格等政策,由委员会的执行长官负责执行。①该委员会由 26 名董事组成,其具体成员包括港口经营人、船东、货主、代理、船舶维修及工会、海运联盟等方面的代表。②在制定规则和政策时,港口经营人作为参与者,与船东、货代等代表处于较为平等的地位。整体来看,这些规定更多体现港口经营人的私法属性。港口经营人的公法属性在从事"公共含量"较高的职能时,才有体现。

(二) 德国港口法与港口经营人的法律属性

德国是联邦制国家,在其宪法中规定航道由联邦政府管理;港口由所在州、市等行政单位的地方政府管理。这种管理模式涵盖港口的规划、设计、建设以及未来发展全部环节。③由于港口建设整体上由各州、市自己负责,各州、市采取的组织形式和管理体制又不尽相同,德国的港口法律关系较为分裂。

1. 德国《水体法》中有关港口经营人的规定

德国的港口法律规定主要见于《水体法》。整体上,德国的港口发展类型可一分为二。国有港由地方政府直接经营管理,而租赁制港由地方政府委托出资 50％以上的港口经营人进行管理。这种"托管"基本是全权负责。④因此,德国租赁制港口的港口经营人承担全面的职责,甚至可以代理地方政府实质地从事一些公共管理活动。这类港口经营人在德国法中具备明确的公法人地位,属于公营造物。其承担的公共职能也表现出鲜明的公法属性。

德国地方政府是港口基础设施的主要投资主体,港区范围内的一切基础设施如公路、铁路支线、码头前沿、供水、供电、供气和通信设施等均

---

① ②　See Port of Marseille fos Governing Bodies.

③　港口管理学习班:《德国港口管理体制与港口管理(1~3)(根据德国专家在港口管理研习班上的讲授录音整理)》,《中国港口》2002 年第 4 期。

④　Wilfried Erbguth, Joachim Becher, *Allgemcines Verwaltungsrecht* (Teil 2), Verlag W. Kohlhammer, 2 Auflage 1987, pp.110—192.

应统一由地方政府规划和投资。港区内的各种地面设备、设施等则由港口经营人投资建设。①

德国港口还具有一定程度的"联邦监督"特色。联邦政府原则上不直接地管理港口,各州、市直接代表国家执行对港口各项基础设施建设和运行全程的管理。联邦政府虽然完全不参与港口的行政管理事务,也仍保留高屋建瓴的监督权。②这种监督权首先表现为事前监督。港口内基础设施的规划虽然在地方政府引领下由港口经营人自行负责,联邦政府仍负责把公路、铁路、航道建到紧贴港口的位置。③何种道路、哪个方向的交通投入能让港口最大限度地发挥效能,是联邦政府需要考虑的问题。

2. 汉堡港——德国港口经营人的法律属性管窥

分析德国港口经营人的法律属性,可以汉堡港为例。汉堡港是德国最大海港,也是市属的租赁制港口。汉堡港的港口码头从产权上隶属于汉堡市,码头岸壁和道路等与基础设施也由汉堡市全权负责建设,建成后再租给港口经营人从事实际经营。④仓库、起重机及其他技术装备则由承租码头的港口经营人直接投资。

汉堡港的治理也采政企分开模式。汉堡市的市政机构中设有两个与港口业务有关的部门——"商业、运输及农业局"和"港湾航运管理局"。⑤这两个行政管理部门分工实施地方政府管理港口的职权,主要负责港口规划建设、划定港口区域的岸线、水域和陆域纵深范围、执行法规、征收规费、监督安全、收集统计资料和对港口经营人日常经营活动的行政管理等。⑥

在经营管理模式上,汉堡港实行松散的管理模式,港口经营人享有极其充分的经营自主权。港口行政管理部门不干预港口经营人的实际经营活动。装卸公司、仓储公司、铁路公司、公路短途运输公司、港口拖轮服务公司以及从事消防、挖泥、供电、供水等业务的专业公司均向港务当局租赁港口的码头设施,完全以赢利为目的从事经营活动。⑦严格的政企分开保障了港口经营人的私法属性,有利于促进港航市场的繁荣。

---

① Wilfried Erbguth, Joachim Becher, *Allgemcines Verwaltungsrecht* (Teil 2), Verlag W. Kohlhammer, 2 Auflage 1987, pp.110—292.

②③ 港口管理学习班:《德国港口管理体制与港口管理(1~3)(根据德国专家在港口管理研习班上的讲授录音整理)》,《中国港口》2002年第4期。

④⑦ 尹凡:《汉堡港管理体制改革的启示》,《中国港口》2002年第2期。

⑤⑥ 蔡欣:《汉堡港管理经验谈》,《中国水运》2003年第6期。

二、美国港口法与港口经营人的法律属性

美国是世界上综合实力十分强大的国家,港口经济也不逊色。在充分发展的港口经济基础上,作为其上层建筑的港口法律制度较为健全。美国的港航法律基本覆盖了交通运输和港口经营活动的各环节。国际海上运输和贸易在美国经济发展中占有重要地位,美国港航法律体系因此对港口经营人较为重视。基于部分历史原因和美国的实用主义传统,美国一直未对航运和港口专设一个机构实行统一、全面的管理,联邦政府将管理港口、航运的职责分设于不同部门。但多个监管主体仍具有明确的法定职责,并依法对不同领域监督管理,因而通常并不存在多头监管带来的职责交叉问题。因此,分裂又高效是美国港口相关法律的鲜明特点。

（一）美国从事港口行政管理活动的部门及相应职责

美国国会中与港口有关的管理部门包括:众议院运输和基础设施委员会、参议院商业、科学和运输委员会、参议院拨款委员会、参议院环境和工程委员会等。其中,参议院商业、科学和运输委员会管辖除建设工程以外的航运事务。①参议院商业、科学和运输委员会又下设 7 个分委会,包括地表运输与商船分委会。地表运输和商船分委会所管辖的事务主要包括:联邦海事委员会(Federal Maritime Commission)、圣劳伦斯航道发展公司(Saint Lawrence Seaway Development Corporation)、海事管理署(Maritime Administration)、运输安全(Transportation Safety)、商船(Merchant Marine)、危险品运输(Hazardous Materials Transportation)等。②地表运输的监管范围包括美国的内河航运和内河港口,圣劳伦斯航道发展公司就承担内河港口的相应职责。③

1. 美国运输部维持港口能力的职责

美国运输部(DOT)是主管美国交通运输的政府部门,其职能是保障运输系统的快速、安全与便利。④航运管理局(Maritime Administration,

---

①②　U.S. Maritime Administration, America's Ports and Intermodal Transportation System, Jan. 2009, pp.12—17, pp.59—67.

③　Susanne Schmeier, Governing International Watercourses—River Basin Organizations and the Sustainable Governance of Internationally Shared Rivers and Lakes, Routledge Taylor & Francis Group, 2013, pp.1—19.

④　U.S. Maritime Administration, America's Ports and Intermodal Transportation System, Jan. 2009, pp.12—17.

MARAD)是运输部的下属机构,全权负责航运管理,巩固美国航运系统的稳定态势;维持最大限度的造船与修船的能力、港口能力、多式联运系统和航运储备能力,[①]以满足国家航运经济发展的巨大需要,包括紧急时期的特殊需要。

2. 港口经营人的引航职责与应急演练要求

港口区域的强制引航是美国港航法律对外国籍船舶的硬性要求,任何外国籍船舶都必须聘用美国引航员。引航员须是具有航海经验并熟悉水文、地理、洋流、航行、港口条件等的专业航海人员;美国国内船舶的甲板部工作人员要符合美国海岸警卫队的发证要求。[②]强制引航是一国宣誓国家主权的强制性规定,在许多国家都存在。我国的引航站为公权力部门,经改革后或归属于港务局,或归属于交通局、海洋局。美国港口法让港口经营人承担引航职能,为港口经营人赋予了极强的公法属性。

美国的港口经营人还需要与船方、美国海岸警卫队及联邦、州政府共同参与日常应急演练,进行海事危机的应急响应。[③]根据《污染应急法》,美国与加拿大每年至少举行一次联合演练,并配备油污清除装备。[④]两国作为相邻国家,共建应急指挥系统,共同签署联合海事污染应急计划,应对有害物质泄漏事件。联合海事污染应急计划附则还包括地理分区的附则(区域化的计划)。[⑤]其目的是根据不同区域的情况和应急能力,有针对性地建立两系统之间的合作方式,加强突发事件处理能力。美国港口经营人的应急职能也具有强烈的公法属性。

(二)美国与港口经营人相关的主要法律法规

1998 年,美国国会通过《面向 21 世纪的交通运输平衡法案》,提出有关美国航运和港口法的三个原则:其一,无论从美国航运法律规定,还是从监管机构的职责来看,美国始终将保障国家安全作为航运业发展首要目的;其二,通过立法限制外资进入美国的国内水路运输(内河航运和港口建设)领域;其三,在实现上述保障国家安全和利益目标的前提下,对内

---

① 周放:《美国海洋管理体制介绍》,《全球科技经济瞭望》2001 年第 11 期。

② Paul G. Kirchner, Clayton L. Diamond, Unique Institutions, Indispensable Cogs and Hoary Figures: Understanding Pilotage Regulation in the United States, 23 *U.S.F. Maritime Law Journal*, 2010(1): pp.169—204.

③④⑤ See Canada-United States Joint Marine Pollution Contingency Plan.

奉行市场调节和自由竞争的立法原则,不干预本国船公司、港口经营人从事商业航行和经营活动,放松管制,并让市场调节航运和港口经营活动的发展;对安全生产等问题仍进行监管。①

　　这一法案表明,美国港口立法已注意到港口承担的双重功能在实践中可能存在的矛盾,对港口经营人的公法属性和私法属性都予以重视,并明确地将二者排序。二者在任何情况下出现冲突时,港口经营人的公法属性都处于绝对的优先地位。美国港口法的整体思路是通过对港口经营人的经营活动进行合理的监管,实现对港口经营人的私法属性的有效控制,让港口经营人专心致力于公共服务,始终服务于公共目的。

　　美国在航运领域的立法以国会层面的《航运法》(Shipping Act)和《商船法》(Merchant Act)为主体。二者作为美国航运法律体系的核心,规定了美国港航产业的整体发展方向、航运安全、港口管理要求等基本制度。②联邦政府还发布行政命令,落实国会出台的港航法律。

　　美国的港航法律主要包含五方面内容:船舶和船舶营运、港口和航运市场的监督管理、航行与港口的安全、国家战略计划、海事监管程序等。《1972 年港口和航道安全法》(Ports and Waterways Safety Act of 1972)、《1974 年深水港法》(Deepwater Port Act of 1974)、《1981 年海事法》(Maritime Act of 1981)、《1988 年外国航运行为法》(Foreign Shipping Practices Act of 1988)和《1994 年港口和航道安全》(Ports and Waterways Safety Act of 1994)是与港口经营人的关联密切的几部。整体上,美国港航法律没有将港口经营人视为一般市场主体,而将其作为与国家安全联系极为密切的一种特殊的市场主体来对待。

　　近年,美国正在加快进行航运和港口产业结构的调整,来解决港口、航道、船舶之间的结构性矛盾。③这一改革侧重引导港口经营人进行高端设备的新建、扩建和技术改造提升结构性优势,顺应现代综合物流发展趋势。自上而下的改革将港口经营人作为实现国家政策的一部分,以充分发挥美国港口在综合物流中的基地作用为目标,以促进航运和港口产业的整体升级和可持续发展为长远利益。经过这一改革,美国港口经营人的公法属性再度加强。

---

①②③　See Inland Navigation in the United States: An Evaluation of Economic Impacts and the Potential Effects of Infrastructure Investment, pp.13—74.

三、日本港口法与港口经营人的法律属性

日本港航法律体系中与港口经营人相关的规定主要见于《港湾法》。日本《港湾法》规定了管理监督港口经营人的经营活动的各主要部门职权以及与港口经营人相关的各类法律关系。①日本港口按其对国家经济的重要性分为特别重要港口、重要港口和地方港口等。②这些港口绝大多数由一个地方政府负责,少数几个港口为两个以上的地方政府联合负责。③港口建设的资金由中央政府、地方政府和港口经营人共同分担。日本的港航法律独具特色,港口经营人相关的规定在亚洲国家中比较有代表性。

（一）日本《港湾法》中与港口经营人相关的规定

《港湾法》规定主要负责港口经营人管理监督工作的行政机关有国土交通省(海上保安厅等)、法务省、财务省、厚生劳动省和都道府县等。④这些部门位于地方的办事机构统称为"港湾管理者"。实际负责监督管理港口经营人的港口行政管理部门主要集中在地方政府,中央政府整体持克制立场,不干预港口经营人的经营活动。港口经营人从事经营活动具有相当的自由度,他们作为市场主体自由提供经营性服务,在港航市场上充分竞争。

日本港口由政府投资基础设施,承担建设、规划、维护港口的费用,由港口经营人投资经营性设施并实际地经营港口。⑤由于港口的基础设施建设的资金由政府承担,日本的港口资产归国家所有。这是公私合作的一种独特形式。在实际经营时,港湾管理者与港口经营人的关系仍然政企分开。日本鼓励地方政府参与港口经营人的实际经营活动,希望港口经营人充分发挥私法属性,以保证总体的国民经济水平。

（二）《港湾法》中港口经营人的法律属性管窥

日本政府十分重视港口的社会公益性,把港口看作是国家和地区发展核心,强调始终把港口开发建设纳入国家和地区经济发展的总体规划之中。⑥重视港口公益性的政策导向使得日本的港口经营人表现出一定程度的公法属性。然而,《港湾法》对港口经营人职责的具体规定并不能

---

① ② ③ ⑤　石友服:《日本港湾法的重大改革》,《交通世界》2002 年第 3 期。
④ ⑥　参见日本港湾法。

充分地佐证这一点。整体上,日本港口法中港口经营人的私法属性更为鲜明。

首先,日本《港湾法》十分重视港口经营人的独立经营权。港湾管理者依照《港湾法》不得妨碍、干涉港口的运输业、仓库业或其他与保管运输相关的港口经营人的正当活动;在设施利用和港口运营中,不得对任何港口经营人采取任何歧视性待遇或不公平措施。①港湾管理者仅能通过财税等有明确法律依据的手段对港口经营人进行宏观指导与调控。②港湾管理者被禁止妨碍和干涉港口经营人的正常经营活动,更不能经营和港口经营人构成竞争关系的业务。港口经营人在日本港口法中是完全的市场主体地位,彰显其鲜明的私法属性。

其次,港湾管理者的积极职责在于对港口设施的建设、维护和管理。③港湾管理者履行港口设施的建设维护职责、对港口经营人的监督管理职责时,还受到国土交通省港湾局的监督。④这一职责与港口经营人的经营活动存在交集,需要港口经营人配合完成。这一职责在其他国家港口法中,通常由港口经营人承担,是港口经营人承担的少数公共职能之一。日本的港湾管理者还承担了港口设施的维护和管理职能,港口经营人承担的公共职能也因此所剩无几。总之,日本的港口经营人的公法属性很弱,在其职能中基本无从体现。

再次,《港湾法》不仅对港湾管理者参与港口经营人实际经营活动加以限制,还对国有企业涉足港口领域予以限制。日本各港口的主要经营人多为私营企业。国有企业在承担公共职能时,使用的其自身财产为国有资产,因而更具有公法人承担公共职能的外观。日本排除了国有企业涉足港口领域的可能性,将港口经营领域完全划入私营企业,又不让其承担公共职责。因此,日本港口经营人是完全的私法人和纯粹的市场主体。它既不具有任何公法人的特征,也不承担任何公共职能,不体现公法属性。

---

①② 平成 26 年(2014)爱媛大学港湾法、海岸法讲义。

③ 港湾管理者除负责所在区域其自行建设的港口设施的维护、管理以外,还可能受到中央政府的指派从而对中央政府建设的港口设施实施维护和管理。

④ 郑小鹏、王佳强、吴晓武、王瀚、严季:《日本港口行政管理及运输——交通运输部第 29 期赴日物流研修班系列报道之九》,《交通世界》2009 年第 1 期。国土交通省海上交通局主管货物运输、装卸和导航等。

第三节　港口经营人法律属性判断的国际难题

本章逐一梳理欧盟国家中法国、德国港口法对港口经营人的规定,美国港口法对港口经营人的规定,日本港口法对港口经营人的规定,对各国港口经营人的法律属性作了初步判断。比较对象的地理范围覆盖欧洲、美洲、亚洲;法国、德国、美国、日本均是世界海运强国,也是港口大国。这部分首先结合我国港口经营人的法律属性,对上述国家港口法中港口经营人的法律属性进行比较分析。随后,再根据《港口法》立法时我国有关部门参考上述各国港口经营人法律属性的资料,分析过去对其他国家港口经营人的法律属性产生误解的原因。

一、港口经营人法律属性问题的复杂性

港口经营人的法律属性问题在世界上主要港口国的法律体系中均存在,各国的港口法对其处理方式不同。法国和日本的港口法对港口经营人的规定偏重港口经营人的私法属性。港口作为社会基础设施,承担的公共职能在这两个国家事实上由相应的港口行政管理部门承担。港口经营人进行经营活动时,完全以谋取利润为目的。法国港口经营人只在配合港口行政管理部门从事公共职能时,才能表现出一定程度的公法属性。日本港口经营人的职能无从彰显其公法属性,只体现私法属性。

德国港口法对港口经营人的规定一分为二。地方港口受地方政府控制和制约。在地方政府的规划下,地方港口经营人履行的职责的"公共含量"不同,但其公法、私法属性都能得到一定程度的体现。与我国的港口类似,汉堡港港口经营人兼具公法、私法属性。

美国港口法则十分注重港口经营人的公法属性。港口经营人依法承担许多在其他国家由港口行政管理部门承担的职责。美国的港口行政管理部门又与军、警均有联系,这进一步强化了港口立法中以维护公共安全为第一要义的导向。美国各项法律规定整体上将港口经营人作为一个特殊的市场主体存在。在其公法属性不被侵蚀的前提下,港口经营人可充分发挥其私法属性,从事经营活动,并提供港航市场需要的相应服务。

二、港口经营人法律属性问题的地域性

我国《港口法》的立法工作起步晚，学术界将港口法作为一个学科来研究就更晚。这与我国自古以来的农业经济传统密不可分。晚清的闭关锁国政策直接妨碍我国对港航产业的重视程度。新中国成立初期到改革开放之前，国民经济的重心在制造业方面，中央决策层面对于和其他国家发展海上贸易往来没有足够重视。港口作为贸易枢纽，其发展建设也没能开展起来，与之相关的法律很难起步。

（一）对其他国家港口经营人法律属性的误读

《港口法》的立法过程中，我们曾参考学习一些国家的港口法。但当时碍于资料的局限，我们对各国《港口法》中的港口经营人的属性和经营模式作出了"一刀切"的解读：第一，认为世界上主要航运国家在与港口经营人相关的政企关系问题上都采取严格的政企分开立场；第二，认为世界上主要航运国家都坚持港口经营人的私法属性，并逐步弱化其公法属性；第三，据前两点认为，世界上主要国家的港口都主要由私营企业经营，港口的民营化是港口发展的必然趋势。

当时的解读如今来看，和域外港口法的现实情况的确存在不小的差别。

首先，最不符合实际的就是美国，其港口治理不仅没有实现政企分开，其港口行政管理部门还与军、警具有工作上的联系。

其次，德国在港口的规划和经营活动中采取一分为二的整体策略，汉堡港仅能代表地方港口一类，不能代表该国的全部港口。德国的地方港口中，针对港口经营人的具体规定也是在公法和私法属性之间谋求平衡，并未表现出对其私法属性的明显倾斜。

最后，对于强调港口经营人私法属性的法国和日本，当时的解读是基本符合现实的。在这两个国家的港口相关法律中，确实港口经营人的私法属性更受重视。两国在港口治理模式上均实行政企分开。但认为港口经营人的主体部分应为民营企业，在日本有迹可循，在法国就似是而非。马赛港的港务局对港口经营人之间的竞争持放任和鼓励态度，是希望各港口经营人充分、公平竞争，并不排斥具备政府投资背景的企业从事港口经营活动。

（二）不同国家港口经营人法律属性的共同难点

推行政企分开，甚至是鼓励港口经营的民营化，都不等于弱化港口经

营人的公法属性,更不等于推行港口的私有化。实行政企分开,是为港口经营人在从事经营活动时能够具备充分的独立性和自主性,和港口的所有权属问题没有直接的联系。即使是在严格实行政企分开的日本,鼓励民营企业成为港口经营人的政策下,港口资产仍然归国家所有。日本《港湾法》明确要求地方政府对港口的建设进行投资,正是为了维护港口资产的国家所有权。

1. 港口治理体制背后的政企关系

任何国家的港口经营人只要从事经营活动,就一定会具备私法属性。因此,港口经营人的法律属性问题归根结底是港口经营人在多大程度上具有公法属性的问题。这一问题在一个国家的港口法中表现为港口经营人被界定为公共服务业的经营活动从业者,还是普通的市场竞争者。世界上主要港口国进行港口立法时都无法回避这一问题,而最终采取的,均是最适应该国当时国情的立场。许多港口经营业务具有较高的"公共含量",在立法中明确认可港口经营人的公法属性,可为要求港口经营人承担更多公共职能提供法律依据。实际上,将港口视为公共服务部门,要求港口经营人必须无条件地向全体使用者开放其业务,采用行政化方式治理港口,是许多国家历史上曾经采取的做法。①只是这一做法弊端诸多,一些国家在航运经济发展中逐渐意识到其弊端过于显著便先后通过港口改革,调整了港口法律关系。

将港口视为与公园类似的普通公共设施,将港口经营人视为与其他市场行业无差别的商业实体,将港口经营业务视为纯商业活动,符合地理范围较小、港口总数较少、与港口相关的各类社会矛盾不明显的国家情况。比利时、荷兰等国家就长期坚持这一做法,切实促进了港航产业的效率最大化和港口勃兴。因此,这两国的港口法至今对港口经营人采完全市场化的管理模式。②与港口相关的一切公共职能都由相应的行政管理部门承担。

2. 不断变化的国情对判断港口经营人属性难度的加持

我国的港口一体化改革在国际社会早有经验可循。欧洲国家的港口

---

① 王恩思、孙霄峰:《从日本港口的管理体制和经营模式看现代港口的发展方向》,《大连海运学院学报》1993 年第 3 期;李幼萌:《国外公共港口管理方式的转变》,《中国港口》2003 年第 11 期。

② 交通部课题组:《比利时港口管理机制》,《交通建设与管理》2002 年第 11 期;邹俊善:《荷兰港口管理体制之分析》,《水运管理》1993 年第 10 期。

整合在 20 世纪 80 年代就已经开始了。德国汉堡港和不来梅港的经济腹地重合比率较大,原为竞争对手。欧洲北部的鹿特丹港、安特卫普港、菲利克斯托港在较长一段时间内均曾为莱茵河腹地的货源展开激烈竞争。巨大的市场竞争压力催生了港口联盟的诞生。多个欧洲国家的港口变单一港为组合港,削减了恶性竞争的负面效应。[①]组合港的发展模式在日本也是重要的港口组织形式,各港口共同揽货、错位发展,有利于整体增强港口群的竞争力。[②]美国有西雅图港、塔科马港共同组成的西北港口联盟。两港同处于普吉特湾,排除恶性竞争干扰后,投资吸引力显著增长,连续数年打破增长纪录。[③]据《2017 年全球港口发展报告》显示,该联盟的国际集装箱总量增长 4%,至 296 万 TEU,在北美前十大港中排第六位。[④]

考察域外港口法律制度,要求我们大胆假设,小心求证,充分了解不同国家的国情差异,辩证地看待不同国家港口法对港口经营人的规定,谨慎地判断港口经营人的法律属性。不同国家港口经营人的法律属性均需在本国范围内既符合其理论上的属性定位,也符合其在实践中的需要。主要港口国家均对政企关系采取适合国情的处理态度,这一问题并无唯一答案。欧洲的主要港口曾进行一体化改革,日本、美国均采取过港口整合措施,也说明不同国家均在港口改革实践中,为处理各种问题,不断进行新的探索和尝试。我国港口经营人改革实践中的困境,在其他国家都曾以不同的形式出现过。比较的分析研究能让有关部门更加清晰、辩证地看待港口经营人的法律属性的复杂性,对我国未来在有关港口经营人的法律法规中,妥善安置这一具有双重属性的角色,具有重要的参考价值。

本 章 小 结

《国际海港制度公约与规范》没有明确港口经营人的概念,但从其功

---

①　World Cargo News,HHLA,Eurogate Talks are Providing Difficult,https://www.worldcargonews.com/news/news/hhla-eurogate-talks-are-proving-difficult-67923,2021 年 12 月 31 日。

②③　范荣、张廷龙:《"芜马合"组合港合作模式研究》,《港口经济》2017 年第 2 期。

④　上海国际航运研究中心:《全球港口发展报告(2017)》,上海国际航运研究中心,第 5—17 页。

能职责的角度解释了港口经营人承担的公共职能需要受到限制的原因，具有独特的历史意义。从《海牙—维斯比规则》到《鹿特丹规则》，海上货物运输国际公约对港口经营人法律地位的规定越来越明确，港口经营人的私法属性在这些条文中得到鲜明的体现。国际公约对港口经营人私法属性的重视更多是出于解决实践中迫切问题的需要，仅对各国具有借鉴价值。港口大国中，法国、德国、美国、日本的港口法对港口经营人的规定不尽相同，整体上因不同国家的国情而异。法国、日本更强调港口经营人的私法属性，在政企关系上主张严格明确地实行政企分开；美国更强调港口经营人的公法属性；德国采地方港口和联邦港口两分制。港口经营人的私法属性与港口的民营化、私有化并无必然联系。判断不同国家港口法中港口经营人的法律属性，应结合不同国家在不同时期的具体情形辩证地看待。

第六章

港口经营人法律属性的
理论构想和制度建议

　　港口经营人的法律属性不明,对其经营实践、有关港口经营人的司法实践均带来困扰。一些港口经营人滥用特许经营权的现象屡禁不止,而港口经营人承担一些公共职责却又缺乏明确的法律依据,司法实践中法院对港口经营人相关诉求的个案权衡也十分艰难。港口一体化改革创造了显著成果,也凸显了港口经营人法律属性的疑难之处,对港口经营人法律属性的理论定位、制度设计均提出质疑和挑战。本书为港口经营人提出"特殊主体"的理论构想,希望有关部门或在《港口法》的未来修正中增加相应条文,或通过专门的授权决定在制度层面落实这一理论构想。

第一节　有关港口经营人法律属性的理论构想

　　港口经营人既从事经营活动,谋取商业利润,也提供公共服务,还承担一些政府部门应承担的公共职责,在理论上具有公法、私法双重属性,符合公法人的理论架构。实践中,我国港口经营人又通过法定程序获得特许经营权,从事港口领域的经营活动。本书认为港口经营人在理论上应为"特殊主体",这符合承担公用事业的企业的身份和属性特征,能够恰如其分地诠释港口经营人的双重属性。"特殊主体"的定位能够反映港口经营人的双重属性,因而有利于明确政企分开的改革思路,为在港口领域进一步深化改革提供更适合的理论基础。

一、"特殊主体"定位对于我国承担公用事业的企业的适格性

　　我国行政法学界对于港口经营人涉猎不多,但对于其他承担公用事业的企业,曾经有一些有关其法律地位的理论探讨。以为这些企业寻求

兼具经营性和公益性的合法性基础为出发点，既有研究探索出"特殊公司法人说""特殊法人说""行政组织私法化"等理论定位。"特殊主体"的定位可以超脱这些定位的理论窠臼，更恰当地还原我国承担公用事业的企业兼具公法、私法属性，既从事商业经营活动，又提供公共服务，还承担一些公共职能，在其授权范围内代履行一些政府部门职责的实际身份。

（一）既有研究中有关承担公用事业的企业法律地位的理论构想

"特殊公司法人说""特殊法人说""行政组织私法化"等概念是我国行政法学者为探求我国承担公用事业的企业在我国公法中的地位，提出的有关其属性定位的理论构想。这些属性定位或存在逻辑困境，或与中国既有的法律制度冲突，或不适合我国承担公用事业的企业。这些问题导致既有研究中的属性定位均不适合本书探讨的港口经营人。

1. "特殊公司法人说"的逻辑矛盾

"特殊公司法人说"意在强调国有企业"经济人"和"准政治人"双重身份的重叠性，[1]为承担公用事业的企业促进经济效益和维持社会稳定这一双重目标寻求合法性基础。这一学说将国有企业的"企业性"和"公益性"视为两翼，[2]却未能处理二者之间的平衡关系。政治系统和经济系统本为两个不同范畴，企业的准政治人身份能否让其实现现代公司法要求的意思自治，这一学说并未回答。

2. "特殊法人说"与我国《民法典》的不兼容

这一学说意图在公法人和私法人的传统架构之外创设一个中间区位的特殊主体，[3]与本书的设想具有相似性。本书决定采"特殊主体"的表达，不称之为"特殊法人"，是因《民法典》已明确将改制之后的国有企业规定为营利法人，属私法人的范畴。第 96 条专门规定"特别法人"系指机关法人、农村集体经济组织法人等，这与国有企业承担公共职能的初衷大相径庭。因此，我国法律并未明确认可这一概念。这一概念对于我国承担公用事业的企业，仅有学术上的借鉴价值，在后续法律中再被认可的可能性也极小。

---

① 顾功耘：《国有经济法论》，北京大学出版社 2006 年版，第 271 页。

② 顾功耘、胡改蓉：《国企改革的政府定位及制度重构》，《现代法学》2014 年第 3 期。

③ 参见胡改蓉：《论公共企业的法律属性》，《中国法学》2017 年第 3 期。

3.“行政组织私法化”路径与我国国有企业实际情况的矛盾

“行政组织私法化”形成公设私法人，其法律属性仍是国家，是行政组织控制的从事经营活动的实体。这一判断依据在于企业的实际控制人、国家控股的企业为公设私法人。这比较符合德国国有企业的改革路径，一部分为国家控股，并被赋予公法人的实际身份；另一部分则完全实行市场化。①我国国有企业改革虽然也具有一定的可比性，但差异更大。

德国的国有企业经私法化（不再由国家控股的），成为受公法监控的私法人。②我国国有企业的政企分开改革并不彻底，留有诸多“后遗症”。港口经营人从港务局中分离而生，其公共职能的源头在行政机关。但改革后的港口经营人仍在承担大量公共职能，国家控股的国有企业也在实行特许经营模式并取得显著成效。我国港口经营人的公共职能和其作为市场主体的经营活动的复杂重叠，难为这一理论囊括。

（二）“特殊主体”在我国公用事业话语体系中的适格性

“特殊主体”这一表达，顾名思义，既强调了包括本节探讨的港口经营人在内的承担公用事业的企业作为一个法律上主体的概念基点，也强调了这一主体承担的职能、其法律性质的特殊性。这种特殊表现为我国承担公用事业的企业既从事经营活动，又提供公共服务，同时还代为承担一些政府部门职责的多重身份。“特殊主体”符合我国承担公用事业的企业的“公法人”特征。

1.“公法人”承担公共职能的两层含义

如第一章所述，我国承担公用事业的企业从事的经营活动与其提供的公共服务存在重叠。这些企业在从事经营活动时，也在提供公共服务。这种服务的公共性是这类企业具备公法属性的第一层含义。同时，这类企业基于在特定领域提供服务的专业性，也被法律赋予承担一些公共职责、代政府部门履行一些本由政府部门履行的公权力。这些权力由这类企业来履行更为便捷，也应更高效。这些职责的存在和由这些企业实际履行是我国承担公用事业的企业具备公法属性的第二层含义。

---

①　吴勇敏、何源：《德国公营事业对中国国有企业类型化之启示——以判例与立法为中心展开》，《社会科学战线》2015 年第 5 期。

②　何源：《国有企业法律属性的困境与出路——基于行政组织私法化的新视角》，《南京大学学报》（哲学·人文科学·社会科学）2021 年第 1 期。

2."特殊主体"对两层含义的恰当诠释

上述理论构想中,"特殊公司法人说"虽然也通过"特殊"强调了这一概念的不同寻常,但"公司法人"的概念仍然更接近民法上的营利法人范畴,只能涵盖其经营活动本身自带的公共服务,无法涵盖其经过授权代政府部门承担的部分公权力。"行政组织的私法化"除不符合我国实际情况,还在哲学上某一概念的必要组成部分方面有所欠缺。这一概念是一个定语结构,并非系表架构,只是明确行政组织私法化的过程,并未明确表明这一过程的后果。

与"特殊法人"相比,"特殊主体"采用的"主体"在哲学上指具有意识的人。①这种人既包括自然人,也包括法人。法律上的主体进而指在法律上具有其独立的意识,可以独立地从事一些行为,并为之承担责任的人。因此,"特殊主体"是在法律上具有独立又特殊的地位,具有独立而特殊的意识,并因其特殊的地位和意识承担特殊的职责,具备特殊身份的人。在公法人承担公共职能的两层含义中,"特殊主体"这一概念既能表达其在从事经营活动时提供公共服务这种"无意识"的公共职能,也能表达其经过法律授权代政府部门履行一些公共职责、承担有限的公权力这类"有意识"的公共职能。

"主体"的概念在与"法人"概念相比,也具有更强的主体性,更能表达其能够有意识的承担公共职能的能力和资格。我国公法学中常见的行政主体的概念也采"主体"的用语,是具有行政权能,可以用自身的名义使用行政权力,并为此独立承担相应法律后果的社会组织。②这一概念也更为强调行政主体履行职责,并承担相应法律后果的独立意识和自主性。

二、"特殊主体"定位对我国港口经营人的适格性

为港口经营人在行政法理论上寻求"特殊主体"的定位,既符合港口经营人作为公法人的理论架构,也符合其在特许经营制度下从事经营活动和代履行部分公权力职责的行为要件。这符合港口经营人的双重属性。我国港口经营人与其他承担公用事业的企业相比,既有相同之处,也有特殊之处。我国港口经营人与在自然资源开采领域、铁路、邮政、城市燃气等其他承担公用事业的企业均有明显的差异。上述几种理论构想均

---

① 《新华字典》,商务印书馆1986年版,第1105页。
② 周佑勇:《行政法原论(第三版)》,北京大学出版社2018年版,第108页。

是行政法学者为其他承担公用事业的企业拟定的法律地位。"特殊主体"不仅比上述几种理论构想更为适合我国承担公用事业的企业，还尤为适合我国的港口经营人。

（一）我国港口经营人与其他承担公用事业的企业的差异

我国的港口经营人不同于一般的承担公用事业的企业。港口经营人从事经营活动的场所不仅横跨陆域、海域，还位于我国沿海海岸线之上，具有联通全国的重要港口和其他枢纽的能力。但港口经营人从事经营活动的港区，涉及的陆域、海域在行政区划、辖区上均有明确归属，港口的发展繁荣又十分依赖港口城市的经济基础。

1. 港口经营人在政政关系上的特殊性

港口领域在政政关系上具有鲜明的特殊性，港口经营人的法律属性争议一定程度上能够代表央地之间分配资源的矛盾。港口经营人发展壮大依赖地方政府的投入的地域性与港口经营人提供服务的覆盖面的全国性乃至全球性之间的矛盾，使其法律属性很难找到明确的归属。中央政府部门如对港口经营人的经营活动控制和干预或多，一定程度上会强化其公法属性。地方政府通常和港口经营人保持密切的联系，以维持港口的发展纽带，强化港口经营人的经营活动对地方政府业绩、地方经济繁荣的促进作用。

港口经营人从事经营活动的场所覆盖面广，提供的服务具有联通全国的重要港口和其他枢纽的能力。这一点不同于主要生产活动位于地级市内的、从事其他重要基础设施建设行业的国有企业（如钢铁企业等）。[①]我国港口经营人还为国际大宗贸易的进行提供交易场所和平台，其提供公共服务的辐射面极其广阔。这是交通领域基础设施的特征。

港口经营人从事经营活动的港区，涉及的陆域、海域在行政区划、辖区上均有明确归属，这一点又不同于铁路、公路等通常需跨省建设、与多个地级市都有联系的交通运输建设经营企业。铁路经营通常在拟定计划时就由中央政府负责，多个沿途省、市均位于计划之中，各省、市付出何种资源，又能得到何种回报，始终在中央有关部门的蓝图之中。中央层面的主管部门也依托特定的制度（铁路领域的《铁路法》），长期保持在铁路运营中的参与度，一直在协调各省、市之间的矛盾。自 20 世纪 80 年代港口

---

　　① 比如钢铁企业也对基础设施建设尤为重要，但这些企业具有属地性，一般在地级市内即可完成全部生产活动，在必要的时候才会涉及省内其他城市，很少跨省。

的行政管理权下放地方后,交通运输部对港口经营人的干预力度就一直远不及铁路运输这般。

2．"特殊主体"对港口经营人独特政政关系的反映

上文的第二章提到,政政关系和政企关系呈现不规则的动态相关性:当中央政府强化对港口经营人各项经营活动的影响和干预时,港口经营人很难具备更高的经营自主性,而是表现出服从国家发展计划的特征。政政关系的强大影响使得政企关系很难实现真正的分离,企业在承担公用事业的过程中,也更容易被授权代为履行一些政府职责。这也是一种公法属性。

"主体"的概念与"法人"的概念相比,除更能表达一个概念跨地域的特征,也更能诠释一个概念与某一地域的层级关系。1922 年《苏俄民法典》在明确法人概念时,第 13 条规定:"一切享有取得财产的权利和承担相应的义务,有能力和资格在法院起诉和应诉的机关、社团和其他组织,都是法人。"①这表明法人的概念在起始点上,具备起诉和应诉资格这一要件。起诉和应诉行为在任一国家都是通过在特定的法院或司法机关实现的,这就圈定了法人概念的地域性。至今,我国的营利法人都以在特定的地点进行注册为条件。主体的概念则并不具有明显的地域性,反而能够体现行政权力的纵向分权特征。具有行政主体资格这一要件可以在国家的权力链条中任一环节、多个层级存在。我国各级政府部门、事业单位都可以在一些情况下成为行政主体。

"主体"的概念具有跨地域、可分层级的复合型特征,这就突破了公法人的制度源头"国家法人说"的单一层级特征。"特殊主体"的含义因而具有更大的解释空间,既可以解释承担公用事业的企业的一般性,也可以解释港口经营人承担的公共职能既与地方政府联系密切、又具有广阔辐射效应的特殊性。

（二）一体化改革放大了港口经营人的理论特殊性

港口一体化改革的新形势对港口经营人的法律属性提出了新要求和新挑战。首先,港口整合关系到区域经济协调发展和国家宏观调控的大局,港口经营人在整合过程中协调跨省资源的角色具有更强的公共性。这增加了港口经营人的职能的"公共含量"。其次,港口经营人经过一体化改革后,还被确立了更大程度、更为广阔的发展目标和战略定位。省级

---

① 马俊驹、余延满:《民法原论(第四版)》,法律出版社 2010 年版,第 111 页。

港口经营人的公法属性在港口一体化改革中更胜一筹。

1. 省级港口经营人在省、市政府之间的协调职能

省级政府命名的港口集团成立后，省级港口经营人需要辅助省级政府层面的港口行政管理部门来协调各港口所在市之间的利益平衡，此时的港口经营人具备了更为明显的公法属性。港口经营人既在一定程度上传达省级港口行政管理部门的意思，又不能完全决定各市港口的资源如何布局。港口经营人的这种既影响到政政关系（省级政府与各地市政府的关系）、也影响到政企关系（港口集团自身与省级政府的关系）、在理论和实践中均具备的特殊性在一体化改革中被放大。

各省级港口集团陆续成立后，港口经营人规模扩张，其承担的经营活动非但不会减少，反会增加。一些港口经营人与地方政府的联系并不削弱，原各市港口的资源合并后，各方利益难以在短时间内迅速地实现平衡和协调。这可能会影响市级政府对港口经营人的支持力度。资源整合完成后，省级港口集团是我国国有企业的重要组成部分。如何响应党的十九大号召，做强做优做大国有企业，[①]与港口城市实现很好的融合互动，形成长效发展机制又成为港口经营人必须面临的现实问题。这一问题的解决也需要港口经营人发挥其较强的公法属性。

2. 省级港口经营人的发展战略定位

港口一体化改革承载了国家港口领域经济发展的重大目标。我国成立的省级港口集团欲在未来建成世界一流港口，实现全球竞争力的提升和高质量发展，更需要充分发挥港口经营人的公法属性，将港口经营人承担的公共职能规范化。

首先，港口经营人需要以更高的标准夯实港航基础设施，扩大港口的影响力和辐射面，优化主要货物种类的运输体系并实现集团业务的融合发展。这是港口经营人承担公共职能的第一个层次。其次，港口经营人还需以互联网平台为依托，促成港口产业生态圈协同发展，打造和建设港口公共信息和经济功能平台。这就需要港口经营人更好地融合现有的经

---

① 郝鹏：《坚持党的领导、加强党的建设，为做强做优做大国有企业提供坚强保证》，《国资报告》2017 年第 2 期。诚然，也有学者认为，任何承担公共职能的企业，无论在实践发展中如何特殊，都不可能具备双重属性，只能具备单一属性。本书坚持港口经营人的理论和实践特殊性，对这一观点持保留意见。参见王锴：《机关、机关法人与国家法人说——基于国家组织法的考察》，《人大法律评论》2019 年第 1 期。

济发展格局与互联网平台,实现各类发展的对接。新型发展策略对立法工作提出了新要求,也更要求港口经营人在承担相应的代政府部门的权力职责时做到"师出有名"。举例而言,港口经营人如果需要代承担网络运营商的一些职责,如数据和信息监管等,就还需要在这一领域获得进一步的授权。在港口经营人立足省级岸线时,其统筹资源大局、创新项目建设和融资机制、完善投资运营和服务机制以及优化口岸监管机制均需要借助其公法属性得以实现。①

(三)特许经营人无法涵盖港口经营人的理论和实践特征

如上所述,特许经营是我国承担公用事业的企业提供公共服务、承担公共职能的重要制度展开方式,已经在基础设施和公用事业领域得到较为广泛的应用。我国诸多承担公用事业的企业被现有的法律、法规确定为特许经营人。如在自然资源开采领域,承担自然资源开采的企业作为特许经营人,享有法律规定的特许权,可以在特定的地理位置进行特定资源的开采活动,并在其开采过程中履行相应的公共义务。再如在城市燃气供应和维修领域,进行城市燃气的提供和维修服务的经营人经特许,承担这一具有公共性的经营活动,提供这一领域的公共服务,并履行相应的职责。

港口经营人与这些领域的经营人既存在共性,也存在差异。其共性表现为与一般许可的区别,与市场上进行一般经营活动的普通私主体的区别。这些经营人的经营活动都关系到一些重要的领域,且都在这些领域实质地与公共利益存在联系。与自然资源开采、城市燃气等特许经营人类似,对港口经营人的资质和经营的许可一定不是一般意义上的许可。

其差异除港口经营人具备上述理论、实践的特殊性外,还表现为港口经营人集中了不同的特许经营人的活动。这和铁路、邮政等具有专营历史的领域类似,其出现早于现代社会对各类经营活动进行明确分工的时间。港口经营活动既涉及港口建设,也涉及港口经营。在港口建设初期,港口经营人缺乏自然资源领域的特许经营人具备的成熟的合作渠道,港口的建设活动中需要的自然资源大多由港口经营人与资源所在地政府协商,再进行开采才能获得。港口的运营也需要电气、燃气等资源。电气、燃气的不间断供应在港口经营活动中非常重要。我国任一主要港口如停电一天,港口经营活动都必然遭受巨大的损失。于是一些港口经营人专

---

① 祝凯家、王海霞:《资源整合背景下港口企业高质量发展思路》,《中国港口》2020 年第 4 期。

门从事这类经营活动,以保障电气、燃气的稳定供应,保障港口经营活动的正常进行。

尽管特许经营是我国承担公用事业的企业进行经营活动的重要制度展开方式,这一概念并不能涵盖港口经营人的全部特征,尤其是其涉及的经营活动的多样性特征。特许经营的概念作为一个舶来品,是在现代市场经济发展日益成熟、经营活动的分工越发明确的背景下在我国普及开来的。特许经营人这一群体,成为承担公用事业的重要主体,带有鲜明的专业性。不同领域的特许经营人承担不同的专业化经营活动。我国的港口经营人取得许可的方式具有明显的"一揽子"特征,至少目前仍然是以地域为标准划分的,还没有实现直接依据具体经营活动的专业化区分。因此,港口经营人的许可既不是完全意义上的自然资源开采许可,也不是关系到重要领域的市场准入许可。对这一具有理论、实践的双重特殊性的概念,特许经营无法覆盖其全部特征,只能作为一个辅助概念协助理解其含义,并不能诠释其独特的法律属性。

三、界分"特殊主体"双重属性的情形测试方法

本书提出"特殊主体"的理论构想,并将港口经营人及其他承担公用事业的企业界定为"特殊主体",不仅从理论上认可港口经营人及承担公用事业的企业在法律上的双重属性,还需对这些主体的双重法律属性的表现形态结合不同情形作出具体的界分。在哪些理论情形下,港口经营人等承担公用事业的企业作为"特殊主体"主要表现出其公法属性;反之,在哪些理论情形下,这些主体主要表现出其私法属性。

承担公用事业的企业主体按照现行法律的规定,都是明确的企业法人单位。因此,其私法属性是毋庸置疑的。所谓界分"特殊主体"的双重属性,实质就是判断这些主体的公法属性的边界在何处。以港口经营人为例,多数港口经营活动遵照私法的规则,以企业的面貌运行。为保持其日常活动的稳定性,其公法属性不宜过分扩张。"特殊主体"的属性在多大程度上向公法属性的方向倾斜,笔者认为可选择这些主体占有、使用的资源的公共性强弱,这些主体实际承担职责的重要程度,以及授权这些主体使用公共财产并承担公共职能的法律依据的位阶高低这三项指标,综合判断。

(一)资源的公共性和职责的重要性基于"公共含量"的单向补强关系

在其他国家公法人的理论框架中,只要认可公法人的独立财产权,"公物"的公共权属与公共用途依据"公共含量"的高低可以相互补强。

1. 非公有制国家"公物"的权属和公共用途的双向补强关系

名义上即使不是公法人的财产,在具备紧急、明确的公共用途时,公法人也有权征用,用以维护公共利益,提供特定时期的公共服务。反之,这些国家的一些资源在权属方面的公共性也可补强其公共用途,为公法人所用。其原因在于,这些国家的财产制度与我国的公有制经济形态不同,公法人可能占有、使用的土地等自然资源为私人所有。公法人的资产比照私营企业的资产,在公共权属方面已经很强,已经具有"公共含量"的优势。①

如果公法人占有使用的财产为其自身名下的财产,公法人可依据财产的所有权行使相应职能。但如果公法人(A)占有使用的财产为其他公法人(B)名下的财产,其使用的用途也并不紧迫,但仍然具有一定的公共性,A 仍然有可能在具有法律依据的情况下使用 B 的财产。但 A 很难在公共性并不强的情况下使用私营企业 C 的财产。这便是资源在权属上的公共性对公共用途的补强。在非公有制国家,这种理论上的补强关系是双向的。

2. 我国"特殊主体"使用的公共财产在权属上的特殊性

在理论上确立"特殊主体"的构想后,我国"国家所有"的公共财产不能动摇。"特殊主体"可能占有使用的大多数资源的公共性极强,远远强于公法人名下的国有资产。因此,我国引入公法人理论后,"特殊主体"的理论构想依托的三项指标中,前两者基于"公共含量"的补强关系只能是单向的,不能是双向的。当"特殊主体"需要将特定的资源用于紧急、明确的公共用途时,公共用途的重要性可以补强资源权属的公共性。即使被用作公共用途的财产是私人财产,用途的公共性和紧迫性也可以弥补被使用的资源在公共性方面的不足。②反之,"特殊主体"使用相应资源的公

---

① 英国法中,政府所有的财产种类在 Statute 具有较为明确的指引,社会大多数财产为私人财产,公法人的财产就算是公共性较强的了。当私人在政府即将处理的土地等资源中具有利益时,法律设置的对抗机制,目的便是权衡私人利益和公共利益。See Margot E. Kaminski, and Jennifer M. Urban, *The Right to Contest AI* (November 16, 2021). *Columbia Law Review*, Vol.121, No.7, 2021, U of Colorado Law Legal Studies Research Paper No.21—30.

② 参见我国《民法典》第 245 条对征用的规定:因抢险救灾、疫情防控等紧急需要,依照法律规定的权限和程序可以征用组织、个人的不动产或者动产。被征用的不动产或者动产使用后,应当返还被征用人。组织、个人的不动产或者动产被征用或者征用后毁损、灭失的,应当给予补偿。

共用途如果不够重要、明确,其使用资源的公共性不能补强用途的重要性。

换而言之,如果"特殊主体"从事的职能的公共性不够强,不管其使用何种资源,这一主体均应表现出其私法属性。这种情况下,这些主体也不应该使用"国家所有"的公共资源。土地作为"国家所有"的典型自然资源,其地面上一旦附着建筑物,则很难与建筑物分离。"特殊主体"如在土地之上的建筑物中从事与公共职能关系微弱的商业活动,会不可避免地事实上使用土地。这种使用本就与公共职能无关,不能用以佐证"特殊主体"的公法属性。

(二)"特殊主体"承担公共职能的授权依据及其位阶

当"特殊主体"使用公共资源,并用于公共用途,但缺乏明确的法律依据时,"特殊主体"虽然表现出较强的公共属性,但这种公共性停留于事实状态,没有得到法律的明确认可。一个主体具备公法属性要求该主体的成立和行使职责具备公法方面的依据,即需要一定位阶的规范性文件的授权。缺乏授权的公共属性在合法性方面存在赤字,不能视为完整的公法属性。

1. 能够授权"特殊主体"的主要规范性文件

我国承担公用事业的企业中,铁路企业承担的公共职能和行政管理权能来自《铁路法》的直接授权,效力明确,且位阶较高。邮政领域与铁路领域均为传统的垄断领域,位阶类似。城市燃气等其他出现时间较晚的领域,就很难具备狭义法律的位阶。在本书集中探讨的港口领域,授权港口经营人承担安全检查等职责的依据主要表现为省级政府的条例,属于地方性法规。

我国一些港口的收费经营活动由交通运输部直接指定价格。交通运输部能够对港口的收费标准进行直接安排和指导,也能够通过其条例授权港口经营人进行特定领域的收费活动。交通运输部的条例属于部门规章。从现实情况来看,法律、地方性法规、部门规章均可授权我国承担公用事业的"特殊主体"履行公共职能。既然地方性法规、部门规章这一位阶的文件可以授权"特殊主体"承担公共职能,国务院颁布的行政法规也应当能够作为授权"特殊主体"承担公共职能的依据。

在有法律、行政法规、地方性法规、部门规章作为依据的情况下,我国承担公用事业的企业可能作为"特殊主体",被授权从事公共职能,提供公共服务,在此过程中表达其公法属性。

在缺乏明确的法律依据时，我国承担公用事业的企业只能表现出一些事实上的公共属性，还不具有公法属性，尚不能成为本书所说的"特殊主体"。

2."关于授权的决定"授权"特殊主体"承担公共职能的理论可能性

"有关法律问题的决定"是全国人大及其常委会在特定宪法或法律问题存在规则空白时行使职权的快捷方式。一些决定已在司法实践中适用，对于弥补法律缺位、达致法律现实主义功能功不可没。①现行法律对"有关法律问题的决定"尚无界定，其效力不明确，这一定程度上阻碍了法律实践的发展。尤其是授予特定主体某些权力、授权在特定的空间和时间开展改革等重要且紧急事项的决定，决定的效力关系到相应主体行使权力的合法性基础、改革措施推行的有法可依。诸如，全国人大常委会的《关于中国海警局行使海上维权执法职权的决定》提出调整组建中国海警局，并授予其海上维权执法职责。②这一决定的效力如何？这直接关乎中国海警局调整组建后的属性地位以及我国海上执法工作的有章可循。

既有研究或从法理层面，围绕"有关法律问题的决定"体现全国人大及其常委会的何种权能（立法权还是决定权）的行使展开，或结合实务部门领导的话语表达，窥探其功能与性质。聚焦规定重要且紧急事项的"关于授权的决定"，从理论和实践层面对其所属类型和效力进行综合梳理的研究踪迹罕见。本书这一部分对全国人大及其常委会的"有关法律问题的决定"的类别和效力进行简要的梳理，并对"关于授权的决定"做一些集中探讨，厘清这类决定的特性，分析其效力的困境，并寻求解惑的路径，提出"决定授权"制度的理论构想，供决策部门参考。

"有关法律问题的决定"自20世纪末在全国人大及其常委会的官方文件中频繁出现。我国《宪法》《立法法》对其性质、效力均没有明确界定，③一些学者称之为"准法律决定"④或"抽象法命题决定"⑤。一些决

---

① ③　金梦：《立法性决定的界定和效力》，《中国法学》2018年第3期。

②　参见《全国人民代表大会常务委员会关于中国海警局行使海上维权执法职权的决定》。

④　王竹：《我国到底有多少部现行有效法律——兼论"准法律决定"的合宪性完善》，《社会科学》2011年第10期。

⑤　陈鹏：《全国人大常委会"抽象法命题决定"的性质与适用》，《现代法学》2016年第1期。

定已经在司法中适用,甚至在裁判中充当法律依据。如《全国人大常委会关于司法鉴定管理问题的决定》就被多份文书援引以认定案件事实。①决定数目种类繁多,名称亦不统一,为其效力认定造成困难。本书以规定的事项为依据对其类型化,观察每类决定体现的全国人大及其常务委员会的权力行使,以甄别其效力。

首先根据决定规定何种事项,这些决定可分为以下四类:

第一类为调整某一具体领域的社会关系或调整某项具体制度的决定。这类决定还可细分为两种:前者主要规范社会生活中某一具体方面人们的行为,如上文提及的《关于司法鉴定管理问题的决定》(1-a)、《关于加强网络信息保护的决定》(1-b)以及《关于惩治破坏金融秩序犯罪的决定》(1-c);后者主要规范某项具体制度的设立和变更,如《关于实行宪法宣誓制度的决定》(1-d)、《关于设立国家宪法日的决定》(1-e)、《关于设立全民国防教育日的决定》(1-f),再如《关于调整完善生育政策的决议》(1-g)以及《关于废止有关劳动教养法律规定的决定》(1-h)。

第二类为关于授权的决定。这类决定亦可分两种:其一为将一定的权力授予特定主体行使的决定,如《关于中国海警局行使海上维权执法职权的决定》(2-a),再如《关于授权香港特别行政区对深圳湾口岸港方口岸区实施管辖的决定》(2-b)以及《关于授权国务院在中国(上海)自由贸易试验区暂时调整有关法律规定的行政审批的决定》(2-c);其二为授权在特定的空间、时间内开展或继续某项改革的决定,如《关于授权在部分地区开展人民陪审员制度改革试点工作的决定》(2-d),再如《关于延长人民陪审员制度改革试点期限的决定》(2-e)。

第三类为设置和调整机构的决定:如《关于在北京、上海、广州设立知识产权法院的决定》(3-a),再如《关于国务院机构改革和职能转变方案的决定》(3-b)。

第四类为开展人大某项具体工作的决定:如《关于第九届全国人民代表大会代表名额和选举问题的决定》(4-a),再如《关于加强中央预算审查监督的决定》(4-b)以及《关于任免国务院副总理、国务委员的决议》(4-c)。

除本书所采事项分类法,还有其他分类方式。有学者根据决定表达的功能不同,将其分为创设性决定、修改性决定、解释性决定、补充性决

① 〔2016〕最高法民申1218号,[法宝引证码]CLI.C.8576844。

203

定、批准性决定和废止性决定。①依此分类，上文各项决定中(1-d)(1-e)(1-f)(3-a)属于创设性决定，(1-g)(2-c)(3-b)属于修改性决定，(1-h)属于废止性决定。

"有关法律问题的决定"效力如何，不仅是"质"的判断，还存在"量"的评价。不同类别的决定，顾名思义，效力存在一定差别。类型化研究亦是为便利其效力甄别。对效力强弱的衡量侧重理论层面，主要依据为决定的内容在多大程度上体现立法权或立法功能的行使或表达。对效力高低的评价在实践中有客观标准，主要依据决定的形式在多严格的意义上履行了立法的程序步骤。②

依本书的事项分类法，调整和规范不同事项的决定体现的全国人大及其常委会行使的权力不同。全国人大及其常委会依《宪法》第58条、第62条、第67条享有立法权、决定权、监督权、任免权。第一类决定调整某一特定领域的社会关系或特定的某项制度，其规范的内容、方式都十分具体。尤其第一类中第一种决定基本照搬了立法的规范形态，由表及里都与狭义的法律相近。这类决定体现全国人大及其常委会的立法权的行使较为鲜明。第三类决定涉及国家机构和部门的调整，通常被认为是全国人大及其常委会行使决定权的表现。第四类决定则与立法权、决定权的行使距离较远，更多体现监督权、任免权的行使。

"有关法律问题的决定"包含法律和决定这两个关键语词，按照字面意思更为强调立法权和决定权的行使，基本不体现这两项权力行使的决定，效力强度应较低。在立法权和决定权之间，体现何者的决定效力更强？人大及其常委会的职权总体上都有决定的性质。按照蔡定剑教授对决定权"一种具有对事情作出实体性规定和对行为作出规范的权力，具有法律约束力"的界定，③立法权和决定权本身也存在交织。望文生义地评价二者，立法权更侧重规范层面的约束，决定权更侧重实然层面的处置；前者具备法律的稳定性，后者具备相应的临时性（这一区分不绝对）。二者都能产生一定程度的法律效力。实践倾向于将"有关法律问题

---

① 陈鹏：《全国人大常委会"抽象法命题决定"的性质与适用》，《现代法学》2016年第1期。

② 秦前红、刘怡达：《"有关法律问题的决定"：功能、性质与制度化》，《广东社会科学》2017年第6期。

③ 蔡定剑：《中国人民代表大会制度》，法律出版社2003年版，第315页。

的决定"视为立法权行使的产物,①较明显地体现立法权行使的决定效力较强。

依事项分类法,决定体现何种权力的行使能够作为衡量效力强度的参考指标。依功能分类法,各类决定的效力差异可以通过其行使的功能本身判断。创设立法或对现行立法进行修改、解释、补充、批准、废止等功能都是与立法相关的功能,或称之为"立法功能"。②创设性决定和修改性决定对立法功能的表达最直接,理论上应效力更强。对现行立法进行解释、补充、批准、废止的决定都能一定程度上表达立法功能。但上述有关任免等决定基本不体现立法功能,故效力弱,被有的学者直接称为"非立法性决定"。③一个决定如鲜明地体现立法权的行使,正常情况下其内容亦能表达较强的立法功能,故功能分类法的效力强度评判与事项分类法在逻辑上基本一致。

理论层面效力的强弱与实践中的效力高低呈现脱节。一个规范性文件在实践中的效力位阶通常取决于制定主体和程序:制定主体处于国家机关中的地位奠定一个文件效力的横向坐标;同一主体制定的文件中,履行更为严格的程序的效力更高。④"有关法律问题的决定"制定主体是全国人大及其常委会,在横向坐标方面存在天然优势;但决定大多未经历三次审议和国家主席签署并公布的通常立法程序,而往往经全国人大或全国人大常委会一次审议通过。这是"有关法律问题的决定"效力争议的主要来源。基于横向坐标的优势,"有关法律问题的决定"效力位阶高于行政法规、部门规章、地方性法规及地方政府规章,但由于制定程序不严格,低于《宪法》和狭义的法律。

"关于授权的决定"与"特殊主体"需要的法律依据在内容上完全契合,其位阶又在理论上高于行政法规、部门规章及地方性法规。因此,这类决定也具有授权"特殊主体"承担相应的公共职能,使得承担公用事业的企业表现出明确的公法属性的理论可能性。

---

① 胡康生:《全国人大常委会的组织、职权和议事规则(续一)》,《光明日报》2008年5月5日。

②③ 金梦:《立法性决定的界定和效力》,《中国法学》2018年第3期。

④ 秦前红、刘怡达:《"有关法律问题的决定":功能、性质与制度化》,《广东社会科学》2017年第6期。

第二节 有关港口经营人法律属性的制度建议

我国港口经营人在前一轮政企分开改革过程中,遗留的政企分开不够彻底的"后遗症"问题,至今仍未彻底解决。在理论构想中,为港口经营人寻求"特殊主体"的定位有利于明确港口经营人的法律属性。考虑到港口经营人法律属性不明引起的现实问题以及在后续改革中厘清政企关系的需要,本章除理论构想,还需对其提出制度层面的建议。本节直面港口经营人在经营实践、司法实践中的主要问题,针对我国港口经营人的制度完善提出一些建议,并在本节第二部分对提出建议的几种形式进行列举,为有关部门在必要时的法律修正提供参考。

一、"特殊主体"对港口经营人行使公共职能的合理约束

港口经营实践中乱象丛生,主要表现为一些港口经营人屡次滥用特许经营权,尤其是滥用其收费权。这些乱象虽还未达到"劣币驱逐良币"的程度,但仍然极大地损害了我国港口经营人的整体声誉。这与我国港口经营人的特许经营权在内容、形式上不够明确有关,需以法定形式加以明确。一些港口经营人对于地方港口条例授权其行使的公权力内容认识不清,从而滥用法律授予其行使的权力。这与授权条文中缺乏对其行使权力的方式和手段的限制、港口经营人在行使相应权力时的监督不够完备、地方性法规的层级不够均有关。对港口经营人滥用行政权力施加合理限制,应首先在条文中明确履行相应权力的限度,还应考虑地方性法规之外的其他形式。

（一）对港口经营人滥用特许经营权的限制

港口经营人从事经营活动以特许经营方式进行。特许经营是公私合作的一种独特形态。港口经营人的特许经营模式具有显著优越性,无论如何都不应被废弃,而应通过完善相应制度,矫正其中的问题。

1. 特许经营模式具备的公法属性的优越性

这一在基础设施和公用事业领域发挥显著作用的模式深刻地影响政府与市场关系的变革。正确处理好政府和市场的关系是经济体制改革的核心。发挥市场在资源配置中的决定性作用,优化政府的作用,是党

和政府在政府与市场的关系问题上表达的明确精神。①公私合作在我国经济发展面临诸多挑战时进入各行业的视野,恰逢其时地创造了一种灵活的融资、运营模式。它不仅缓解了财政压力,还满足了可持续发展的需要。

公私合作模式具有很强的融资功能。它通过合同对项目内容和资产权属作出安排,有效地平衡了发展和负债的矛盾。公众获得较为优质的公共产品和较高质量的基础设施,政府部门也不会产生巨大的财政负担。这一融资优越性使得公私合作受到政府和企业的高度重视,在实践中已成为地方政府推动公共服务和基础设施领域项目建设的重要手段。公私合作项目与地方民生福祉、财政安全建立起密切的联系。因此,通过公私合作参与公用事业的企业,其特许经营活动本身就具备一些公法属性。

2. 协议中明确特许经营人"特殊主体"身份的路径

特许经营活动的内容具备较高的"公共含量"。参与公用事业的企业在从事经营活动、谋取利润时,服务于基础设施建设,促进公共福祉。港口经营人提供的公共服务具有"公共含量",立法应在既有制度中增加其公法属性的内容,提醒其注意到港口服务的公共性,以免滥用特许经营权。

特许经营协议是港口经营人提供公共服务的重要依托。对港口经营人"特殊主体"身份的明确应表现在协议的内容中。港口经营人在获得港口建设、经营项目后,与政府签订协议。其承担相应的职能依托特许经营协议。特许经营协议是公私合作项目合同的一个独特形式。后者带有"合同"的措辞;有学者据此认为其性质是民事合同,也有学者认为其性质是行政合同,还有学者认为其性质是带有公法内容的民事合同。②特许经

---

① 《关于全面深化改革若干重大问题的决定》,于中共十八届三中全会通过。

② 认为是民事合同的代表性成果有:辛柏春:《BOT项目协议的法律性质》,《行政与法》2005年第5期;杨明、曹明星:《特许经营权:一项独立的财产权》,《华中科技大学学报》(社会科学版)2003年第5期。认为是行政合同的主要有:王克稳:《政府业务委托外包的行政法认识》,《中国法学》2011年第4期。认为是具有公法性的民事合同的主要有:邓敏贞:《公用事业公私合作合同的法律属性与规制路径——基于经济法视野的考察》,《现代法学》2012年第3期;宋宗宇、刘婧:《政府特许经营合同法律性质新探》,《行政与法》2006年第6期。这两者都倾向于认为二者是受经济法规制的合同,这也是在强调其内容的公法属性。

营协议的法律性质同样存在理论争议。①本书将其视为一种偏重民事合同的复合型协议。在港口经营人与政府部门签订的协议中,立法可考虑对港口经营人承担的服务的公共性作出明确的约定。这是通过将具有公法属性的职能在协议中确认并规定相应的后果,实现对特许经营人具有公法属性的特许经营权的限制。

特许经营协议本身就包含公法内容,需受行政法的约束。在特许权的授予阶段,公法内容包括特许经营权的授予和收回、项目的立项审批等。协议在履行阶段的公法内容包括政府部门对项目的监督和管理、产品或服务的质量和标准的确定、政府给予的承诺和保障、定价机制和收费标准的确定依据和调整依据、强制性提前终止合作的情形等。特殊情况下(如自然灾害)政府对项目的介入和临时接管可能依照合同的约定,也可能依据行政权力。依据后者的介入和干涉也是受公法规制的行为。如此,将"特殊主体"的身份置于《办法》中有关特许经营人的条文中,与我国目前的特许经营制度框架并不违和。承担公用事业的特许经营人与政府部门签订的特许经营协议本就体现了公法、私法的双重属性。立法在协议中对特许经营人的公共职能和代政府部门履行的特定职责作出约定,有利于明确特许经营人的公共职能的范围和界限,便利与特许经营协议相关的争议处理。

(二)对港口经营人代行政府部门权力的严格限制

特许经营不仅是一种新型的经济增长模式,也是一种创新的公共产品。②参与公用事业的企业使得公共服务得以市场化,各类基础设施的供给方式得以社会化。适度放宽基础设施建设领域的市场准入门槛,有利于鼓励社会资本参与公平竞争。③国有企业在我国国民经济中的重要作用不仅不会被削弱,反而可能由于竞争环境的改良而加强。长远看来,特

---

① 特许经营协议是公私合作项目合同的一个类型,因而观点大体也分为上述三种,行政合同、民事合同和带有行政性的民事合同。此外,也有学者表达过类似复合型协议的观点,但因讨论的问题核心并非协议的性质本身,并未作深入说明。参见胡改蓉:《PPP 模式中公私利益的冲突与协调》,《法学》2015 年第 11 期;谭敬慧、沙姣:《特许经营协议的法律性质及可仲裁性》,《北京仲裁》2016 年第 2 期。

②③ Eva I. Hoppe, David J. Kusterer, Patrick W. Schmitz, Public-private Partnerships versus Traditional Procurement: An Experimental Investigation, *Journal of Economic Behavior and Organization*, 2013, p.89.

许经营的实施对我国按照《外商投资法》的要求优化营商环境,在世界银行营商环境的评价中提升各项指标均有推动作用。这一制度需要行政体制、财政体制、投融资体制等各类配套机制及时有效跟进。①特许经营的广泛运用,对这些体制机制的跟进也将具有带动作用。我国的特许经营人经过法定授权代政府部门履行的公权力,是特许经营活动中公法内容的重要组成部分。这一部分权力涉及的"公共含量"极高,因而其授权的内容和限度必须在法律中被明确清晰直接地规定。

1.《办法》对需要法律明确授权的职责的确认

特许经营制度与基础设施建设的关系更为密切,其内容就蕴含着保障和实现公共利益的目标。②因此,特许经营项目全过程中,政府对项目的监督、评估职责涉及行政权力的运用。由于特许经营人的专业度,检验标准的制定在相当程度上受到特许经营人的影响。各国的供水领域的特许经营在这一问题上都较为典型。③供水公司在相当程度上影响了供水特许经营项目的执行标准。这种影响并不存在法律的明确授权,而是最多以比较隐晦的方式出现在协议中。

《基础设施和公用事业特许经营管理办法》(简称《办法》)规定我国的特许经营适用于境内能源、交通运输、水利、环境保护、市政工程等基础设施和公用事业领域的特许经营活动。④短短几日后,国务院文件规定的特许经营协议的适用范围与之完全一致。⑤在项目类型上,《办法》规定的特

---

① 喻文光:《PPP 规制中的立法问题研究——基于法政策学的视角》,《当代法学》2016 年第 2 期。

② 参见高俊杰:《论民营化后公用事业规制的公益目标》,《现代法学》2014 年第 2 期。

③ 美国的公私合作中,供水领域的项目是重要组成部分。企业很可能参与供水计划的制定和落实,非法用水的行政处罚等。美国各州通常让私营企业承担的供水项目为例,表面看与市场交易没有区别,但接入水表的批准行为,对违法用水的干预行为都涉及公权力的运用。参见陈无风:《公用事业公私合作的法律机制和争议解决实证研究》,中国人民大学出版社 2019 年版,第 112 页。

④ 《办法》经由国家发展和改革委员会、中华人民共和国财政部、中华人民共和国住房和城乡建设部、中华人民共和国交通运输部、中华人民共和国水利部、中国人民银行令第 25 号,于 2015 年 4 月 25 日发布。其中,第 2 条为对其适用范围的规定。

⑤ 2015 年 5 月,国务院办公厅转发《关于在公共服务领域推广政府和社会资本合作模式指导意见》的通知(国办发 42 号文)。

许经营性项目包括经营性项目和准经营性项目。①将承担公用事业的企业的"特殊主体"地位在《办法》中明确,是有效规范我国各类承担公用事业的企业的特许经营活动,避免其私法属性膨胀,提醒其审慎行使特许经营权的有效手段。必要时,《办法》还可考虑援引地方港口条例中的授权内容,以实现将各地方港口条例中具有同质性的内容在行政法规中重申,对各主要港口的大型港口经营人均适用。对于曾滥用这些权力的小型港口经营人,如此规定也能引起更大程度的重视。

2. 对地方性法规授权的公权力行使的严格监督

港口经营人代政府部门行使的安全检查、紧急情况下的处置等权力本就属于公权力的组成部分。这些权力经由地方港口条例的授权才能由港口经营人行使。第一章表1中的各省、市等地方港口条例多明确了港口经营人有权承担的公共职责,却未规定港口经营人行使这些职责的方式、限制条件,更未规定港口经营人行使这些职责的法律后果。在这些法规中明确港口经营人承担这些公权力的必要限制及法律后果,如在什么情况下发生的事故才能界定为紧急状态,再如安全检查权的行使如产生不当后果,又如港口经营人能否、以何种身份进入当事人提起的争议诉讼等,更有利于实现对港口经营人行使这些职责的监督,保障这些公共职能的履行质量。

港口一体化改革后,新成立的省级港口经营人如被赋予"特殊主体"的理论定位,有助于实现对市级港口主管部门和市级港口经营人行为的监督。这种监督既包括政府部门的内部监督——上下级之间的行政监督,也包括港口集团内部的监事会对下级企业单位行为的监督。②这种监督具备一定的力度,才不会流于形式。赋予港口经营人"特殊主体"的定

---

① 第19条规定特许经营协议在有关法律、行政法规和国家规定的框架下,可以约定特许经营者通过向用户收费等方式取得收益。在向用户收费还不足以覆盖特许经营的建设、运营成本的,可由政府提供可行性缺口补助。这种补助包括政府授予特许经营项目相关的其他开发经营权益。这符合国际社会的惯常做法。欧盟法也将企业无从立刻获利的非经营性项目归入公私合作项目。欧盟委员会认为,"如果建设成本实质上由授权机构承担,承包商并不从直接使用设施的人的付费中收取报酬,这种合同在欧盟法下应被理解为公共工程合同,而不是特许权合同"。参见梁蓉:《〈欧盟特许合同授予程序指令〉研究》,西南政法大学2017年博士学位论文。

② 祝凯家、王海霞:《资源整合背景下港口企业高质量发展思路》,《中国港口》2020年第4期。

位,能在相当程度上保障港口经营人内部监督的存在及其力度,促成港口行政管理部门与港口经营人之间的清正风气。"特殊主体"的定位能够提升港口经营人调配资源的能力和底气。这种资源调配能力需要强大的法治环境和政策支持。这种在一体化改革中萌生需求的"资源调配权",如能在各省的港口条例的修正中有所体现,对于港口经营人提升参与调配资源的能力,将是极大的支撑。

二、"特殊主体"制度在司法实践中的应用

港口经营人的法律属性不明对于司法实践的影响并不直接。我国法院在港口经营人所涉及的诉求中很少需要直面港口经营人的法律属性问题。但当特许经营领域的公共服务具有的公法属性需要直接与民事合同的效力抗衡时,司法实践的判断对社会效果的引领作用可能比立法明确港口经营人的法律属性更甚。因此,这一问题本不该出于司法的稳定性而被回避。我国并不承认判例的约束力,法院一直对有关港口经营人的公法、私法属性相互干扰的问题就事论事。如此,司法资源将在重复的个案分析中消耗甚多。

(一)明确涉及港口经营人常见诉求的法律关系

从事港口领域的特许经营活动需具备的法定资质对民法中的合同效力的影响,是司法实践中频出的问题。这一问题在上文的检索中,数年内出现 14 个案例。我国《民法典》第 158 条对附条件的合同具有明确的列举,有关港口经营人从事特许经营活动的资质的案由与一些民法中的附条件合同能够对接。

如《办法》、我国交通运输部的规章、地方性法规中有关港口经营人的特许经营资质的要求能直接与《民法典》中的附条件合同的要求对应上,则不需再作规定。如果这些要求无法直接对应,也无法通过法律允许的推理间接地对应,则可考虑在《港口法》、各地方的港口条例、《办法》中的适当位置增加对在港口领域从事特许经营活动的资质要求的规定。这些规定可以明确港口经营人的公法属性,与各省、市的港口条例以及《办法》对其"特殊主体"定位的规定相配合。我国法院在面对与港口经营人相关各类诉求(包括民事案由、行政案由)时,便能极大地节约司法资源,直接适用这些法条中的规定。

我国法院至今的态度已经承认了港口经营人的双重属性。涉及港口经营人的公法、私法属性相互干扰的案件均既承认了港口经营人提供的

公共服务比照一般市场主体提供的服务的特殊性,也事实上为港口经营人作为市场主体的身份作了背书。如立法将"特殊主体"的定位在我国法律框架中予以明确,我国法院便可更清晰地判断港口经营人的何种民商事交易的行为需要受到港口领域的"公共含量"的限制。反之,司法实践中法院也更容易判断港口经营人的特许经营所涉公共利益强大至何种程度时,才有可能影响其作为市场主体享受民法上的基本权利。

如果港口经营人的双重属性在立法中得到明确认可,这一矛盾在司法实践中的表现会明显退却。我国法院在相当多的问题上不再需要逐一地就事论事,处理港口经营人的相关诉求就更为高效,可节约司法资源,事半功倍。

(二)"特殊主体"与我国国有企业在国际社会的市场主体形象

我国的港口经营人是港口领域承担大型公用事业的企业,其主体部分为国有企业。我国的国有企业因体量巨大,又承担公用事业建设的重任,还能经授权代一些政府部门履行一些公权力,已在世界范围内频频激起争议。美国等西方国家坚持认为中国实行国有企业作为国民经济主体的发展模式是非市场导向的,且中国的国有企业承担的公共职能并不符合其市场主体的身份,而是带有浓厚"公共机构"(public body)色彩的国家发展战略执行人。[①]

中国入世以来,争取市场经济地位的努力一直在被国有企业的公共职能困扰。港口经营人等在我国承担公用事业的企业在国内行政法中"特殊主体"的属性定位,不能也不该影响我国的国有企业在国际经贸往来中的形象。因此,在国际话语中,我国应回避在任何文件中有关承担公

---

① 2018 年 7 月 26 日,WTO 总理事会第三次会议实录上,两国大使唇枪舌剑。从 WTO 总理事会上中美两国大使的唇枪舌剑,可判断出市场导向问题上的分歧已成为中美贸易摩擦的核心争议点。丹尼尔·什叶大使提出中国实行非市场导向模式,非市场资源分配和经济模式,这有悖入世时调整贸易政策,适应国际贸易体系的承诺,也给世贸组织其他成员国带来巨大的压力。中国商务部:张向晨大使开场陈述:中国政府在中国诉欧盟反倾销"替代国"做法世贸争端案(DS516)专家组第一次听证会上的口头陈述(节选),载中国商务部网站 http://wto.mofcom.cn/article/xwfb/201712/20171202685211.shtml,2022 年 1 月 30 日。欧盟亦频繁表达对中国 2025 制造业振兴战略的关切,认为这极有可能巩固中国的国有企业在本国市场的优势地位,间接损害其他竞争者的利益。Li-Wen Lin & Curtis Milhaupt, We are the(National) Champions, *Stanford Law Review*, vol.65, 2013, p.697.

用事业的企业的公共职能及其理论特殊性。这一问题应停留在我国的行政法层面,尽量不产生任何外部影响,才是对我国的港口发展、国有企业发展有利的选择。

我国港口经营人在国家经济宏观调控大局中充当关键一环。经历港口一体化改革后,其应对风险的能力显著提升。一体化改革后的港口经营人在国际市场上引起有关公平竞争的顾虑,并不意外。但我国港口经营人的法律属性是一个十足的国内法问题,其来龙去脉与我国港口的独特改革发展历程密切相关。本书为其寻求"特殊主体"的定位应限于省级政府与市级政府、省级港口集团与市级港口经营人之间的关系中。省级港口行政管理部门对省内港口资源的调控和分配权力、省级港口集团对市级港口行政管理部门与市级港口经营人之间关系等,均是我国内部问题。有关港口经营人的法律属性争议、港口经营人在我国独特的政企关系等问题均不存在"外溢效应"。[①]这种影响即使存在,也非常小。我国也应尽力遏制,而非渲染我国承担公用事业的企业承担的公共职能、我国的港口经营人提供公共服务对国际社会的影响。唯一不能忽略的是对公平竞争环境的影响。这种影响是一般国有企业也能产生的。因此,港口经营人的特殊性在国际社会上并无体现。国际话语中的港口经营人与其他国有企业并无二致。

第三节　法律修正中明确港口经营人法律属性的具体形式

"特殊主体"的定位还需直面港口经营实践中的难题。本书为港口经营人在我国行政法中寻求"特殊主体"的定位,目的有二:其一,为从理论上明确港口经营人具有公法、私法双重属性,解决港口经营人法律属性的理论困境及其在一体化改革实践中的表现。其二,还为解决港口经营人在经营实践中的各类问题。关于后者,本书既意图解决港口经营人在实践中滥用其特许经营权,恣意对待法律授权其行使的一些政府部门权力的乱象,也致力于解决我国港口经营人的法律属性不明在司法实践中的困惑。

---

① 荆鸣:《"竞争化"到"竞争中立化":市场导向标准的困境及协调路径》,《法学》2022年第1期。

一、对现行法律修正的参考建议

结合上述有关港口经营人为"特殊主体"的理论构想,为解决港口经营人的法律属性在理论上的困境和在经营实践、司法实践中的难题,本书对我国现行的法律提出如下修正建议,供有关部门在必要时参考。

(一)对《港口法》的调整

仿照我国《铁路法》第 3 条第 2 款的规定,在现行《港口法》第 5 条"国家鼓励国内外经济组织和个人依法投资建设、经营港口,保护投资者的合法权益"之后增加一款,作为第 2 款,并规定:"国家港口经营人行使法律、行政法规、地方性法规授予的行政管理职能。"

(二)对《办法》的调整

在现行《基础设施和公用事业特许经营管理办法》第 4 条"基础设施和公用事业特许经营应当坚持公开、公平、公正,保护各方信赖利益,并遵循以下原则:(一)发挥社会资本融资、专业、技术和管理优势,提高公共服务质量效率;(二)转变政府职能,强化政府与社会资本协商合作;(三)保护社会资本合法权益,保证特许经营持续性和稳定性;(四)兼顾经营性和公益性平衡,维护公共利益"后增加一款,作为第 5 款,规定"基础设施和公用事业的特许经营者是综合体现上述原则的特殊主体"。

在现行《办法》第 17 条"实施机构应当公平择优选择具有相应管理经验、专业能力、融资实力以及信用状况良好的法人或者其他组织作为特许经营者。鼓励金融机构与参与竞争的法人或其他组织共同制定投融资方案。特许经营者选择应当符合内外资准入等有关法律、行政法规规定。依法选定的特许经营者,应当向社会公示"后增加一款,作为第 2 款,规定"依法选定的特许经营者审慎行使特许经营权"。

在现行《办法》第 18 条"实施机构应当与依法选定的特许经营者签订特许经营协议。需要成立项目公司的,实施机构应当与依法选定的投资人签订初步协议,约定其在规定期限内注册成立项目公司,并与项目公司签订特许经营协议。特许经营协议应当主要包括以下内容:(一)项目名称、内容;(二)特许经营方式、区域、范围和期限;(三)项目公司的经营范围、注册资本、股东出资方式、出资比例、股权转让等;(四)所提供产品或者服务的数量、质量和标准;(五)设施权属,以及相应的维护和更新改造;(六)监测评估;(七)投融资期限和方式;(八)收益取得方式,价格和收费标准的确定方法以及调整程序;(九)履约担保;(十)特许经营期内的风险分担；(十一)政府承诺和保障；(十二)应急预案和临时接管预案；(十三)特许经营期限届满后,项目及资产移交方式、程序和要求等；(十四)变更、提前终止及补偿；(十五)违约责任；(十六)争议解决方式；"在上述内容与"(十七)需要明确的其他事项"之间,增加一项,作为第 17 项,规定"项目公司经营活动涉及的行政管理职能。"原(十七)后移为第 18 项。

(三)对港口领域地方性法规的调整

在表 1 所列我国各省、市港口条例中补充有关港口经营人行使政府部门权力的合理限度和法律后果。以《浙江省港口条例》为例,在第 25 条"对上下船舶的车辆、旅客携带的物品进行安全检查,制止装载、夹带或者携带国家禁止的危险物品上船"后增加一款作为该条第 2 款,规定:"港口经营人的安全检查权为行政管理权能,制止危险物品上船的权能行使不超过必要限度。"在第 33 条"发生生产安全事故或者出现紧急情况时,港口经营人应当采取措施,组织抢救,防止事故扩大"后增加一款作为第 2款,规定"港口经营人在紧急情况下行使行政管理权能,接受法律、社会公众的监督"。

二、"关于授权的决定"对现行法律的补充

港口一体化改革后,新成立的省级港口经营人承担的省级港口行政管理部门与市级政府之间的协调沟通工作,一定程度上也具有公共职能的特征。但一体化改革实行迄今,省级港口经营人的这一职能在实践中如何体现,尚且不够明朗,不宜直接在《港口法》等文本中作修正。针对这一职能,本书考虑未来如存在需要,可通过"关于授权的决定"为这些职能提供法律依据。"关于授权的决定"是"有关法律问题的决定"的一类。

(一)"关于授权的决定"的法律特征

"有关法律问题的决定"自 20 世纪末在全国人大及其常委会的官方文件中频繁出现。"有关法律问题的决定"是全国人大及其常委会在特定宪法或法律问题存在规则空白时行使职权的快捷方式。

这类决定的四个主要类型中,不管是调整某一具体领域的社会关系或调整某项具体制度的决定,还是调整和设置机构的决定,都综合体现了全国人大及其常委会的立法权、决定权的行使。"关于授权的决定"综合表达这两类重要权力的特征就更为鲜明。立法权、决定权本身具有明显的公权力外观。私主体承担私法意义上的职责,往往只以与相对方的合同文件为依据,并不需要体现如此重要的权力行使的文件来授权。因而,

"关于授权的决定"授予特定机构的职责往往具有较强的公法色彩,这也是承担公用事业的企业的公法属性较强的表现之一。

(二)"关于授权的决定"的效力

正常情况下,处于如此层次的事项应以立法的方式进行。全国人大及其常委会采用决定的方式处理这类事项,是因为存在现实阻碍,立法条件尚不成熟,而相应事项的规范又刻不容缓。2014 年 2 月 28 日,中央全面深化改革小组第二次会议上,习总书记提出"凡属重大改革皆于法有据"的法治理念。"关于授权的决定"正是在这一背景下"应急"而生,通过在特定时空内授权先行先试,弥合法律的滞后性与所需规范事项的紧急性之间的裂隙。①全国人大及其常委会暂时以决定铺垫法律基础,使相应改革措施的推行及特定主体行使相应权力于法有据。基于这一应急特性,"关于授权的决定"常常是临时的。日后如现实情况发生变化,相应问题的立法条件成熟或接近成熟,立法层面很可能再实行相应后续措施。

"关于授权的决定"体现全国人大及其常委会的何种权力行使?反观立法权和决定权的基本含义,"关于授权的决定"体现的权力行使既不同于鲜明地体现立法权的第一类决定,也不同于通常被视为体现决定权行使的第三类决定,而是体现立法权和决定权的综合行使。突破既有框架推行某项改革措施,既能体现对特定社会实际的一次处置和调整,又要求改革措施推行后在未来一段时间能与试点区域甚至更为广阔的区域渐进地融合,故授权开展或继续改革措施的决定既有临时性,也有长期性。类似地,将某些权力授予特定主体,既是对该主体的一次赋权,又必须考量未来一段时间内该主体行使职责的合法性;既直接导致某一事情的实体性规定变化(特定主体某一时间起开始享有某种权力),又涉及某一特定领域未来一段时间的长效规范和协调。

这类决定体现立法权和决定权的交叉行使,制定主体通过这类决定行使立法权和决定权的效果也并非互斥。制定主体在行使决定权过程中可能产生通常意义上行使立法权的效果,反之亦然。②无论是授权在特定时间范围内开展某种改革措施,还是授予特定主体在特定时间范围内行使某项权力的决定,其内容主要体现决定权的行使。但一次处置和调整可能产

---

① 石佑启:《论立法与改革关系的演进与定位》,《法学评论》2016 年第 1 期。

② 何华辉:《人民代表大会制度的理论与实践》,武汉大学出版社 1992 年版,第 152—153 页。

生很强的连带功能,对决定规定的时间范围内近乎全部事项都作出较为妥善的安排,理论上仍然可能,尤其对于时间范围明确且较为短暂的决定。

（三）"决定"对港口经营人、国资委的授权内容

"关于授权的决定"适合于公法属性较强、必要且紧急的事项,整体上适合弥补法律的滞后性不足。对于当前我国尚未出现,暂时没有修正现行法律的必要的事项,可通过这一形式完成。

首先,在必要且可行时,我国可通过全国人大常委会发布一份"关于授权的决定",授权各主要港口的港口经营人在省级港口行政管理部门和市级政府之间承担具体的协调、沟通工作,并为这种工作的法律后果作出预判。

其次,在必要且可行时,我国可通过全国人大常委会发布一份"关于授权的决定",授权国资委介入港口经营人的经营活动,在泊位资源紧张时,掌握港口的资源调配权,防止占有巨大股权的承运人侵蚀港口经营人的公法属性,以维护港口安全。

这种决定虽然具有临时性和应急性,但只要其授权的内容和程序不存在瑕疵,就仍然具有法律效力。

本 章 小 结

在我国行政法中,"特殊主体"这一概念既符合我国承担公用事业的企业的独特法律地位,又符合我国港口经营人在理论、实践上的特殊性。"特殊主体"既能诠释港口经营人在从事经营活动的同时,还提供公共服务、承担公共职能、代为履行一些政府部门职责的复杂理论特征,也有利于解决我国的港口经营实践中、司法实践中以及一体化改革中充分暴露的港口经营人法律属性的问题或困惑。"特殊主体"在何种情形下表现出公法属性,可依照其使用资源的公共性、其承担职责的重要性、其授权的法律依据的位阶三个指标进行测试。"特殊主体"的属性定位在我国的国内法中成立,与我国承担公用事业的企业经历的独特改革历程相关。这一问题不产生外部效应。在国际社会,我国港口经营人还是普通的国有企业。为在制度层面落实港口经营人的特殊主体地位,明确港口经营人的双重法律属性,有关部门可考虑在《港口法》《办法》和各省、市的《港口条例》中,对相应条款可作适当的修正。我国省、市级政府还可在必要时通过"关于授权的决定"的方式,对港口经营人承担的一些公共职能进行授权。

结　　论

　　源自大陆法系"国家法人说"的公法人理论在我国的港口经营人及其他承担公用事业的企业中，具有一定的适用性。港口经营人既从事经营活动，谋取商业利润，也在重要的海上交通领域提供公共服务，还在地方性法规的授权下，代为行使一些政府部门的权力。在铁路、邮政等具有专营历史的领域，这些企业承担公共职能、履行一些政府部门权力的合法性基础更为牢固。在港口的建设经营等我国发展较晚的领域，公权力的承担在合法性基础上稍显微弱。授权港口经营人履行安全检查、紧急状态下的处置等政府部门权力的规定仅在我国港口所在省、市的地方性法规中存在。这些企业承担这些职能时，其身份接近我国事业单位在法律授权下承担公共职能的身份，可理解为"法律、法规授权的组织"。本书用公法人理论解读港口经营人的公共职能，并非主张政企合一的优越性，而是希望为其公共职能寻求明确的法律依据，通过明确的法律人格和独立的行为自主性，实现这些社会组织的去政治化，并对其履行公共职能的行为进行严格的监督。

　　港口是国家社会生活中的重要基础设施。2003 年《港口法》对港口概念作出分类和规定，对港口经营人的概念却未正面涉及。港口经营人的内涵和外延可从该法第 22 条第 3 款中推断而出，但仍然存在一些不确定性。从新中国成立到改革开放前，再到改革开放和建设社会主义市场经济政策的实行，我国港口经营人经历了从"港航合一"到与航运企业分离的两个看似泾渭分明的发展阶段，开始具备经营自主权，体现出越发鲜明的私法属性。2003 年《港口法》赋予港口经营人独立的法律地位，却未规定港口经营人的民事法律关系，造成港口经营人的法律属性处境较为尴尬。该法确立"一城一港"的政策定位，将港口治理的核心权力交由地方政府，并实行政企分开方针。此后，取得了独立法律地位的港口经营人与地方政府的联系较为紧密。《港口法》的后续修正、《规定》的颁布和修正都在港口经营人的公法、私法属性之间谋求平衡。

　　2003 年《港口法》及此后，我国港口经营人经历了我国政企分开的改革大潮,成为法律上的市场主体。但上一轮的政企分开改革并不彻底,其遗留问题至今仍在影响港口经营人的各个方面。港口经营人法律属性不明,导致其以特许经营人的身份从事经营活动和提供公共服务时,一些港口经营人便滥用其经过法定程序获得、享有的特许经营权,且屡禁不止,还以其经法律授权承担的公共职能为其滥用特许经营权作掩护。港口经营人具备双重法律属性,二者在司法实践中的具体诉求上相互干扰。我国法院目前虽通过个案分析,也能逐一破解,但消耗司法资源较多。

当下的港口一体化改革一定程度上处理了上一轮改革遗留的央地之间的港口资源分配矛盾,但进一步放大了港口经营人法律属性问题的特殊性在理论、实践中的表现。新一轮改革也未能为港口经营人承担的公共职能提供相应的法律依据,同时省级港口经营人与市级政府的联系并未削弱,还增加了在省级港口行政管理部门与市级政府之间的协调职能。条块关系在新一轮改革中变得更加复杂。港口经营人整合集中后引起的垄断关切对大型承运人的影响微乎其微,但在国际社会可能引起的竞争中立关切不能忽视。大型承运人并不具有港口经营人的公法属性,其控股我国多个主要港口的情况需予以高度重视,以免出现在港口资源紧张时,调配资源的权力却在承运人的专断之下,可能损害港口安全和公共利益的情形。

海事领域的几个主要国际公约均以规范国际海上货物运输为出发点,文本中与港口经营人相关的规定较偏重其私法属性。但这些国际公约不仅逐步明确港口经营人的概念,客观上仍然认可了港口经营人在国际社会需要承担的公共义务。1923年《国际海港制度公约与规范》很大程度上认可了各国的港口经营人需承担的公共职责,深刻地揭示了港口经营人在属地性和国际性、国家主权的敏感性和国际经贸的商业性之间的天然矛盾。港口在一国的战略地位极其重要,但也不应成为任何形式制裁的载体。《港站经营人公约》还曾实质地影响我国过去的立法对这一概念的界定。世界上其他国家的港口法相关规定也表现出港口经营人法律属性的复杂性,尤其是港口经营人相关的政政关系和政企关系。法国、日本比较注重港口经营人的私法属性,美国比较注重其公法属性。各国采纳的港口治理模式均是在适合本国的前提下,通盘考虑港口经营人的法律属性的结果。

针对港口经营人的法律属性不明在理论、实践中的诸多困惑,本书提出"特殊主体"的理论构想,从理论上提出该类主体得到授权,表现出公法属性的测试方法,并在制度中提出适时修正《港口法》《办法》以及各地方港口条例中的相关内容的制度建议。其具体表现为增加有关港口经营人的法律属性和赋权其承担公共职能的规定,在必要时还可通过"关于授权的决定"明确港口经营人的法律属性,授予其公共职责。

本书存在一些不足。有关我国政府与大型港口经营人之间的特许经营协议,本书没有取得授权,在书中无法使用其范本。笔者原计划通过联合培养实现对德国港口法的考察,获得一些欧洲国家有关港口发展、港口经营人的一手资料。然而,新冠疫情实质影响了实地调研工作。有关我国当下港口一体化改革的现状的调研,也主要借助二手资料完成。日后,如有幸能够获取一手资料,笔者期待还能再深入这一问题,进行更为贴近港航实践的实证研究。

参 考 文 献

一、中文文献

（一）专著类

［1］敖双红:《公共行政民营化法律问题研究》,法律出版社 2007年版。

［2］蔡震荣:《公法人概念的探讨》,《当代公法理论——翁岳生教授祝寿论文集》,台湾月旦出版公司 1993 年版。

［3］陈无风:《公用事业公私合作的法律机制和争议解决实证研究》,中国人民大学出版社 2019 年版。

［4］丁保河:《中国 PPP 立法研究》,法律出版社 2017 年版。

［5］董炯:《国家、公民与行政法:一个国家——社会的角度》,北京大学出版社 2001 年版。

［6］范丽珠主编:《全球化下的社会变迁与非政府组织》,上海人民出版社 2003 年版。

［7］傅鼎生主编:《合同法》,北京大学出版社 2021 年版。

［8］顾功耘:《当代主要国家公私合作法》,北京大学出版社 2017年版。

［9］顾功耘:《国有经济法论》,北京大学出版社 2006 年。

［10］郭泰和:《公用企业信息公开研究》,中国政法大学出版社 2015年版。

［11］郭希哲:《货物运输实务》,中国财富出版社 2019 年版。

［12］韩大元:《公法的制度变迁》,北京大学出版社 2009 年版。

［13］何增科:《公共社会与第三部门》,社会科学文献出版社 2004年版。

［14］胡树威:《当前世界港口业的发展态势》,中国社会科学出版社 1996 年版。

［15］桓宽:《盐铁论》,中华书局出版社 2015 年版。

〔16〕黄卉:《法学通说与法学方法——基于法条主义的立场》,中国法制出版社 2015 年版。

〔17〕霍红:《国际货运代理与海上运输》,化学工业出版社 2004 年版。

〔18〕金自宁:《公法/私法二元论的区分和反思》,北京大学出版社 2007 年版。

〔19〕雷孟林:《运输合同法》,人民交通出版社 2006 年版。

〔20〕李亢:《PPP 的法律规制:以基础设施特许经营为中心》,法律出版社 2017 年版。

〔21〕李璐玲:《海上货物运输中港口经营人法律责任研究》,中国政法大学出版社 2013 年版。

〔22〕李志文、杜萱:《我国港口防治海洋外来生物入侵的法律对策研究》,法律出版社 2015 年版。

〔23〕梁慧星:《民法解释学》,法律出版社 2015 年版。

〔24〕林光彬:《私有化理论的局限》,经济科学出版社 2008 年版。

〔25〕林晓言:《基础设施的民营化》,方志出版社 2005 年版。

〔26〕刘诚:《现代数学方法在序列数据处理与解释中的运用》,西南财经大学出版社 2015 年版。

〔27〕刘恒:《行政许可与政府管制》,北京大学出版社 2007 年版。

〔28〕刘剑文:《中央与地方财政分权法律问题研究》,人民出版社 2009 年版。

〔29〕刘伟:《水运基础设施发展论》,大连海事大学出版社 1999 年版。

〔30〕吕汉阳、曾涛:《PPP 模式全流程指导与案例分析》,中国法制出版社 2016 年版。

〔31〕吕忠梅、郭少华、陈海嵩:《环境法导论》,北京大学出版社 2015 年版。

〔32〕马怀德:《行政许可》,中国政法大学出版社 1994 年版。

〔33〕马俊驹、余延满:《民法原论(第四版)》,法律出版社 2010 年版。

〔34〕马宗武:《港口经济学》,中国城市经济社会出版社 1989 年版。

〔35〕仇保兴、王俊豪:《中国城市公用事业特许经营与政府监管研究》,中国建筑工业出版社 2014 年版。

〔36〕盛和太、王守清:《特许经营项目融资(PPP/BOT)资本结构选择》,清华大学出版社 2015 年版。

［37］施建辉、步兵:《政府合同研究》,人民出版社 2008 年版。

［38］世界银行:《1994 年世界发展报告:为发展提供基础设施》,中国财政出版社 1994 年版。

［39］司玉琢、李志文:《对我国〈海商法〉下实际承运人责任的理解》,载郭瑜主编:《海商法研究》,法律出版社 2000 年版。

［40］宋德驰、宗蓓华、真虹:《中国港口与运输实务》,人民交通出版社 1999 年版。

［41］孙连会:《特许经营法律实务》,中国人民大学出版社 2013 年版。

［42］万鄂湘主编:《国际法与国内法关系研究——以国际法在国内的适用为视角》,北京大学出版社 2011 年版。

［43］王金存:《破解难题——世界国有企业比较研究》,华东师范大学出版社 1999 年版。

［44］王俊豪:《政府管制经济学导论——基本理论及其在政府管制实践中的应用》,商务印书馆 2001 年版。

［45］王利明:《法律解释学》,中国人民大学出版社 2016 年版。

［46］王名扬:《法国行政法》,北京大学出版社 2016 年版。

［47］王名扬:《论文、词条汇编》,北京大学出版社 2016 年版。

［48］王名扬:《美国行政法》(上),北京大学出版社 2016 年版。

［49］王名扬:《美国行政法》(下),北京大学出版社 2016 年版。

［50］王名扬:《译作、教材汇编》,北京大学出版社 2016 年版。

［51］王名扬:《英国行政法 & 比较行政法》,北京大学出版社 2016 年版。

［52］王树文:《我国公共服务市场化改革与政府管制创新》,人民出版社 2013 年版。

［53］王威:《一带一路建设背景下我国港口履约方法律制度研究》,东南大学出版社 2016 年版。

［54］王旭:《行政法解释学研究——基本原理,实践技术与中国问题》,中国法制出版社 2010 年版。

［55］闻银铃:《海运履约方法律制度研究》,法律出版社 2010 年版。

［56］翁岳生主编:《行政法》(上)(下),中国法制出版社 2009 年版。

［57］吴庚:《行政法之理论与实用》,中国人民大学出版社 2005 年版。

［58］吴弘、胡伟:《市场监管法论——市场监管法的基础理论与基本制度》,北京大学出版社 2006 年版。

[59] 吴锦良:《政府改革与第三部门发展》,中国社会科学出版社2001年版。

[60] 肖永添:《国际特许经营》,中国人民大学出版社2014年版。

[61] 肖泽晟:《公物法研究》,法律出版社2009年版。

[62] 谢晖:《法的思辨与实证》,法律出版社2016年版。

[63] 邢鸿飞、徐金梅:《公用事业法原论》,中国方正出版社2009年版。

[64] 徐士英:《竞争政策研究——国际比较与中国选择》,法律出版社2013年版。

[65] 徐宗威:《公权市场》,机械工业出版社2009年版。

[66] 燕继荣:《中国现代国家治理体系的构建》,社科文献出版社2018年版。

[67] 阳立军:《港口经济学概论》,海洋出版社2018年版。

[68] 杨建顺:《日本行政法通论》,中国法制出版社1998年版。

[69] 叶红军:《港口法解析》,人民交通出版社、大连海事大学出版社2003年版。

[70] 尹伟民:《中国法下港口经营人的法律地位研究》,载司玉琢、李志文主编:《中国海商法基本理论专题研究》,北京大学出版社2009年版。

[71] 尹章华:《航港法总论》,航贸图书出版社1984年版。

[72] 应松年主编:《英美法德日五国行政法》,中国政法大学出版社2015年版。

[73] 于安:《德国行政法》,法律出版社1998年版。

[74] 俞可平:《权利政治与公益政治》,社会科学文献出版社2000年版。

[75] 袁家楠、郑淑君:《水务特许经营项目招投标实务》,化学工业出版社2006年版。

[76] 张晋芬:《台湾公营事业民营化》,台湾社会所2001年版。

[77] 赵楠:《港口群资源整合决策与评价方法研究》,人民交通出版社2016年版。

[78] 中华人民共和国港务监督局:《水上安全监督手册》,大连海事大学出版社1994年版。

[79] 周林军:《公用事业管制要论》,人民法院出版社2004年版。

[80] 周佑勇:《行政法原论(第三版)》,北京大学出版社2018年。

[81] 邹俊善:《现代港口经济学》,人民交通出版社1997年版。

（二）文集类

［1］李惠宗：《公物法》，载翁岳生主编：《行政法》（上），中国法制出版社2009年版。

［2］李建良、刘淑范：《〈公法人〉基本权利能力之问题初探——试解基本权利"本质"之一道难题》，载汤德宗主编：《宪法解释之理论与实务（第四辑）》，台湾法律学研究所筹备处2005年版。

［3］梁凤云：《行政公产研究导论》，载罗豪才主编：《行政法论丛》第6卷，法律出版社2003年版。

［4］刘长宽：《关于深化沿海港口体制改革的几个问题》，载鲁勤智主编：《交通大讨论文集》，人民交通出版社1990年版。

［5］上海国际航运研究中心：《全球港口发展报告（2017）》。

［6］孙涌新：《实施〈内河交通安全管理条例〉若干问题探讨》，载《中国航海学会学术交流会论文集2003年》。

［7］袁绍春、刘晓华：《港口经营人的法律地位》，载《2007年海商法国际研讨会论文集》，中国海商法学会。

（三）译著类

［1］［以］阿维纳瑞：《黑格尔的现代国家理论》，朱学平、王兴赛译，知识产权出版社2016年版。

［2］［日］大桥洋一：《行政法学的结构性变革》，吕艳滨译，中国人民大学出版社2008年版。

［3］［德］迪特尔·梅迪库斯：《德国民法总论》，邵建东译，法律出版社2000年版。

［4］［美］E. S. 萨瓦斯：《民营化与公私部门的伙伴关系》，周志忍等译，中国人民大学出版社2002年版。

［5］［德］哈特穆特·毛雷尔：《行政法学总论》，高家伟译，法律出版社2000年版。

［6］［德］米歇尔·施托莱斯：《德国公法史：国家法学说和行政学（1800—1914）》，雷勇译，法律出版社2007年版。

［7］欧亚PPP联络网（EU-Asia PPP Network）：《欧亚基础设施建设公私合作（PPP）案例分析》，王守清译，辽宁科学技术出版社2010年版。

［8］《欧洲航运政策法规选编》，《航运法》起草小组编译，人民交通出版社1999年版。

［9］［日］盐野宏：《行政法》，杨建顺译，法律出版社1999年版。

［10］［美］约翰·H.杰克逊著：《世界贸易体制：国际经济关系的法律与政策》，张乃根译，复旦大学出版社 2001 年版。

［11］［英］约翰·萨顿：《垄断的秘密：沉淀成本与市场结构》，艾佳慧译，北京大学出版社 2013 年版。

（四）期刊论文类

［1］白巴根：《反补贴法能否适用于"非市场经济国家"——以美国对华反补贴调查为素材》，《国际经济法学刊》2009 年第 4 期。

［2］毕洪海：《本质上政府的职能》，《行政法学研究》2015 年第 1 期。

［3］蔡欣：《汉堡港管理经验谈》，《中国水运》2003 年第 6 期。

［4］常江：《美国政府购买服务制度及其启示》，《政治与法律》2014 年第 1 期。

［5］陈德明：《国际枢纽港口投资发展趋势研究》，《中国远洋航务公告》2001 年 11 月。

［6］陈鹏：《全国人大常委会"抽象法命题决定"的性质与适用》，《现代法学》2016 年第 1 期。

［7］陈天昊：《法国 PPP 纠纷解决机制——在协议合法性与协议安定性之间》，《中国法律评论》2018 年第 4 期。

［8］陈无风：《我国公私合作项目合同缔结研究》，《国家行政学院学报》2018 年第 4 期。

［9］程雪阳：《中国宪法上国家所有的规范含义》，《法学研究》2015 年第 4 期。

［10］迟智晖：《政企分开后港口企业法制建设浅议》，《中国港口》2003 年第 7 期。

［11］崔起凡：《论普通法下喜马拉雅条款的理论基础》，《湖北经济学院学报》（人文社会科学版）2008 年第 4 期。

［12］邓连喜：《公私合作模式在准经营性基础设施项目中的应用》，《城市轨道交通研究》2007 年第 11 期。

［13］邓敏贞：《公用事业公私合作合同的法律属性与规制路径——基于经济法视野的考察》，《现代法学》2012 年第 3 期。

［14］董瑞华：《政府职能：从"守夜人"到全面干预——从经济发展史看政府与市场的关系》，《上海行政学院学报》2000 年第 2 期。

［15］杜麒栋、孟文君：《港口产能过剩之探讨及解决之道》，《中国港口》2010 年第 1 期。

[16] 范荣、张廷龙:《"芜马合"组合港合作模式研究》,《港口经济》2017 年第 2 期。

[17] 冯辉:《竞争中立:国企改革、贸易投资新规则与国家间制度竞争》,《环球法律评论》2016 年第 2 期。

[18] 冯涛:《区域公共管理中的地方政府职能与治理结构协同机制——一个新分析框架》,《观察与思考》2015 年第 6 期。

[19] 傅廷中:《论国际贸易运输岗站经营人的法律地位》,《清华法学》2008 年第 5 期。

[20] 傅志军:《港口经营人法律地位浅析》,《珠江水运》2009 年第 6 期。

[21] 港口管理学习班:《德国港口管理体制与港口管理(1～3)(根据德国专家在港口管理研习班上的讲授录音整理)》,《中国港口》2002 年第 4 期。

[22] 高俊杰:《论民营化后公用事业规制的公益目标》,《现代法学》2014 年第 2 期。

[23] 葛云松:《法人与行政主体的概念再探讨——以公法人概念为重点》,《中国法学》2007 年第 3 期。

[24] 巩固:《自然资源国家所有权公权说》,《法学研究》2013 年第 4 期。

[25] 顾功耘、胡改蓉:《国企改革的政府定位及制度重构》,《现代法学》2014 年第 3 期。

[26] 郭道晖:《权力的多元化与社会化》,《法学研究》2001 年第 1 期。

[27] 郭政:《浅析〈联合国国际贸易运输港站经营人责任公约〉》,《国际贸易问题》1992 年第 9 期。

[28] 韩立新:《〈鹿特丹规则〉对港口经营人的影响》,《中国海商法年刊》2010 年第 1 期。

[29] 何剑波:《全球多边贸易格局重塑背景下国有企业补贴规则研究》,《南海法学》2018 年第 6 期。

[30] 何源:《国有企业法律属性的困境与出路——基于行政组织私法化的新视角》,《南京大学学报》(哲学·人文科学·社会科学)2021 年第 1 期。

[31] 何源:《论政府在国企改革中的第三种职能及其法律制度建构——以德国法上的母体行政组织对公营公司的影响义务为借鉴》,《政

治与法律》2015 年第 2 期。

［32］胡改蓉：《PPP 模式中公私利益的冲突与协调》，《法学》2015 年第 11 期。

［33］胡改蓉：《论公共企业的法律属性》，《中国法学》2017 年第 3 期。

［34］胡改蓉：《新加坡国有控股公司的制度设计及面临的挑战》，《法学》2014 年第 6 期。

［35］胡正良：《试论我国港口立法中港口经营人的责任》，《世界海运》1995 年第 5 期。

［36］吉阿兵、朱道立：《网络外部性下的港口竞争策略设计》，《系统工程理论与实践》2006 年第 7 期。

［37］季侃、袁竞峰、李启明：《我国台湾地区民间参与公共建设立法的启示》，《建筑经济》2012 年第 1 期。

［38］贾大山、徐迪：《2019 年沿海港口发展回顾与 2020 年展望》，《中国港口博物馆馆刊专辑》第 10 期。

［39］贾康、孙洁：《公私合作伙伴关系（PPP）的概念、起源与功能》，《中国政府采购》2014 年第 6 期。

［40］蒋奋：《反补贴语境下的国有企业定性问题研究》，《上海对外经贸大学学报》2017 年第 1 期。

［41］交通部课题组：《比利时港口管理机制》，《交通建设与管理》2002 年第 11 期。

［42］焦进凯、褚荣桓：《喜马拉雅条款研究》，《南通航运职业技术学院学报》2004 年第 1 期。

［43］金梦：《立法性决定的界定和效力》，《中国法学》2018 年第 3 期。

［44］金善明：《困境与路径：竞争法国际化的规范分析》，《社会科学》2012 年第 11 期。

［45］荆鸣：《论南海仲裁案实体裁决中岛屿和岩礁判断基准的瑕疵》，《中国海商法研究》2018 年第 1 期。

［46］荆鸣：《〈中欧全面投资协定〉的公平竞争规则：关切、安排与应对》，《中国流通经济》2021 年第 3 期。

［47］荆鸣：《区域竞争规则的多边主义导向——对 RCEP 竞争规则的评述和展望》，《国际商务研究》2021 年第 5 期。

［48］荆鸣：《〈中欧全面投资协定〉竞争规则初探——"接合面制度2.0"在投资协定中的应用》，《上海金融》2021 年第 5 期。

［49］荆鸣：《"竞争化"到"竞争中立化"：市场导向标准的困境及协调路径》，《法学》2022年第1期。

［50］［美］莱斯特·萨拉蒙：《新政府治理与公共行为的工具：对中国的启示》，李婧、孙迎春译，《中国行政管理》2009年第11期。

［51］李建良：《论公法人在行政组织建制上之地位与功能——以德国公法人概念与法制为借鉴》，《月旦法学》2002年第84期。

［52］李霞：《公私合作合同：法律性质与权责配置——以基础设施与公用事业领域为中心》，《华东政法大学学报》2015年第3期。

［53］李翔：《刑法中"行政处罚"入罪要素的立法运用和限缩解释》，《上海大学学报》（社会科学版）2018年第1期。

［54］李昕：《论公法人制度建构的意义和治理功能》，《甘肃行政学院学报》2009年第4期。

［55］李昕：《论目的主导的公法人组织形态类型化》，《法学杂志》2015年第11期。

［56］李阳：《论〈汉堡规则〉对传统海运强国的影响》，《宁夏社会科学》2014年第3期。

［57］李幼萌：《国外公共港口管理方式的转变》，《中国港口》2003年第11期。

［58］李忠夏：《宪法上的"国家所有权"：一场美丽的误会》，《清华法学》2015年第5期。

［59］梁凤云：《行政公产研究导论》，《行政法论丛》2003年第1期。

［60］廖凡：《政府补贴的法律规制：国际规则与中国应对》，《政治与法律》2017年第12期。

［61］林青：《中国对外贸易与现代港口物流发展的互动效应研究——基于VAR模型的实证分析》，《哈尔滨商业大学学报》（社会科学版）2011年第3期。

［62］刘斌：《港口整合中经营者集中的反垄断法分析》，《中国港口》2011年第3期。

［63］刘锴、石兰芬：《港口功能、管理职能与我国港口管理体制的变迁》，《中国远洋航运报告》1998年2月。

［64］刘晓雷、徐萍：《我国集装箱港口市场的垄断趋势分析》，《中国港口》2007年第7期。

［65］刘雪红：《国有企业的商业化塑造——由欧美新区域贸易协定

竞争中立规则引发的思考》,《法商研究》2019 年第 2 期。

[66] 刘艺:《公物法中的物、财产、产权——从德法公物法之客体差异谈起》,《浙江学刊》2010 年第 2 期。

[67] 刘奕彤、郭萍:《海运履约方之法律责任问题探析》,《社会科学辑刊》2010 年第 3 期。

[68] 马怀德:《公务法人问题研究》,《中国法学》2000 年第 4 期。

[69] 马建章:《对我国现行港口管理体制的几点思考》,《港口经济》2015 年第 8 期。

[70] 马俊驹:《国家所有权理论与立法结构探讨》,《中国法学》2011 年第 4 期。

[71] 马彦勇:《港口治理模式研究,一个基于多元主体互动的新分析框架》,《浙江海洋学院学报》(人文科学版)2016 年第 6 期。

[72] 毛贺力:《鹿特丹港的港口经营战略》,《海运情报》2014 年第 4 期。

[73] 梅冠群:《世界港口发展模式、演进方向与经验借鉴》,《中国流通经济》2012 年第 12 期。

[74] 潘恒:《国外港口管理体制比较》,《中国水运》2006 年第 2 期。

[75] 潘文达:《港口组合与港口企业组合的差异化分析》,《大连海事大学学报》(哲学社会科学版)2019 年第 2 期。

[76] 彭涛:《论公私合作伙伴关系在我国的实践及法律框架的构建》,《政法论丛》2006 年第 6 期。

[77] 齐文远、杨柳:《网络平台提供者的刑法规制》,《法律科学》2017 年第 3 期。

[78] [美]乔迪·弗里曼:《私人团体、公共职能与新行政法》,晏坤译,《北大法律评论》2003 年第 1 期。

[79] [法]Rozenn Perrigot:《法国的特许经营者及其在中国的市场经验》,石元蒙译,《全国商情(经济理论研究)》2008 年第 5 期。

[80] 沈寅安、周琴:《长江三角洲区域港口错位发展与港口资源整合研究》,《宁波大学学报》(人文科学版)2011 年第 2 期。

[81] 石友服:《日本港湾法的重大改革》,《交通世界》2002 年第 3 期。

[82] 石佑启:《论公共行政之发展与行政主体多元化》,《法学评论》2003 年第 4 期。

[83] 税兵:《自然资源国家所有权双阶构造说》,《法学研究》2013 年

第 4 期。

[84] 司玉琢:《中国海商法下港口经营人的法律地位》,《昆明理工大学学报》(社科、法学版)2007 年第 5 期。

[85] 宋世明:《美国政府公共服务市场化的基本经验教训》,《国家行政学院学报》2016 年第 4 期。

[86] 宋宗宇、刘婧:《政府特许经营合同法律性质新探》,《行政与法》2006 年第 6 期。

[87] 孙宪忠:《"统一唯一国家所有权"理论的悖谬及改革切入点分析》,《法律科学(西北政法大学学报)》2013 年第 3 期。

[88] 谭敬慧、沙姣:《特许经营协议的法律性质及可仲裁性》,《北京仲裁》2016 年第 2 期。

[89] 唐任伍:《处理好政府与市场关系关键要转变政府职能》,《中国教育报》2013 年 12 月 20 日。

[90] 汪传才:《法国的特许经营立法及其启示》,《福建政法干部管理学院学报》2002 年第 3 期。

[91] 汪传旭:《日本港口管理体制及其启示》,《中国水运》1995 年第 10 期。

[92] 汪玲:《港口集群的内部竞争》,《中国航海》2005 年第 3 期。

[93] 王爱华:《国内外港口一体化发展经验借鉴》,《水运管理》2017 年第 12 期。

[94] 王柏玲、朱芳阳、于婷婷:《我国新一轮港口资源整合的特点、问题和应对》,《改革与战略》2018 年第 2 期。

[95] 王恩思、孙霄峰:《从日本港口的管理体制和经营模式看现代港口的发展方向》,《大连海运学院学报》1993 年第 3 期。

[96] 王根兴:《港站经营人若干问题研究与案例分析(之一)——港站经营人法律地位与当事人责任确定》,《集装箱化》2002 年第 3 期。

[97] 王克稳:《政府业务委托外包的行政法认识》,《中国法学》2011 年第 4 期。

[98] 王天华:《国家法人说的兴衰及其法学遗产》,《法学研究》2012 年第 5 期。

[99] 王维达:《通过私法完成公共任务及其在中国的发展》,《同济大学学报》(社会科学版)2003 年第 2 期。

[100] 王晓晔、陶正华:《WTO 竞争政策及其对中国的影响——兼论

制定反垄断法的意义》,《中国社会科学》2003 年第 5 期。

[101] 王旭:《论自然资源国家所有权的宪法规制功能》,《中国法学》2013 年第 6 期。

[102] 王之琪:《关于马赛港口与珠海港口发展模式的比较和启示》,《中国市场》2006 年第 32 期。

[103] 王竹:《我国到底有多少部现行有效法律——兼论"准法律决定"的合宪性完善》,《社会科学》2011 年第 10 期。

[104] 文君:《德国港口管理体制》,《国际商报》2002 年第 3 期。

[105] 闻韬:《区域贸易协定中的竞争章节研究》,《法学论坛》2018 年第 4 期。

[106] 吴勇敏、何源:《德国公营事业对中国国有企业类型化之启示——以判例与立法为中心展开》,《社会科学战线》2015 年第 5 期。

[107] 伍艺:《自贸协定竞争政策条款发展现状及模式分析》,《商业经济研究》2018 年第 5 期。

[108] 伍玉振:《建国初期城市建设征地闲置浪费问题及其治理——以 1949 至 1957 年的济南市为个案》,《历史教学》(高校版)2013 年第 5 期。

[109] 席涛:《立法评估:评估什么和如何评估(下)——以中国立法评估为例》,《政法论坛》2013 年第 1 期。

[110] 肖泽晟:《公物的范围——兼论不宜由国务院国资委管理的财产》,《行政法学研究》2003 年第 3 期。

[111] 肖钟熙:《港口管理体制改革十年的回顾》,《港口经济》2012 年 9 月刊。

[112] 肖钟熙:《国际港口投资市场的发展对我国港口的影响》,《中国港口》2002 年第 9 期。

[113] 谢岚:《政府介入与 BOT 特许协议专项立法初探》,《法学评论》1999 年第 4 期。

[114] 辛柏春:《BOT 项目协议的法律性质》,《行政与法》2005 年第 5 期。

[115] 邢鸿飞:《政府特许经营协议的行政性》,《中国法学》2004 年第 6 期。

[116] 徐放:《浅谈中国港口运营模式》,《港口科技》2007 年第 4 期。

[117] 徐晖:《国外先进港口管理模式对我国的有益启迪》,《经济视

野》2014年第2期。

[118] 徐孟洲、徐阳光：《论公法私法融合与公私融合法——兼论〈十一五规划纲要〉中的公法私法融合现象》，《法学杂志》2007年第1期。

[119] 徐杏，郝军：《我国沿海港口管理体制深化改革的思考》，《中国港口》2014年第2期。

[120] 阎越：《论行政合同的法律特征及其法律控制》，《当代法学》1999年第6期。

[121] 杨海坤、郭朋：《公用事业民营化管制与公共利益保护》，《当代法学》2006年第5期。

[122] 杨明、曹明星：《特许经营权：一项独立的财产权》，《华中科技大学学报》（社会科学版）2003年第5期。

[123] 杨寅：《公私法的汇合与行政法演进》，《中国法学》2004年第2期。

[124] 杨宗默：《我国港口资源整合现状及对策研究》，《特区经济》2018年第5期。

[125] 姚魏：《〈长江保护法〉是特别法》，《北京航空航天大学学报》（社会科学版）2019年第6期。

[126] 叶光远：《港口管理体制的改革的主要问题和对策》，《管理学家》2014年第2期。

[127] 叶红军：《我国水路运输法律体系中的一部"龙头法"——解读〈港口法〉》，《水路运输文摘》2003年第7期。

[128] 尹凡：《汉堡港管理体制改革的启示》，《中国港口》2002年第2期。

[129] 尹章华：《海峡两岸海商法之比较》，《中国海商法年刊》1992年第3卷。

[130] 应品广：《竞争政策视角下行政性垄断规制新模式：从"事后救济"到"事前控制"》，《江西财经大学学报》2016年第4期。

[131] 余敏友、刘雪红：《从外部基准看中国补贴领域的超WTO义务》，《国际贸易》2015年第3期。

[132] 於世成、邹盈颖：《论禁止滥用市场优势地位制度在国际航运竞争法中的运用》，《法学评论》2006年第5期。

[133] 虞汪日：《全球化背景下BOT特许权协议法律性质探讨》，《湖北社会科学》2006年第7期。

[134] 喻文光：《PPP 规制中的立法问题研究——基于法政策学的视角》，《当代法学》2016 年第 2 期。

[135] 曾祥瑞：《论日本行政组织类型及公物、营造物》，《行政法学研究》1999 年第 4 期。

[136] 张国发：《中国港口发展的六大趋势》，《中国远洋航务公告》2002 年第 7 期。

[137] 张建军：《港口经营人责任限制的合同策略》，《水运管理》2007 年第 3 期。

[138] 张久琴：《竞争政策与竞争中立规则的演变及中国对策》，《国际贸易》2019 年第 10 期。

[139] 张军旗：《WTO 改革背景下〈补贴与反补贴措施协议〉中"公共机构"法律解释的反思》，《当代法学》2021 年第 3 期。

[140] 张树义：《行政主体研究》，《中国法学》2000 年第 2 期。

[141] 张卫东：《欧美竞争法在邮政行业的适用及其对我国的借鉴意义》，《环球法律评论》2013 年第 3 期。

[142] 张文广：《海上货物运输法的历史发展及其启示》，《中国海商法研究》2013 年第 2 期。

[143] 张晓君：《略论 BOT 特许权协议的法律性质》，《法学家》2000 年第 3 期。

[144] 张永坚：《如何评价〈鹿特丹规则〉》，《中国海商法年刊》2010 年第 3 期。

[145] 张悦：《美德日三国港口管理体制及投资机制比较》，《中国水运》2006 年第 2 期。

[146] 张振：《规范港口生产经营行为，降低进出口物流成本，促进实体经济持续健康发展——国家发展改革委有关负责人就港口反垄断调查答记者问》，《中国经贸导刊》2017 年第 34 期。

[147] 张志刚、张吉庆：《市场化：政府深化公共服务改革的路径选择》，《实事求是》2005 年第 5 期。

[148] 张智浩、钱俊强：《集装箱码头责任风险损害赔偿的法律保护及码头经营人的责任限制》，《集装箱化》2007 年第 3、4 期。

[149] 章强、何凯等：《我国省域港口资源整合的驱动机制与实践模式研究》，《浙江海洋学院学报》（人文科学版）2017 年第 4 期。

[150] 章强、王学锋：《治理理论视阈下中国港口行政管理体制研

究》,《西安电子科技大学学报》(社会科学版)2016 年第 1 期。

[151] 章强、殷明:《中国区域港口一体化的由来、起点、内涵和展望》,《大连海事大学学报》(社会科学版)2018 年第 6 期。

[152] 赵海乐:《是国际造法还是国家间契约——"竞争中立国际规则形成之惑"》,《安徽大学学报》(哲学社会科学版)2015 年第 1 期。

[153] 赵凯:《港口管理的现状与创新改革的新思路》,《交通世界》2017 年第 8 期。

[154] 赵履新:《内河航运发展优势浅谈》,《江苏交通》1999 年第 9 期。

[155] 郑小鹏、王佳强、吴晓武、王瀚、严季:《日本港口行政管理及运输——交通运输部第 29 期赴日物流研修班系列报道之九》,《交通世界》2009 年第 1 期。

[156] 周放:《美国海洋管理体制介绍》,《全球科技经济瞭望》2001 年第 11 期。

[157] 周兰萍:《PPP 的"八喜八忧"》,《中国律师》2015 年 7 月刊。

[158] 周觅:《论行政组织法的完善路径——从行政生态学的角度切入》,《武汉科技大学学报》(社会科学版)2010 年第 5 期。

[159] 周天麟:《法国港口的考察报告》,《集装箱化》2006 年第 1 期。

[160] 周永坤:《社会的法律与国家的法律——从国家与社会的关系看中西法律的差异》,《法商研究》2003 年第 2 期。

[161] 朱作贤:《反思当代国际航运反垄断规制的欧美法路径——兼论中国特色模式之构建》,《中国海商法研究》2015 年第 1 期。

[162] 祝凯家、王海霞:《资源整合背景下港口企业高质量发展思路》,《中国港口》2020 年第 4 期。

[163] 邹俊善:《荷兰港口管理体制之分析》,《水运管理》1993 年第 10 期。

[164] 邹盈颖、李思慈,《欧盟港口领域禁止滥用市场支配地位的案例研究》,《中国海商法研究》2014 年第 3 期。

[165] 左然:《公务法人研究》,《行政法学研究》2007 年第 1 期。

(五)报纸类

[1] 黄晋:《航运业或迈进"反垄断时代"》,《中国水运报》2021 年 1 月 22 日。

[2] 王香平:《肩负起新时代党的历史使命》,《经济日报》2017 年 12

月 22 日。

〔3〕杨雪:《中远海运港口全球化布局交出亮眼"成绩单"》,《中国水运报》2019 年 7 月 5 日。

〔4〕营口港务局退休干部:《回首营口港》,《营口日报》2021 年 8 月 19 日。

（六）学位论文类

〔1〕陈无风:《公私合作中公法责任与行政效率的双赢》,浙江大学 2010 年博士学位论文。

〔2〕姜波:《行政法人制度研究》,东南大学 2020 年博士学位论文。

〔3〕柯水平:《集装箱港口陆域集疏设施规模优化配置》,天津大学 2015 年博士学位论文。

〔4〕梁蓉:《〈欧盟特许合同授予程序指令〉研究》,西南政法大学 2017 年博士学位论文。

〔5〕庞兰强:《论社会行政主体》,苏州大学 2006 年博士学位论文。

〔6〕涂敏:《我国港口民营化动因、目标及模式选择》,浙江大学 2008 年博士学位论文。

〔7〕肖华杰:《政府和社会资本合作（PPP）法律机制研究》,吉林大学 2020 年博士学位论文。

〔8〕许庆坤:《从法律形式主义到法律现实主义——美国冲突法理论嬗变的法理》,山东大学 2007 年博士学位论文。

〔9〕杨靖文:《公私合作与行政法的回应》,西南政法大学 2017 年博士学位论文。

〔10〕杨留星:《港口群竞合机制与发展策略研究》,中国科学院大学 2015 年博士学位论文。

〔11〕叶红军:《〈港口法〉基本问题研究》,上海海事大学 2003 年硕士学位论文。

二、外文文献

（一）著作类

〔1〕Bernard Schwartz, *French Administrative Law and the Common-Law World*, New York University Press, 1954.

〔2〕Eyal Benvenisti, *the Law of Global Governance*, Hague Academy of International Law, 2014.

［3］Erich Schmidt, *Handbuch des Deutschen Wasserrechts*, Auflage: Stand(2019).

［4］Georg Jellinek, *Allgemeine Staatslehre*, Berlin, 1900.

［5］Gerald Benjamin, Richard P. Nathan, *Regionalism and Realism: A Study of Governments in the New York Metropolitan*, New York: Brookings Institution Press, 2001.

［6］H.M. Treasury, *PFI: Meeting the Investment Challenge*, H. M. Treasury Public Enquiry Unit, 2003.

［7］Jerry Mitchell, *The American Experiment with Government Corporations*, New York, M.E. Sharpe, Inc., 1999.

［8］John Jackson, *The World Trading System: Law and Policy of International Economic Relations*, MIT Press, 1989.

［9］Luis Ortiz Blanco, Ben Van Houtte, *EU Regulation and Competition Law in the Transport Sector*, Oxford University Press, 2017.

［10］Mahendra P. Singh, *German Administrative Law: in Common Law Perspective*, Springer Verlag Berlin Heidelberg, 1985.

［11］Susanne Schmeier, *Governing International Watercourses—River Basin Organizations and the Sustainable Governance of Internationally Shared Rivers and Lakes*, Routledge Taylor & Francis Group, 2013.

［12］Swedish Research Environmental Institute, *Spatial and Environmental Impact of the Port Development*, *Case Study for the Port of Goteborg*, 2007.

［13］Tatsuo Hatta, *Competition Policy vs. Industrial Policy as a Growth Strategy*, ERIA Discussion Paper Series, 2017.

［14］United Nations Institute for Training and Research, *PPP for Sustainable Development*, 2000.

［15］Vincent Power, *EU Shipping Law*, Informa Law from Routledge, 2019.

［16］Wilfried Erbguth, Joachim Becher, *Allgemcines Verwaltungsrecht(Teil 2)*, Verlag W. Kohlhammer, 2 Auflage 1987.

（二）英文论文

［1］Allan Kanner, Tibor Nagy, "Measuring Loss of Use Damages

in Natural Resource Damage Actions", 30 *Columbia Journal of Environmental Law* 417(2005).

[2] D. Carpenter-Gold, "Castles made of sand: Public-interest litigation and China's new environmental protection law", *Harvard Environmental Law Review*, Vol.39, Issue 1, 241—274(2015).

[3] Ding Ru, "Interface 2.0 in Rules on State-Owned Enterprises: A Comparative Institutional Approach", *Journal of International Economic Law*, 23(2020).

[4] Dominique Custs & John Reitz, "Administrative Law: Public Private Partnerships", 58 Supp., *The American Journal of Comparative Law*(2010).

[5] Dru Stevenson; Sonny Eckhart, "Standing as Channeling in the Administrative Age", 53 *Boston College Law Review*, 1357(2012).

[6] Eva I. Hoppe, David J. Kusterer, Patrick W. Schmitz, "Public-private partnerships versus traditional procurement: An experimental investigation", *Journal of Economic Behavior and Organization*(2013).

[7] Garland H. & Newport S., "Effects of absolute and relative sunk costs on the decision to persist with a course of action", *Organizational Behavior & Human Decision Processes*, 1991(48).

[8] Irene Villanueva Nemesio, "Strengthening Environmental Rule of Law: Enforcement, Combatting Corruption, and Encouraging Citizen Suits", 27 *Georgetown International Environmental Law Review* 321(2015).

[9] James Salzman, "A Field of Green—The Past and Future of Ecosystem Services", 21 *Journal of Land Use & Environmental Law* 133(2006).

[10] J. Martin, B.J. Thomas, "The Container Terminal Community", *Maritime Policy & Management*, 1 (2001).

[11] J.M.W. Kooijman, "Port Authority of New York and New Jersey: an Appraisal of Port Authority Device in state Government", *International Review of Administrative Science*(1974).

[12] John Wyeth Griggs, "BP Gulf of Mexico Oil Spill", *Energy Law Journal*, Vol.32, (2011).

[13] Joseph L. Sax, *Public Trust Doctrine in Natural Resource Law*:

Effective Judicial Intervention, 68 *Mich. L. Rev.* 471, 1970.

[14] Karl S. Coplan, "Citizen Litigants Citizen Regulators: Four Cases Where Citizen Suits Drove Development of Clean Water Law", 25 *Colorado National Resources Energy & Environmental Law Review* 61 (2014).

[15] Li-Wen Lin & Curtis Milhaupt, We are the (National) Champions, *Stanford Law Review*, vol.65, 2013.

[16] Mark Wu, "The 'China, Inc.' Challenge to Global Trade Governance", *Harvard Journal of International Law*, 57 (2016).

[17] Matthew D. Zinn, "Policing Environmental Regulatory Enforcement: Cooperation, Capture, and Citizen Suits", 21 *Stanford Environmental Law Journal*, 81(2002).

[18] Mohammed Omran, "The Performance of State-Owned Enterprises and Newly Privatized Firms: Does Privatization Really Matter", *World Development*, 32(2004).

[19] Paul G. Kirchner, Clayton L. Diamond, Unique Institutions, Indispensable Cogs and Hoary Figures: Understanding Pilotage Regulation in the United States, 23 *U.S.F. Maritime Law Journal*, (2010).

[20] Peter Cameron, "Liability for catastrophic risk in the oil and gas industry", *International Energy Law Review*, 6(2012).

[21] R. Thaler, "Toward a positive theory of consumer choice", *Journal of Economic Behavior and Organization*, 1980(1).

[22] Stephen M. Johnson, "Sue and Settle: Demonizing the Environmental Citizen Suit", 37 *Seattle University Law Review* 891(2014).

[23] T.E. Notteboom, J.P. Rodrigue, Port Regionalization: towards a New Phase in Port Development, 32 *Maritime Policy & Management*, 3(2005).

[24] Theo Notteboom, "Athanasios Pallis and Jean-Paul Rodrigue: Port Economics", *Management and Policy*, Routledge(2022).

[25] Tony Bovaird, "Public-Private Partnerships: from Contested Concepts to Prevalent Practice", *International Review of Administrational Science*, 7(2004).

[26] U.S. Maritime Administration: America's Ports and Intermodal

Transportation System，Jan.（2009）.

［27］Vgl Karl Larenz，*Methodenlehre der Rechtswissenschaft*，6 Aufl.，Springer-Verlag，1991.

［28］V. Singh，"Failed WTO Platform for Competition Law Convergence：Evolving Alternate Regime of Mous on Internationalization of Competition Law"，*Indian Journal of International Law*，54（2014）.

［29］W.N. Deulkar & A.F. Shaikh，Viability Gap Funding Scheme for Infrastructure Development，*International Journal of Structural and Civil Engineering Research*，2013，2（4）.

三、电子文献

（一）中文电子文献

［1］凤凰金刚网：《对于避免船舶停泊事故，你了解多少？》，载搜狐网 https：//www.sohu.com/a/344216956_100239915，2022 年 2 月 1 日。

［2］国际海事研究中心：《IMO 2020 燃油含硫量限制——更清洁的空气、更健康的地球》，载国际海事（中国）研究中心官网 https：//cimrc.shmtu.edu.cn/2021/0202/c5091a67825/page.htm，2022 年 3 月 1 日。

［3］经济日报：《围绕经济体制改革攻坚克难》，载中国共产党新闻网 http：//theory. people. com. cn/n1/2018/0816/c40531-30231493. html，2022 年 2 月 1 日。

［4］上海地方志办公室：《上海沿海运输志》，载上海地方志办公室网站 http：//www.shtong.gov.cn/dfz_web/DFZ/Info?idnode=67462&tableName=userobject1a&id=64428，2021 年 12 月 1 日。

［5］深圳特区报：《人脸识别或成港口疫情监督员》，载光明网 https：//m.gmw.cn/baijia/2020-03/03/1301008848.html，2022 年 2 月 1 日。

［6］泰华船管：《新冠疫情下各国港口最新限制政策措施》，载搜狐网 https：//www.sohu.com/a/377878995_120056882，2022 年 3 月 1 日。

［7］王立伟：《中国远洋海运落户上海》，载第一财经 https：//www.yicai.com/news/4751261.html，2022 年 2 月 1 日。

［8］网信滨海：滨海非凡十年|天津港志在万里　绘就世界一流智慧绿色港口壮阔蓝图，载网信海滨百家号 https：//baijiahao.baidu.com/s?id=1746160906578510926&wfr=spider&for=pc，2022 年 2 月 1 日。

（二）外文电子文献

World Cargo News：HHLA，Eurogate Talks are Providing Difficult，https：//www.worldcargonews.com/news/news/hhla-eurogate-talks-are-proving-difficult-67923，2021 年 12 月 31 日。

四、案例类

（一）中文案例类

［1］广州港务局与广州市挚诚运输服务有限公司港口行政处罚纠纷二审行政判决书,〔2018〕粤行终 1011 号。

［2］黄妃付合同诈骗、故意伤害一审刑事判决书,〔2017〕粤 0891 刑初 305 号。

［3］宁波泛迪钢铁贸易有限公司、宁波海通疏浚工程有限公司海事海商纠纷二审民事判决书,〔2019〕浙民终 1301 号。

［4］吴江金源钢材市场有限公司与苏州市吴江区交通运输局交通运输行政许可一审行政裁定书,〔2020〕苏 0508 行初 25 号。

［5］紫金财产保险股份有限公司徐州中心支公司与汤继忠、徐州孟家沟国际集装箱码头有限公司海上、通海水域货物运输合同纠纷一审民事判决书,〔2019〕鄂 72 民初 972 号。

（二）英文案例类

［1］Australian Government Competitive Neutrality Complaints Office 2011，NBN Co.，Investigation No.14，20；Australian Government Competitive Neutrality Complaints Office 2005，EDI Post，Investigation No.12，p.6.

［2］Commonwealth Competitive Neutrality Complaints Office 1999，Australian Institute of Sport Swim School，Investigation No.2，pp.7—8.

［3］Commonwealth Competitive Neutrality Complaints Office 2000，Customs Treatment of Australia Post，Investigation No.5，pp.11—13.

致　　谢

本书在我的博士学位论文基础上修改而成。在将论文修改为书稿的过程中，我将博士四年的学业经历和论文成稿的全过程又完整地梳理了一遍。感谢上海人民出版社以及政治与理论读物编辑中心副总监徐晓明编审为我提供出版人生第一部专著，重温自己博士生涯的宝贵机会。读博几年，从第一篇小论文投稿被拒的失落至极，到第一篇被录用的欣喜若狂，再到当下能够以平常心地看待各类刊物的拒绝和录用，并结合要求修改。习惯了翻过一座山还有一座山的感觉，完成这篇大论文时，已经近乎没有曾经预想的惊喜和大功告成的踌躇满志，而是感动了几分钟，立刻准备好随时接受未来的检验。笑点越来越高，泪点越来越低，这都是时间对人的改变。时间能让一个人由钢铁变成棉花，但不会改变从小懂得感恩的自己，发自内心地对每位恩人、贵人感激涕零的性格。

恩师阎铁毅教授 2016 年 12 月第二次海洋基本法的方阵会出现在我的生命里，2017 年 9 月从微信窗口中跳出来，让我忝列门下，为当时在美国求学未结束，家中外婆生病，百感交集的我提供了最让我内心安定的人生选择。四年时间，于学习，老师引领我在陌生的行政法学科里迈出了艰难的一步，指导我从中国海警局、全国人大常委会决定效力入手，试图从国际法的思维习惯中走出来，逐渐适应行政法的学科话语体系。这个过程并不顺利，伴随学位论文的开题、中期考核，老师推荐的资料和思路一点点渗透进我的脑图中，最终才有了现在只能算差强人意的论文。于相处，我与开会仅有一面之缘的老师经历了耐人寻味的磨合，与其说逐渐地学会与老师相处，不如说逐渐清楚自己的性格，知道自己的弱点；也知道自己比较擅长做什么，可以做什么，做不好什么，不敢做什么。感谢老师在课题压力相当大的情况下，仍然给了我宝贵的科研自由，让我有一些空间、时间选择自己感兴趣的话题和领域。

感谢清华大学余凌云教授、南京大学肖泽晟教授在答辩时给予的宝贵建议，这使我的论文在最后阶段取得重要提升。我院王秀芬教授、王世涛教授、韩立新教授、杨晓楠教授在预答辩时提出的指导意见更是对我帮助极大。秀芬老师介绍我认识的一位港口实务人士实质地解决了我的技术性困惑。世涛老师的课程内容及在课堂上提出的启发性问题让我的宪法行政法理论知识有幸在短期内得到很大增补。韩老师对观点的坚持激发了我更深层次的思考,这种治学严谨的态度让我一生受用。和杨老师交流时,杨老师妙语连珠,短短几句话,成为我的学位论文和小论文之间难得的契合点。陈国栋教授对我在公私合作的理论和实践方面提供了很大启发,推动我深入挖掘和理解相关资料。

短暂又漫长的几年时间,还需感谢副校长初北平教授对我从事港口领域研究的鼓励。陈鹏教授给我机会参与内河交通立法的科研项目,在实地调研工作中,我接触到海事系统的各位前辈,对我的论文写作起到极大帮助。李志文教授教我懂得不同会议的规则,学会在不同的环境生存的方式方法。张晏瑲教授在我本科毕业后仍然关注我的学业进展。王淑敏教授在国际法会议上对我视若己出,介绍我认识更多的老师和朋友们。

我的学位论文跨度较广,我在写作中多次遇到不同领域的瓶颈,曾求助多位老师、前辈,并万分受益。我在 NYU 求学时的导师 Benedict Kingsbury 教授从"一带一路"倡议与港口发展的关系为我提供了港口领域的治理视角。FAO 北非办公室代表 Florence Rolle 女士为我对不同港口对渔业监管模式的分析提供了宝贵的启发。母校复旦大学法学院的硕导陆志安副教授、马忠法教授对我的论文选题多面解读,给予多维视角。上海交通大学日本研究中心郑志华副研究员在我硕士阶段时,最早带我进入海洋法的小世界,并因此有幸认识恩师阎老师。郑老师曾对我的写作进行悉心指导,其内容和风格都深刻地影响我至今。

港口经营人的一些问题,从广义上是国有企业的一般性问题。上海政法学院许庆坤教授较早提醒我关注国有企业周边问题。华东政法大学经济法学院刘雪红副教授启发我将有关国有企业的思考理论化和系统化。中国政法大学国际法学院车路遥副教授启发我突破自己思维的原始局限。宁波大学法学院蒋奋教授与我同专注于贸易法和竞争法交叉领域这一小众的研究,在艰难的摸索中相互支持。还要感谢学弟牧纪航、师弟马琨细心又耐心,帮助我校对论文格式中的疏漏,不放过每个微小的细节。

最后,良好的身心条件是完成论文、攻读学位的基础和前提。感谢养育我的父母二十八年如一日地支持我的学业,从物质、精神、时间、精力上不遗余力地帮助和支持我为探索更好的发展前景作出的一切决定。无以为报,只希望将未来的每点成绩都献给你们。感谢各位同窗、老友一同学习、写作、聊天,引导从小焦虑的我逐渐学会较为理性地平衡工作和生活。

　　不知未来是否会顺利,但希望自己在不断经受历练时,变得内心强大,即使有波折,也能平和地面对。此文的写作历经三年的防疫,可以说终生难忘。还望山河无恙,世上所有关心我的人身心健康!

荆　鸣

2023 年 2 月

图书在版编目(CIP)数据

港口经营人的法律属性:国有企业承担公共职能的
公法学透视/荆鸣著.—上海:上海人民出版社,
2023
ISBN 978-7-208-18216-5

Ⅰ.①港… Ⅱ.①荆… Ⅲ.①港口法-研究-中国
Ⅳ.①D922.296.4

中国国家版本馆 CIP 数据核字(2023)第 050795 号

责任编辑 徐晓明
封面设计 周剑峰

港口经营人的法律属性
——国有企业承担公共职能的公法学透视
荆　鸣 著

出　　版	上海人民出版社	
	(201101　上海市闵行区号景路 159 弄 C 座)	
发　　行	上海人民出版社发行中心	
印　　刷	上海商务联西印刷有限公司	
开　　本	635×965　1/16	
印　　张	16	
插　　页	2	
字　　数	254,000	
版　　次	2023 年 5 月第 1 版	
印　　次	2023 年 5 月第 1 次印刷	
ISBN	978-7-208-18216-5/D·4105	
定　　价	68.00 元	